Alexander von Schönburg

SMALLTALK

DIE KUNST DES STILVOLLEN MITREDENS

Александр фон Шёнбург

ИСКУССТВО СТИЛЬНОЙ БЕСЕДЫ

Перевод с немецкого Е. Зись

МОСКВА «ТЕКСТ» 2020

УДК 808.56
ББК 83.7
Ш47

Оформление А.В. Хохловой

ISBN 978-5-7516-1586-4

СОДЕРЖАНИЕ

Дурак думает, что он умен;
Умный же знает, что глуп он.

Уильям Шекспир. Как вам это понравится

Все дело в том, что больше невозможно
иметь собственное мнение.

Кристиан Крахт. Королевская грусть

ЭЛЕГАНТНОСТЬ НЕВЕЖЕСТВА

Чего вовсе не надо знать, чтобы уметь вести беседу

Вы купили эту книгу, чтобы уметь найти верный тон в обществе? Вы хотите знать, как начать разговор? Это легко. Никогда не спрашивайте: «Вы уже были в отпуске?» или «Чем вы занимаетесь?» Это так провинциально, что хуже быть не может. Вопрос «Где вы живете?» уместен, собственно, только в Берлине. Здесь некоторые разговаривают почти исключительно на эту тему. Вероятно, на мировоззрение берлинцев все еще немного влияет, живет ли человек на востоке, севере или западе этого города (людей, живущих на юге, никогда не встретишь).

Кроме того, в качестве первого вопроса безусловно надо избегать следующих:

1. Кто вы по знаку Зодиака?
2. Ну и когда же вы ждете ребеночка?
3. Извините, у нас была когда-то интимная связь?
4. Можно забыть про наши близкие отношения?
5. У вас не найдется кокаина?

Все остальное разрешено. Важно только, как вы держитесь.

Так. Теперь, когда с советами покончено, я могу наконец перейти к настоящей цели моей книги. В академических кругах популярен один анекдот, который заставляет меня задуматься: «Исследователь в области компьютерных технологий застает свою жену в постели с коллегой-профессором. Коллега: “Я могу все объяснить!”»

Проблема заключается в следующем: мы живем в такое время, когда нам постоянно всё объясняют, а мы тем не менее всё меньше понимаем. А вы все еще хотите что-то понимать? И не надейтесь! Больше того, текст на следующих 286 страницах вам тоже не надо знать. Эта книга, написанная в эпоху полной неясности, — давно устаревший краткий перечень всех тем, на которые сегодня надо уметь говорить.

Мы стали одновременно мудрыми и глупыми. Перегруженными информацией и все-таки ничего не понимающими. Дело не только в количестве информации, дело в объеме обоснованного знания, которое постепенно становится обременительным. Еще несколько лет тому назад было почти невозможно на вокзале или в аэропорту найти относительно свежее издание «Экономиста». Сегодня разные приложения присылают нам на мобильник лучшие в мире анализы происходящего из самых серьезных источников в течение одной минуты. А еще все эти умные подкасты в Интернете и доклады в блогах. И все глупые твитты, которые тем не менее хочется прочитать. Как раз сейчас по радио передают фантастическую историю про Карла Великого. Каждую неделю появляются как минимум пять книг, которые обязательно хочется купить. Их можно заказать, просто кликнув мышкой, но когда их читать? Мы знаем, когда начало светить наше Солнце и когда оно погаснет, мы знаем историю нашей Вселенной, структуру веществ, передающих сигналы в мозге, мы в курсе всех деталей политики Леванта или Южной Украины. И все-таки мы совершенно ничего не знаем. Наступает момент, когда приходится признать, что невозможно накопить бесконечно много знаний, что нельзя узнать все, что нас интересует.

«Как наше тело может переварить только определенное количество пищи, так и наша голова может усвоить только определенное количество знаний». Примерно так мне однажды объяснила Пэрис Хилтон, почему ее не устраивает информационная эра. Но мысль эта принадлежит не ей, а другому значительному мыслителю — Фридриху Ницше. Он (или Пэрис Хилтон?) сказал также вот что: «Чтобы понять жизнь, нужно отбросить бремя избыточного знания».

Интересно, что это совпадает с новейшими открытиями в исследовании мозга. У новорожденного примерно столько же структурированных клеток головного мозга, сколько у взрослого человека. Долгое время ученые гадали, почему природа на такой ранней стадии жизни одарила нас столь избыточным количеством синапсов (нейронных связей в мозге) — и примерно с третьего года жизни регулярно уменьшает его. Сегодня известно: благодаря этому дети в первые годы жизни могут выучить очень много и быстро. Но уже с четвертого, самое позднее с пятого года жизни слишком большое количество информационных путей стало бы обременительным. Только когда они прерываются, мы понимаем взаимосвязи и упорядочиваем понятия. Только установление приоритетов, ограничение делает нас способными мыслить.

Поэтому нам следовало бы наконец избавиться от навязчивой идеи, что мы должны постоянно узнавать что-то новое. Боязнь пропустить что-то важное возникла еще в ту эпоху, когда информация была редкой и ценной. Сегодня нашей целью должно стать стремление свернуть информационные пути, знать *меньше*. Вместо этого надо попытаться *больше* понимать. Прав Кристиан Крахт, когда говорит, что мир стал слишком сложным, чтобы иметь о чем-либо обоснованное мнение. Парадоксально, но из этого следует, что мы, вероятно, должны иметь мнение обо всем — но только со смирением, запрещающим нам быть несговорчивыми всезнайками в отстаивании своей точки зрения. Это точно соответствует поведению хорошего собеседника. Никогда не стремиться доказать свою правоту, но все-таки высказывать до некоторой степени оригинальные мысли, чтобы шутливо вызвать возражение, — вот что самое главное в беседе, которая, в самом увлекательном случае, жива удовольствием от обострения противоречий. Упрощение — единственное испытанное средство справиться с бессмысленностью нашего существования.

Нужно ли быть образованным, чтобы уметь хорошо вести беседу? Нет, образованность скорее мешает. В английским языке слово «clever» (умный) — почти самое недружелюбное, что можно сказать о человеке. Мы, на материке, не так строги, но в принципе и здесь бытует мнение, что люди, которые мучают собеседника своим умом и образованием, скучны.

И все-таки: беседа, то, что на разных языках называется Smalltalk, Chit-Chat, la petite conversation de la table, бесцельная болтовня, пользуется в Германии плохой репутацией. Но только потому, что немцы не хотят признать различие между научной дискуссией и болтовней в обществе. В первом случае люди терзают друг друга или убийственными банальностями, или своим стремлением объяснить все в мельчайших деталях. Во время беседы в обществе — на ужине, коктейльной вечеринке, на приеме — можно спокойно выдвигать смелые идеи и тем самым вызывать собеседника на возражение. В других ситуациях, наоборот, уместнее говорить ни о чем — и делать это с воодушевлением, следуя совету лорда Горинга из «Идеального мужа»: «Мне нравится говорить ни о чем. Это единственное, в чем я разбираюсь». Беседой ни о чем пренебрегают несправедливо. Ведь она — жизненно важный навык. Мы и так склонны переоценивать значение слов, сказанных в процессе человеческого общения. Этому меня научила уже упомянутая личность, самый разумный человек из всех, кого я когда-либо встречал. Пэрис Хилтон.

* * *

Это случилось в тот день, когда я пережил, вероятно, самую ужасную катастрофу в беседе. Я впервые оказался в Голливуде в качестве журналиста. Немецкий журнал

«Вэнити фэйр» поручил мне написать о церемонии вручения «Оскара». В городе я никого не знал, но «приземлился» — что поначалу показалось мне невероятной удачей — на легендарном приеме в саду перед вручением «Оскара» у королевы моды Дианы фон Фюрстенберг. На мне был мой лучший летний костюм, любимый галстук, начищенные туфли — и я не знал ни души.

Чем больше я старался завести беседу с людьми, тем больше они замечали именно это: что я стараюсь. Тут я заметил Руперта Мёрдока. Я подкрался к нему, подождал подходящего момента, пробормотал что-то из «Лос-Анджелес таймс», которая тогда была в продаже, и смело спросил, не интересует ли его это. Он удостоил меня коротким взглядом и ответил: «Только идиоты еще покупают сегодня газеты!» Потом повернулся ко мне спиной, и я увидел Питера О'Тула. Вот спасение, подумал я, уж он-то наверняка милый человек. «Я люблю “Лоуренса Аравийского”», — заговорил я с ним. «Ну и что?» — Он со скукой посмотрел мимо меня и отвернулся. После этого я пытался заговорить с людьми, чьих лиц я не знал по телевизионным передачам или по фильмам (что в этот вечер было сложно). Но и это не помогло. Все избегали меня или заставляли меня краснеть. В конце я и вправду стал задавать идиотские вопросы, вроде «Когда вы собираетесь в отпуск?». Похоже, я вел себя как Питер Селлерс в «Вечеринке» — несколько растерянный идиот, с той лишь разницей, что я, в отличие от него в этом фильме, не создавал хаоса и переполоха, а просто был ужасно неуверен в себе. Но, к сожалению, важные обстоятельства жизни передаются невербальным путем. В обществе неуверенность действует, как токсин. Никто не захочет иметь с тобой дела — из страха заразиться.

Моим спасителем в тот вечер стала как раз великая дама-философ Пэрис Хилтон. Она сидела на скамейке с несколькими хохочущими подругами и, когда я подошел к ним, была в таком хорошем настроении, что ей ничуть не помешала моя неуверенность.

Мне к тому времени уже все было без разницы, так что я подошел к самой знаменитой блондинке в мире и сказал:

— Я никогда не забываю лиц, но вы — исключение.

— Меня зовут Пэрис Хилтон, — ответила она, слегка развеселясь, с наигранным возмущением.

— А, Хилтон? На следующей неделе я буду в Нью-Йорке, я забронировал номер в «Хилтоне», в «Вальдорф Астории». Там есть номера, которых следует избегать?

— В «Вальдорф Астории»? Я там выросла. Я бы избегала там всех номеров.

Неожиданно мы начали болтать. Потом болтовня переросла в беседу. Люди, презирающие пустую болтовню, не хотят понимать: часто она — только затакт, начало. Когда лед сломан, человек решает, стоит ли продолжать разговор. В данном случае — я уже сказал, что мне было безразлично, как я выгляжу, — я вылил на Пэрис все, что накипело у меня на сердце. Я рассказал ей о своей неуверенности. И что же эта очаровательная женщина? Поделилась со мной некоторыми личными приемами.

Первый, как она сказала, я только что испробовал на ней (вероятно, неосознанно и от полного отчаяния).

— Надо быть наглым и не стараться все сделать правильно. Если на приеме ты чувствуешь себя неуверенно или не на своем месте, тогда лучше всего это осознать. И принять! Тогда твоя неуверенность больше не сможет управлять тобой, а ты сможешь наблюдать за ней и когда-нибудь даже похихикать по этому поводу, потому что самое смешное заключается в том, что иногда все чувствуют себя неуверенно, даже Мишель Обама. Таковы все люди. Трюк прост: вначале стать наблюдателем, прочувствовать ситуацию.

Ее совет был достоин самого Диогена.Он стоял на рыночной площади Афин и снисходительно или ехидно, во всяком случае, заинтересованно смотрел на сцены, которые разыгрывались перед ним, зная, что ко всему этому он не имеет никакого отношения. С тех пор я тоже делаю это на приемах, когда чувствую себя не в своей тарелке. Изображаю наблюдателя. Но уже не нерешительного и ищущего общения, а в манере Диогена и Пэрис Хилтон. И это действительно помогает.

Кроме того, добавила потом Пэрис, важно избегать глупой улыбки, которая сразу выдает неуверенного человека. Вот я, например, улыбался ей уже задолго до того, как произнес хоть одно слово.

— Ошибка! — сказала она. — Пользуйся своей улыбкой с умом.

Поспешная улыбка производит, по ее словам, глупое и неискреннее впечатление, а редкая, наоборот, умное. Правильно бывает помедлить немного и *потом* улыбнуться.

Второй важный прием: «Быть спокойным!» Никогда не спешить («На это имеют право только официанты!»). Важно, чтобы все твое тело демонстрировало невозмутимость. Начиная с правильной постановки позвоночника, спокойных движений рук и вплоть до медленных взглядов.

— Ты произведешь впечатление человека невероятно серьезного, умного и, кстати, сексуального, если не отвернешься от собеседника даже тогда, когда он замолчит, а только о-о-чень медленно отведешь глаза.

* * *

Правда, когда я был молод и позволял учить себя родителям, а не Пэрис Хилтон, меня приучали совсем к другому. В таких семьях, как моя, оттачивалась, например, способность выслушивать с наигранной заинтересованностью скучные и усыпляющие монологи. Ведь у нас в течение многих поколений не было других дел, кроме охоты и сидения в салонах. Искусство кивнуть при случае, послушно улыбнуться, сделать демонстративно заинтересованное выражение лица — все это часть нашей семейной традиции, так же, как дар тянуть беседу до бесконечности, что требует определенной импровизации, ведь, в конце концов, надо уметь быстро переключиться на следующую тему, если собеседнику больше ничего не приходит в голову. Многие тысячи часов в салоне научили нас также общаться с каждым человеком принципиально с одинаковой сердечностью, даже если он зануда и действует тебе на нервы; больше того, встречать неприятных людей еще немного сердечнее, чтобы компенсировать отсутствие у них шарма. Кроме того, за столетия у нас выработались ценные стратегии борьбы со скукой. Отсюда и любовь к остротам и шутливым провокациям, к счастью, чрезвычайно популярная в этих кругах. Мои родители, естественно, научили меня не замечать чужих ошибок и никогда не извиняться за свои собственные, потому что этим только привлекаешь к ним внимание окружающих («кто извиняется, тот себя обвиняет» — так у нас считалось). А еще мне внушили, что есть определенные темы, которые запрещены в беседе. Все сколько-нибудь религиозное, политика и, разумеется, секс. По-моему, сегодня это правило уже давно не действует. Итак, в следующих главах я обращусь и к темам, которые долго считались запретными. Единственное, что действительно запрещено, — это сам запрет.

Почему непринужденная беседа пользуется в Германии такой плохой репутацией? Боюсь, это в большой степени связано с маргинализацией старых элит. Идеал, при котором важны не происхождение и рождение, а только достижения в продвижении по общественной лестнице, прекрасен. Но цена за него — утеря культурных навыков, которыми раньше владели все и которым мы поражаемся у других наций. В XX веке смена элит была в Германии намного радикальнее, чем где-либо еще. В эпоху Вильгельма дворянство и буржуазные элиты так основательно себя дискредитировали, что никто больше не хотел быть такими, как «те наверху», и по праву. А за закатом старых элит последовала бесконечная tabula rasa нацистских обещаний всеобщего равенства. Мы, немцы, — единственная страна в Европе, которой удалось почти полностью уничтожить все прослойки элит.

Правда, и у наших европейских соседей произошли социальные изменения. Но там возникающие новые слои всегда старались подражать стилю старых элит. А у нас после войны (что вполне понятно!) все, попахивающее дворянством и буржуазностью, считалось отсталым и мещанским. Каждому хотелось быть настолько прогрессивным и современным, насколько это вообще возможно. Во многих отношениях именно это делает сегодня Германию такой пригодной для жизни страной. А что касается культурных навыков, навыков общения друг с другом в обществе, тут мы, немцы, не очень богатый народ.

Медленно-медленно, но, кажется, это начинает меняться. Мы все стали не такими напряженными. И люди, принадлежащие к бывшим элитам, сегодня тоже рассматриваются с несколько большей благосклонностью.

КАК ПОЛЬЗОВАТЬСЯ ЭТОЙ КНИГОЙ

Разные ситуации требуют разного тона и стиля. Иногда надо моментально решить: нужно ли мне тоже заговорить, чтобы не стоять тут как остолоп? Стоит ли мучиться, чтобы произвести впечатление? А иногда самое умное — просто пропустить это время и принять участие в общей болтовне, не привлекая к себе особого внимания. Поэтому темы, которые рассматриваются в этой книге, поделены на три раздела: во-первых, общие темы — то есть темы, на которые нужно уметь разговаривать всем. Затем следуют шутливые темы, действующие как дымовые шашки: они отвлекают и позволяют выиграть время. Даже если ты в совершенно проигрышной позиции и не имеешь ни малейшего представления, о чем идет речь, шуткой почти всегда удается некоторое время продержаться на плаву или отступить с определенным достоинством. В заключение идут «хлороформные» (успокоительные) темы, с их помощью можно замечательно усыпить своего визави.

Разумеется, все эти темы, которые я рассматриваю в книге, я осветил не до мельчайших подробностей. Я не воображаю, будто знаю все. Наоборот, нахожу всезнаек очень утомительными. Поэтому в некоторых местах наверняка не хватает точности, какие-то вещи я грубо упрощаю. Но, как я уже сказал: упрощение — единственная возможность справиться с несуразностями нашего мира. Мужество для упрощения я частично подглядел у людей, чьи имена постоянно называю в этой книге, чтобы немного похвастаться. Благодаря моей семье (но и благодаря моей профессии) я имел счастье встречаться со многими замечательными и знаменитыми людьми. Я был у Исайи Берлина в его коттедже в Оксфорде, ездил на «порше» с «красной графиней» Марион Дёнхоф и спорил с ней об идеале свободы. Мне довелось расспрашивать лорда Ротшильда о сущности кредитования, Франца Беккенбауэра о футболе, а Аллена Гинсберга о наркотиках. Старый Генрих Тиссен не пожалел времени, чтобы объяснить мне, пятнадцатилетнему, свой взгляд на рынок произведений искусств, а Генри Киссинджер изложил мне свою трактовку холодной войны. Не спорю, тут я действительно немного похвастался. Вы, разумеется, во время беседы сделаете это намного изящнее и тоньше, случайно вырвавшиеся имена — неотъемлемая часть беседы.

Прежде всего, эта книга должна способствовать тому, чтобы «законсервировать» культуру общения, которая в наш век селфи, в нашу эпоху выставления себя напоказ, все больше забывается: культуру беседы. Слово «беседа» включает в себя интерес к партнеру — а это становится все менее естественным в наше время, когда каждый зациклен только на своей собственной жизни. Сегодня чаще встречаешь людей, которые с большим воодушевлением рассказывают о себе и своих достижениях, а закончив, впадают в странное аутистское молчание. Правда, люди все еще разговаривают друг с другом, но при этом они редко беседуют, скорее они ведут себя так, словно хотят померяться друг с другом своими статусами. Все говорят о себе. Почти никто по-настоящему не слушает другого. Потому что мы рассматриваем собеседника как человека, который должен выслушать наши излияния о себе самих. При этом тайной общения в компании остается то, что каждый, действительно каждый, может рассказать что-то интересное. Если только ему дадут такую возможность! Чтобы уметь по-настоящему слушать, в идеале надо быть разносторонним человеком. Если вы встречаете кого-то, кто с восторгом рассказывает о своем хобби — все равно, астрофизика это, буддизм или абстрактное искусство, — нужно уметь хотя бы сделать вид, что вам это интересно, и только потом можно сказать: «Ах, недавно я прочитал кое-что увлекательное об этом...»

И еще одно: мы живем в самые демократические, терпимые, либеральные времена, какие когда-либо существовали на этом земном шаре. Были времена, когда «в салоне» следовало вести себя «комильфо» («как полагается»). Они прошли. Сегодня общественное место — просто демократическое место. Будь то дама с усами (или даже с бородой), человек с пирсингом или в накрахмаленной сорочке и с безупречно завязанной бабочкой или кто-то в грязной рубашке или в вечернем платье, одет как клоун или как провинциал, — сегодня каждый может быть таким, каков он есть.

В наше время, для того чтобы в обществе крепко держаться на ногах, не надо обладать ни большим знанием света, ни умением вести себя. Каждому рады. Чем различнее люди, тем лучше. Место найдется и для людей вроде финансиста Машмайера, и для таких, как Кличко, для людей типа Диогена и Пэрис Хилтон, для рассеянных профессоров, для тех, кто любит разглагольствовать, и для молчунов, для красавцев и серых мышек, и даже увальни и дамы, которых никто не приглашает танцевать, имеют на каждом приеме большое значение. Если они выглядят, как Машмайер, или ведут себя, как Кличко, это вполне в порядке вещей. Невыносимо становится только в том случае, когда «Машмайер» делает вид, что он промышленник Бертольт Байц, а «Кличко» притворяется Генри Киссинджером. Будь самим собой, тогда у тебя есть шанс стать тем, кем ты можешь быть. Вот это сейчас было очень высокопарно. Хороший момент, чтобы прерваться и перейти к практике.

ОБЩИЕ ТЕМЫ

Существуют ли темы, которых обязательно надо избегать в обществе? И да и нет. Еще несколько лет тому назад невозможно было себе представить, чтобы кто-то открыто говорил про порнографию. Сегодня тридцатилетние мужчины, смеясь, рассказывают за столом, что они забыли выключить свой Интернет-браузер, а подружка потом вместо Youtube случайно попала на Youporn.

А еще все эти местные особенности. В Америке, совершенно не смущаясь, говорят о деньгах («How much are you worth?», «Сколько вы стоите?»), во Франции это считается невыносимо вульгарным, а в Швейцарии нет вообще ничего, о чем можно было бы спокойно поговорить. В Берне вы прослывете болтуном, если слишком с большим выражением скажете: «Привет». Итак, вместо того чтобы заниматься запрещенными темами и региональными различиями, просто констатируем: да, есть темы, которые в большинстве случаев неуместны, например религия, пищеварение, вообще все, что связано со здоровьем...

Но разве не намного умнее заниматься теми вопросами, которые никак не обойдешь? Следующие главы выполняют функцию системы навигации. Она охватывает те проблемы нашего времени, от которых не спасешься, о которых *нужно* иметь мнение. Поэтому «Общие темы» читать обязательно, как обязательно платить за радио, неважно, интересует вас передача общественных юристов или нет. Но прежде чем я перейду к отдельным темам, еще парочка принципиальных советов.

Что со своей улыбкой надо обращаться экономно и выжидать подходящего момента, чтобы произвести в обществе хорошее впечатление, я уже упомянул. Трюк с «медленными глазами» и спокойными движениями тоже.

Но еще об одном приеме я пока не рассказал: относись к каждому человеку так, словно он твой старый знакомый! Конечно, это не означает, что если вы увидите на приеме Клаудию Шиффер или Герхарда Шрёдера, то можно просто подойти к ним и хлопнуть по плечу. Но представьте себе, что вы давно их знаете, это как нельзя лучше снимает напряжение. Астронавт Крис Хэдфилд однажды сказал в интервью: «Я так часто видел Землю из космоса, что, кого бы я ни встретил, мне все равно, потому что я чувствую, что я его уже когда-то видел». Мы все можем чувствовать то же самое, это — вопрос установки. Мы никому не чужие. И все-таки большинство людей держится отчужденно. Тот, кто этого не делает, выигрывает априори. Для этого надо понять только одно: все равно, кто перед вами: супермодель, суперканцлер или обслуга супермаркета, — глубоко внутри находится человеческая сущность, которая нас связывает. Мы действительно все одинаковы и поэтому знакомы. Тот, кто осознает этот факт, двигается в обществе не напряженно и излучает спокойствие.

И еще: если вы вступили с кем-то в разговор, подарите ему свое внимание полностью! Повернитесь к нему всем телом. Люди, которые осматривают зал в поисках следующего собеседника, еще разговаривая с первым, справедливо считаются очень невежливыми.

Но самый-самый важный закон беседы гласит:

С ТОБОЙ НЕ ДОЛЖНО БЫТЬ СКУЧНО!

В принципе беседа должна начинаться с пустяков. Этот этап нельзя пропускать, чтобы иметь возможность присмотреться друг к другу. Мы обмениваемся десятками тысяч сведений в секунду, невидимые проволочки накаляются, сказанное играет при этом второстепенную роль. Как ты сюда попал, давно ли ты здесь? В такие моменты можно даже сказать, что ты опоздал, потому что сначала нужно было еще убить тещу, этого все равно никто не услышит. Тот, кто уже при первых словах демонстрирует остроумие, этим только показывает, что он настойчиво ищет общения — примерно, как в известном изречении: кто остроумен уже за ланчем, наверное, еще не получил приглашения на ужин. Но после вводного трепа вам должно хоть что-то прийти в голову. Лучше всего что-то короткое. Ничто не раздражает людей больше, чем излишние обстоятельные подробности. Избегайте ненужных деталей.

Кроме того, будет совсем, совсем замечательно, если вы не станете находить все совершенно, совершенно замечательным. Когда человек считает все суперзамечательным, прекрасным, непревзойденным, это действительно смертельно скучно. Если вам не приходит в голову ничего об искусстве, не говорите, как вы любите красивые вещи! Лучше скажите что-нибудь вроде: «Искусство? Ну, от него я как раз стараюсь отвыкнуть...» В идеале каждая фраза должна зацепить собеседника. Вместо того чтобы болтать о «прекрасных отелях», лучше расскажите, почему вы считаете отели класса люкс огромными борделями. Вместо того чтобы жаловаться на «эту дойную корову — социальное государство», объясните, почему задачей государства является баловать своих граждан. Лучше (конечно, вежливо!) утверждать что-то противоположное, чем изводить собеседника своим конформизмом со всем миром.

Однако при всех обстоятельствах надо избегать двух вещей: быть всезнайкой и морализатором. И то и другое совершенно убивает всякую беседу. Беседа — это игра. Она живет «пасом» собеседнику. Все, что вы говорите, должно дать ему пространство для контрвысказывания. Морализаторские азбучные истины — стариков нужно больше уважать, важнее всего дети (или здоровье?) — делают невозможным какое бы то ни было возражение.

А этим вы нарушаете правила игры. Так же обстоит дело со «всезнайством». Цель беседы *никогда* не должна сводиться к тому, чтобы оказаться правым. Наоборот, следует *все* отстаивать и уметь более или менее остроумно высказывать *любую* позицию. Профи в искусстве беседы без проблем дает собеседнику возможность опровергать свое мнение. В Англии в таких случаях любят говорить: «I stand corrected» — «Я признаю свою ошибку». В немецком языке нет похожего устойчивого выражения. Это заставляет задуматься. Очевидно, с нашей ментальностью плохо «монтируется» мысль, что ты неправ. Ничего, это поправимо. Многие придуманные в Англии игры уже распространены во всем мире. Некоторые (например, футбол!) мы уже отлично освоили. Нет никаких причин, по которым нам не удалось бы преуспеть и в «бальном» виде спорта — в беседе.

И еще вот что. Я знаю, это больно. И все-таки: пожалуйста, пожалуйста, пожалуйста, не рассказывайте анекдотов! Этой теме я посвятил отдельную главу, в которой пытаюсь объяснить, почему анекдоты показывают вашу полную несостоятельность в беседе.

Другой способ, который тоже не годится для поддержания беседы, — просьба: «А расскажи-ка о твоем самом мучительном переживании!» Это неправильный вопрос уже потому, что у человека, уверенного в себе, мучительных переживаний не бывает. Когда уверенный в себе человек наступает кому-то на больную мозоль, он делает это со всей силы.

Следовательно, если при таком вопросе вам в голову не приходит ответ, значит, вы не совсем уверены в себе. Кроме того, никто всерьез не интересуется мучительными деталями вашей жизни. А вот хорошие истории любят все. Они — самый занимательный способ реанимировать почти выдохшийся разговор. И не надо никаких «а кстати». Достаточно совершенно неожиданно сказать: «Недавно со мной произошло нечто невероятное...», и все сразу начинают внимательно слушать.

Вот, например, одна история, которую я всегда рассказываю, когда нужен дефибриллятор беседы. При необходимости можете ею воспользоваться. Это включено в стоимость книги.

История такая: у одного знакомого моего приятеля в Гилфорде, в 40 минутах езды от Лондона, небольшой интернет-стартап, и он искал спонсора. Однажды вечером предстояла важная встреча с потенциальными инвесторами в Лондоне. В тот день у него случилась неприятность с желудком, точнее, диарея. Но встреча-то слишком важная, чтобы ее отменять. По дороге на вокзал в Гилфорде он заметил, что с ним случилась небольшая беда. На нем были светлые брюки. Существовал риск, что кое-что протечет. Так вот, этот находчивый человек быстро остановился около магазина «Марк и Спенсер». Там можно купить все, в том числе и брюки. Наш герой схватил брюки, поспешил к кассе, заплатил — все еще успевая на поезд Лондон — Ватерлоо. Заперся в туалете, снял испачканные брюки, выбросил их в окно, полез в пакет с покупкой, но вместо купленных брюк вытащил оттуда розовую балетную пачку. В спешке он схватил в магазине не тот пакет. С потенциальными инвесторами он должен был встретиться на платформе «Ватерлоо». Что же делать? Пропустить встречу? Он натянул на себя женский балетный костюм, вышел, под изумленными взглядами пассажиров, из поезда и решительным шагом отправился искать своих деловых партнеров.

Как они реагировали, мне не рассказали, известно только, что он ничего не стал объяснять — и вечером вернулся в Гилфорд, заключив мегасделку. Инвесторов убедила его деловая идея. А может, и он сам выглядел убедительно. Потому что сделал вид, что все в порядке.

Правдива ли эта история? Как говорят в Бруклине, если и неправда, то хорошо выдумано. И мораль в ней великолепная: если ты уж делаешь что-то неправильно, то делай это не смущенно, а величественно!

ГЕНДЕРНАЯ ПРОБЛЕМА

Президент ФРГ как-то в интервью сказал нечто, достойное внимания. (А ведь так бывает не всегда.) Среди прочего в разговоре речь зашла о том, как печально, когда пожилые мужчины в присутствии дам начинают важничать. Поводом послужил один случай: политик из Свободной демократической партии (а тогда это была влиятельная политическая партия) привлек всеобщее внимание высказываниями на эту тему. Когда волны улеглись, появилось упомянутое интервью с главой государства (между прочим, это был Йоахим Гаук). В нем была фраза, намекавшая на этого политика и его слова. Одному классику в области тем для беседы оно дало новую пищу для разговора. Федеральный президент сказал, что женский вопрос еще не решен. Дословно: «Нам еще предстоит многое сделать относительно женского вопроса».

Что именно имел в виду президент под «женским вопросом», осталось — как это принято у президентов — расплывчатым. Классические женские *вопросы* всем известны:

Где мои ключи от машины?

Я помещусь в это место на стоянке?

У вас есть лобутены 37 размера?

Но что такое женский *вопрос*? Многие поколения понимали под этим вопрос, кто умнее: женщины или мужчины. Но это уже выяснено. У женщин гиппокампус, та часть головного мозга, которая отвечает за когнитивные способности, меньше. Но зато женский мозг работает явно эффективнее. То есть у женщин больше смекалки, благодаря чему они быстрее решают те же самые интеллектуальные вопросы, что и мужчины.

Новый вопрос, к которому сегодня надо быть готовым, звучит так: а это вообще есть? Женщины? И мужчины? В хипстерских районах Берлина, таких как Фридрихсхайн, этот вопрос излишен, здесь девушки буйствуют на футбольных площадках, а юноши играют в куклы. Но в отсталых районах, кажется, еще спорят о гендерном мейнстриме.

В действительно прогрессивных кругах *любая* половая категоризация уже считается реакционной и отвергается. Даже возможность, которую предлагает пользователям Фейсбук, регистрироваться не как «мужчина» или «женщина», а «гендер-флюидом», «трансгендером» и «а-гендером» (полово-нейтральным), считается у передовых людей реакционной.

Если по недоразумению вы влипли в разговор о гендер-мейнстриме, то, собственно говоря, можете только пожать плечами и не участвовать в диспуте. Удивительным образом как раз тот, кто наиболее аргументированно и категорично отстаивает свою позицию, знает совсем мало о предмете, о котором идет речь. И наоборот, отсутствие определенного мнения зачастую является результатом очень глубокого знания вопроса. Чтобы вы могли как можно более компетентно молчать, вот вам блиц-курс по гендерному мейнстриму.

В основе всего лежит торжествовавшая с 50-х годов на американских философских факультетах постмодернистская картина мира. Для конструктивистов и релятивистов того, что мы в обиходе называем «фактами», в строго философском смысле не существует. В их глазах «факты» или социально устарели (как, например, различие в ролях мужчин и женщин), или возникли благодаря произвольной человеческой категоризации. Для конструктивистов названия, которые мы даем предметам, произвольны. Дерево становится «деревом», а гора «горой» только потому, что мы их так назвали. Для амебы песчинка, вероятно, уже «гора», а дерево — «мир»? Следовательно, наша точка зрения глубочайшим образом человечески субъективна. Факты — это конструкции, построенные людьми. Между прочим, когда я рассказал об этом своей 12-летней дочери, она обезоруживающе спросила: «А как же луна? Она существовала еще до появления людей, и, вероятно, ей безразлично, как мы ее называем». Неужели достаточно одного ребенка, чтобы скомпрометировать несколько поколений философов? Да и простой логикой легко поставить конструктивиста в затруднительное положение. Если *нет* абсолютных фактов, то, если это утверждение было бы верным, оно уже стало бы *абсолютным* фактом.

Все равно. Релятивизм и конструктивизм за последние десятилетия в большой степени повлияли на наше мышление. В частности, на социальные науки. Это новое мышление было тут же подхвачено и гарвардским психологом Джоном Мани. Когда в 60-е годы он учился в Университете Джона Хопкинса, на самом уважаемом в Америке медицинском факультете, он решил подкрепить доказательствами следующий тезис: гендерные роли являются человеческим изобретением и не могут быть обоснованы наукой. В 1967 году он провел эксперимент, который вошел в историю медицины как эпохальное открытие. В клинике университета он подверг двухлетнего мальчика по имени Брюс Реймер операции по смене пола. Мальчик страдал от ошибки врачей: во время обрезания ему повредили пенис. Теперь мальчику удалили еще сохранившиеся яички, а из кожи мошонки сформировали половые губы. По настоянию Мани родители согласились воспитывать ребенка как девочку. Теперь это уже не был Брюс, он стал Брендой. С 12 лет «Бренду» к тому же еще лечили женскими гормонами. Мани хвастался своим экспериментом в многочисленных научных публикациях и докладах, называл «Бренду» «нормальной, счастливой девочкой» и пользовался среди ученых славой пионера в сексуальных исследованиях. Алиса Шварцер прославляла его как выдающегося ученого, который «соответствует настоящей миссии науки», и восхваляла его эксперимент, потому что он наконец-то доказал, что «способность рожать — единственное различие, которое существует между мужчиной и женщиной. Все остальное выдумано». Если в научных журналах «Бренду» называли «уравновешенной», то родители и друзья воспринимали его как несчастного ребенка с социальными проблемами. Говорили, что он отказывается играть с девочками. В пятнадцать лет «Бренда» узнает, что родилась мальчиком, и настаивает на том, чтобы снова жить мальчиком, после этого он называет себя Дэвидом. Реймер пошел на новые операции, а в середине 90-х решился рассказать свою историю общественности. Вместе с журналистом Джоном Колапинто он написал в 1997 году для «Роллинг стоун» сенсационную статью «Мальчик, которого воспитывали как девочку». Четвертого мая 2004 года Дэвид Реймер покончил жизнь самоубийством. Ему было 38 лет.

Тем временем профессора Мани стали и в среде теоретиков по гендерному вопросу считать скорее доктором Франкенштейном, чем пионером (несмотря на это, Немецкое общество научно-гуманитарных сексуальных исследований присудило ему еще в 2002 году медаль имени Магнуса Хиршфельда*).

Сегодня гендерные исследования предпочитают ссылаться на философа Джудит Батлер, которая тоже училась в Университете Джона Хопкинса, а с начала 90-х годов заведует кафедрой в университете Беркли (Калифорния). Если Мани занимался якобы не существу-

* Магнус Хиршфельд — известный немецкий врач, сексолог, исследователь человеческой сексуальности, в частности гомосексуальности, и защитник прав сексуальных меньшинств. *(Здесь и далее примеч. переводчика.)*

ющими различиями между мальчиками и девочками, то Батлер рассматривает любую половую категоризацию как навязанную обществом. Еще двадцать лет тому назад сентенции Джудит Батлер считались очень смелыми, а сегодня гендер-мейнстрим — дословно: уравнивание полов — просто стал целью социальной политики. Правда, потихоньку еще живет и сопротивление. Так, например, опубликованная в 2013 году активисткой феминистского движения Наоми Вульф книга «Вагина» удивительным образом почти не нашла отклика.

Со времени Амстердамского договора, подписанного в 1997 году, гендер-мейнстрим даже официально стоит на политической повестке дня Европейского союза. Первоначально это должно было способствовать равноправию полов на рабочем рынке и проверять все политические явления — везде ли соблюдаются соотношение и равноправие полов. Однако из-за того, что все с самого начала было сформулировано расплывчато, все стало восприниматься как само собой разумеющееся. Между тем на деньги ЕС переписывают и издают заново школьные учебники, брошюры, буклеты и прочую печатную продукцию, чтобы соответствовать «gender diversity» — гендерному разнообразию. В школах, министерствах, окружных управлениях проводятся разработанные этими организациями семинары, чтобы раскрыть «стереотипные половые роли», в гендерных мастерских служащие могут проиграть свои специфические модели поведения и попробовать вести себя как представитель другого пола. Кроме того, была идея перестроить общественные туалеты, чтобы людям, которые не желают вписываться в классическое разделение на мужчин и женщин, в будущем предоставить их собственное тихое местечко.

С гендер-мейнстримом дело обстоит так же, как со всеми постулатами политкорректности: яро отстаивать их так же пошло, как на них ополчаться. Оруэлловский новояз стражей образа мыслей нервирует точно так же, как гнев тех — ах, каких свободных — трепачей, которые лепечут что-то вроде: «Но ведь это еще, наверное, можно сказать и сейчас, в крайнем случае, стукнуть кулаком по столу». Это немного напоминает ношение мехов. Следовало бы носить соболей только для того, чтобы позлить действующих на нервы активистов движения за гуманное обращение с животными. Но потом видишь русских нуворишек и понимаешь: к сожалению, носить соболью шубу еще и ужасно мучительно. Итак, мы имеем дело с классической дилеммой.

Естественно, было бы совсем уж глупо пускаться в обществе в дискуссии о смысле или бессмысленности конструктивизма. И кто сейчас может обидеться на человека за то, что он не хочет каждый раз снова и снова принимать трудное решение, когда спешит к туалету, но не чувствует себя ни мужчиной, ни женщиной. (Кроме того, на крупных мероприятиях очереди перед «нейтральными» туалетами были бы немного короче.) Но, как уже сказано, знать основы дебатов, в которых вы не принимаете участия, лучше, чем говорить о вещах, о которых у вас наготове лишь обрывки аргументов, вызванных неприязненным чувством в стиле Саррацина* и Матуссека**. Можно выпутаться из неприятного разговора с помощью литературной цитаты. В «Алисе в Зазеркалье» есть место, где описывается, почему отказ обязательно называть вещи так страшит. Это ведет к полному замешательству. В конце уже ничего не понять. Любовь, верность, дружба — в какой-то момент ничто уже не имеет никакого смысла. В романе Льюиса Кэрролла Алиса встречает высокомерного Шалтая-Болтая. Они начинают спорить о значении одного из самых прекрасных слов английского языка — «слава».

* Тило Саррацин — бывший германский политик, член Социал-демократической партии Германии, автор книги «Германия. Самоликвидация».

** Томас Матуссек — постпред Германии в ООН.

Оно означает честь, а также великолепие. Итак, Шалтай-Болтай сидит на своей стене, в костюме и бабочке, презрительно смотрит вниз на Алису и произносит: «Когда я говорю какое-то слово, оно означает именно то, что я хочу. Не больше и не меньше». Алиса, озадаченно: «Но как может одно слово означать различные предметы?» Тщеславный человек-яйцо отвечает резко: «Вопрос в том, кто здесь главный, а это так просто!»

Чтобы закончить злополучные дебаты, просто скажите, что вы не знаете ни одного литературного персонажа, который полнее воплощал бы опустошающий нигилизм XX столетия, чем ужасные лица дуэта художников братьев Чепмен, Телепузики и тот самый Шалтай-Болтай. И заметьте, все упомянутые — английские творения, а это укрепляет вас во мнении, что сыны Альбиона — особенно прозорливые исследователи нашего времени. Вероятно, вы увидите озадаченные лица, что даст вам возможность сменить тему — или вечеринку.

ЕДА

С полным ртом не разговаривают. Это знают все. Зато распространился другой вид некультурности — говорить *о* еде. Если рассматривать чувственные наслаждения, то еда по праву стоит перед сном и сексом. От сна (в идеальном случае) мы мало что помним. И даже если сложить все оргазмы в своей жизни, то получится (в идеальном случае) один маленький часик. Но если исходить из трех трапез в день, то современный человек проводит немногим меньше семнадцати лет жизни за едой.

В чувственном родстве еды и секса лучше всех разбираются французы. У них марки хлеба и женские бюсты называются одним словом «les miches», а выражение «aller aux fraises» (пойти за клубникой) — одно из десятка прекрасных описаний полового акта. И все-таки: вполне приемлемо говорить о сексе, но нет ничего более пошлого, как за едой говорить о еде. Тот, кто это делает, — или зануда («Замечательно», «Повар хранит рецепт, как сокровище»), или воображала («Превосходно, но все-таки во рту остается слабое ореховое послевкусие»). В лучшем случае речь может идти об интеллектуальной капитуляции.

Хуже всего так называемые знатоки, которые жуют и при этом немного чавкают («Чтобы в рот попадал кислород, только так можно прочувствовать вкус»). Они нарушают первую статью кодекса хороших манер: чем больше наслаждение, тем меньше надо о нем говорить.

Между прочим, это правило действует везде в мире. Но с особенной строгостью в Германии. Для француза еда действительно самое важное в жизни. Это единственный западный культурный народ, который превратил банальную необходимость есть в искусство. Поэтому когда француз говорит о еде, ему это надо прощать. Однако и ему не придет в голову говорить о еде *во время еды*. Ведь и во время «похода за клубникой» никто не философствует о сексе, в крайнем случае — до или после. Но когда немец разглагольствует о еде, в этом есть что-то мучительное, что-то от парвеню, как если бы человек, который пять минут назад впервые увидел лошадь, начал бы везде ходить в сапогах для верховой езды. Немец говорит о еде, как слепой из притчи, рассуждающий о цвете. В восточных федеральных землях — смею сказать, моя семья родом оттуда — любят возмущаться польскими грузовиками, потому что со своим вряд ли кому нужным грузом они устраивают на наших прекрасных, новых автобанах настоящие гонки и тем самым ставят под угрозу наши жизни. Но вот о чем при этом забывают: они подвергают опасности и собственные жизни, и это только от нежелания есть то, что продают по очень высокой цене на восточно-германских стоянках. Несчастные дальнобойщики, привыкшие дома к простой, но честной кухне, хотят проехать Восточную Германию как можно быстрее и оказаться в Баварии, одном из немногих регионов Германии, где даже на простых автостоянках сохранились рудименты культуры еды.

Если вы случайно оказались втянуты в беседу о еде, то, разумеется, не можете прекратить ее, указав на пошлость темы. Это было бы невежливо. Что же вам остается, как не придать разговору как можно более абсурдную нотку? Например, пожаловавшись на недостаточное содержание жира в современном меню и процитировав великого нью-йоркского театрального критика Александра Уоллкотта. Ему принадлежит бессмертный афоризм: «Все, что я люблю, или нелегально, или аморально, или делает меня толстым». Еще вы можете выкопать легенду о подкидыше Джи Джин. В Китае во времена правления династии Ся (второе тысячелетие до Рождества Христова) приемные родители научили его искусству приготовления еды и продали как кухонного раба в богатый дом. По легенде, многие, еще и сегодня известные блюда кантонской кухни (философия которой основывается на правиле: «Каждое животное, чья спина смотрит на Солнце, съедобно») изобретены Джи Джином. Император Тан из следующей династии Шан услышал о его способностях и назначил подкидыша своим лейб-поваром. Каждый раз, когда Джи Джин сервировал стол для своего господина, он рассказывал ему о политическом положении Китая и объяснял, что хорошее управление государством функционирует по тем же правилам, что и хорошая кухня: все дело в балансе, в равновесии разных вкусов и предпочтений. Так он стал самым влиятельным советником императора, пока, в конце концов, тот не назначил его даже министром. Джи Джин по-новому организовал управление, успешно уничтожил коррупцию в стране, а так как он когда-то попал к императору рабом, то оставался человеком из народа, даже став обладателем большой власти и богачом, и поэтому всегда понимал нужды народа. Под конец он помог Тану свергнуть династию Ся и образовать династию Шан. Мораль: из классного повара тоже может выйти толк, необязательно заканчивать свою карьеру телевизионным кулинаром.

Еще один способ перевести разговор в другое русло. Заявить, что падение великой державы Венеции в XVI веке объясняется просто: употребление вилок — за что до этого полагался штраф, оно было привилегией дожей — неожиданно стало разрешено и преуспевающим купеческим семьям. На это же время приходится странная мода заворачивать мясо в тончайшее листовое золото. В 1514 году позолоченные яства попали под запрет, но случилось это слишком поздно, закат уже невозможно было остановить. Венецианцы так полюбили свою позолоченную еду, что начали искать ей замену и наконец остановились на поджаренных до золотой корочки хлебцах. Так появились панировочные сухари. Венский шницель (тривиальное блюдо, с помощью которого гарантированно можно подперчить любой пресный разговор!) является, таким образом, не австрийским, а венецианским изобретением — хотя в Италии он, как это ни странно, называется миланским.

Другое испробованное средство, чтобы мягко сменить тему, — пожаловаться, что обжорство окончательно вышло из моды. Было время, когда чревоугодие еще что-то значило, оно было смертным грехом и поэтому еще более соблазнительным. Сегодня пробиотическое питание относится к светскому кодексу, а тот, кто во второй половине дня ест углеводы, представляет собой угрозу системе здоровья и солидарному обществу. Какой-нибудь Людовик XIV был еще настолько свободен, что мог в обед съесть примерно *тридцать* блюд. «Я очень часто видела, как король съедал 4 тарелки разных супов, целого фазана, куропатку, большую тарелку салата, баранину с чесноком в собственном соку, два хороших куска ветчины, тарелку пирогов, фрукты и джем», — пораженно писала своей семье в Гейдельберг его невестка, добрая Лизелотта Пфальцская после обычного обеда в Версале. И рецепты тогда были намного изысканнее, чем теперь. До XVII столетия при европейских королевских дворах паштеты и супы, например, только тогда считались высокой кухней, когда в них были маленькие певчие птицы. Разумеется, живые. В старых поваренных книгах можно найти такое предостережение шеф-повару: «Наливай суп осторожно, чтобы не повредить живую птицу!»

Хотя совсем необязательно так углубляться в историю, чтобы найти примеры необычной кулинарии. Одна моя знакомая, Лиза Кэмпбелл, выросла в замке Кавдор, на севере Шотландии. Кавдор — место действия шекспировского «Макбета». Для всех, кто был невнимателен на уроках английского: Макбет был хозяином Гламиса, а король Дункан назначил его к тому же и пожизненным владельцем Кавдора. Но еще до того, как он узнал об этой чести, три ведьмы приветствовали его как владельца Гламиса, Кавдора и будущего короля Шотландии, хотя ему, строго говоря, принадлежал только первый титул. Когда вскоре после этого ему действительно сообщили, что король Дункан выбрал его быть владельцем Кавдора, он подумал, что теперь наверняка станет и королем Шотландии. Его жена, как большинство рыжеволосых женщин сексуальная и тщеславная, подстрекает его и доводит до того, что он ночью закалывает мечом спящего гостя-короля. Все это заканчивается смертью всех действующих лиц, сумасшествием и самоубийством леди Макбет и смертью ее мужа, ставшего тираном. Для своей истории Шекспир без зазрения совести перемешал исторические факты с чистой выдумкой. Макбет действительно существовал. И он убил короля Дункана, но не во сне, а — как и положено — на поле битвы. Вообще, на самом деле он был очень популярным королем...

Только одно соответствует истине: безумие было не редкостью среди владельцев Кавдора. Замок был построен примерно в то время, когда в Испании господствовала инквизиция, а в Европе бушевала чума. С тех пор его не модернизировали, так что моя знакомая Лиза выросла в довольно суровых условиях. У ее отца, двадцать пятого владельца Кавдора, было три большие страсти: каждые две недели разбивать в хлам новый «Ягуар-Е» («Чертова подвеска!»), пропивать накопленное столетиями семейное состояние и тиранить семью своей привязанностью к экзотической кухне.

Лиза так описывала нормальный вечер в семье Кэмпбелл: «Обычно он хлопал в ладоши и кричал: "Ну, сейчас мы посмотрим, так ли уж хорошо это свиное жаркое, как о нем говорят!" Потом он звал повариху и приказывал ей поймать лебедя и приготовить на обед. Мы, дети, в такие моменты всегда на коленях умоляли его разрешить нам съесть что-нибудь нормальное, например белку. Но это только раззадоривало его. А белку подавали дополнительно на закуску». О безумии, в котором она росла, Лиза написала печально-комичную книгу «Титул “Миллионер поневоле”», которая вышла в 2006 году, и нажила много врагов в кругу огромной семьи. И ее брат, двадцать шестой владелец Кавдора, был не очень доволен. Но Лиза этой книгой сняла с души тяжесть своего детства. Оно того стоило. Тем временем она оказалась во главе женского движения аристократок Великобритании, требующих изменения закона, чтобы в будущем не только рожденные первыми сыновья, но и рожденные первыми дочери могли наследовать титул и имущество, подобно тому как это уже было сделано в королевском доме. Этим Лиза также вызвала большое недовольство в британском истеблишменте. Одна колумнистка «Нью-Йоркера» написала о ней как об аристократке-революционерке, не преминув, правда, колко заметить, что проблема леди Кэмпбелл и ее «голубых кровей» товарок по несчастью, вероятно, для большинства читателей едва ли понятна, как и проблема пассажиров бизнес-класса, которые жалуются, что там мало места для ног...

Но это уже другая история.

Вот видите: мы начали со скучной темы «Еда», а теперь оказались совсем в другом месте. Так и должно быть.

ФУТБОЛ

Если в этой области вы покажете себя несведущим, то бесконечно разочаруете ваших собеседников. Футбол претенциозен, футбол упоителен. Футбол просто великолепен. Только одно качество отсутствует у футбола: он некрасив. Вот фигурное катание красиво. Гольф красив. Конкур тоже — эстетическое наслаждение, независимо от того, за кого вы болеете. И напротив, смотреть футбол относительно скучно — если только вы не болеете всем сердцем за одну из команд. Именно это и делает футбол таким своеобразным.

Дело заключается в том, что в культурно-историческом смысле футбол не является видом спорта, он — своего рода ритуал группового насилия. Глубоко архаичная и в цивилизационном смысле слова не такая уж непредставимая история. Вероятно, футбол произошел от игры в мяч, любимой в раннем Средневековье в Англии, цель которой заключалась в том, чтобы унизить соседние деревни. Игроки старались, не страшась физических травм, доставить кожаный мяч в соседнюю деревню. Побеждал тот, кто первым приносил этот комок кожи в деревню противника. Еще больше, чем футбол, напоминает эту первоначальную форму спорта регби. После открытия Америки — существует такая теория — неформальные правила этой брутальной игры смешались с правилами еще более брутальной (и одновременно более изящной) мезоамериканской игры в мяч. Там проигравших приносили в жертву богам (что якобы было большой честью). Коренные жители Северной Америки были без ума от этой игры. Почти в каждом городе майя существовали соответствующие арены, что доказывает невероятную популярность этой культовой игры. Правда, точные правила неизвестны. Предполагают, что мяч, каучуковый шар, нужно было бросить через кольцо, чтобы получить очко. На игроках были тяжелые каменные набедренные пояса (вероятно, с их помощью они передвигали мяч). Во всяком случае, было строго запрещено играть руками, а мяч ни в коем случае не мог касаться земли. Может, мяч символизировал Солнце? Может, майя боялись, что падение мяча на землю помешает Солнцу снова взойти?

В Англии, родине сегодняшнего футбола, официальные правила которого только в 1848 году были зафиксированы на бумаге студентами Кембриджского университета, похожий дух жив и сегодня. Для фаната футбола нет ничего более мучительного, чем проигрыш любимого клуба, особенно если в так называемом дерби шла борьба с ближайшим соседом.

Архаический пример мезоамериканцев, средневековая дуэль между деревнями у англосаксов, грубые предшественники футбола в Северной Италии (это были просто массовые драки враждующих кланов) многократно истолковывались как замена военных разборок. Футбол — своего рода «бунга-бунга», то есть пришедшее из Северной Африки ритуальное насилие вражеского племени с целью унизить его воинов. Забросить кожаный комок в деревню противника, позднее мяч во вражеские ворота — это что? Форма насильственного проникновения? Этот тезис не пользуется особой любовью у футбольных болельщиков.

Почему же как раз в Германии и Италии футбол имеет такое чрезмерно большое значение? Потому что идентификация с местным клубом является последним напоминанием о том, что есть такое понятие, как Родина, за которую положено бороться с соседними варварскими племенами. Как раз в Германии и Италии все еще сохранилось коллективное сознание того, что национальность, что «быть итальянцем» и «быть немцем» является привитой кажущейся идентичностью, которая должна маскировать тот факт, что в действительности обе страны возникли из множества соседних, враждебно настроенных племен. В этом отношении их национальные футбольные команды сделали для национальной идентичности больше, чем все исторические события, вместе взятые.

Футбольные матчи, которые проходят при большом количестве полиции и тем не менее постоянно сопровождаются эксцессами с применением насилия (как, например, между клубами «Брауншвейг» и «Ганновер 96», между римскими клубами «Лацио» и «Рома» или между «Аяксом» (Амстердам) и «Фейеноорд» (Роттердам), дают идеальный наглядный пример тезиса воюющих соседних племен. Чем страшнее эта вражда, тем заметнее, как живуче иногда наше варварское прошлое. Я, слава Богу, еще никогда не был на войне. Но то, что я однажды пережил на сборище болельщиков футбольного матча между «жеребцами» из лондонского клуба «Тоттенхем Хотспур» и «канонирами» («Арсенал»), было воистину страшным. Перед началом игры я попал между фронтами болельщиков, приехавших из разных городов, и прижался к садовой ограде одного из обедневших секционных домов на Уайт-Харт-Лейн. Я буквально чувствовал запах адреналина и тестостерона. Ненависть в глазах хулиганов, жестокость, с которой они с воинственными криками кидались друг на друга, оголтелая решительность полицейских, угощавших обе стороны дубинками... С тех пор у меня есть представление о том, как в наших широтах тысячи лет тому назад проходили примитивные битвы.

По сравнению с аренами боевых действий, такими, как на Уайт-Харт-Лейн (той части Лондона, где летом 2011 года начались чудовищные беспорядки), легендарный стадион Уэмбли — своего рода Валгалла футбола, почти святое место. Или, еще точнее: что-то вроде народного собрания, ведь в конечном счете в футболе речь идет о встрече племен. Да и на народных собраниях, праздничных встречах наших предков, потребление алкоголя играло, кстати, главную роль.

Уэмбли, это должен знать даже человек, не разбирающийся в футболе, — мифическое место. Место, объединяющее, как судьба, немецкий и английский футбол. Здесь англичане выиграли в 1966 году финал чемпионата мира в игре с немцами — благодаря одному голу, который, как уже доказано, был засчитан неправильно (мяч попал в перекладину и приземлился в поле перед лицевой линией). Позор, за который немецкие футболисты с тех пор регулярно брали реванш: на стадионе Уэмбли Гюнтер Нетцер в ходе высоко драматичной игры привел немцев к исторической победе над англичанами, это был четвертьфинал Европейского чемпионата 1972 года. В 1996 году немцы выиграли здесь Европейский чемпионат. В 2002-м Диди Хаманн забил последний гол, прежде чем старый, почетный, овеянный легендами стадион снесли и построили новый. И разумеется, первой игрой на новом стадионе была встреча англичан и немцев. Немцы выиграли. А когда в 2013 году десятки немецких болельщиков вошли — можно сказать — *маршем* в Лондон, потому что на стадионе Уэмбли проходил финал Лиги чемпионов, где встречались две немецкие команды, англичане восприняли это как несмываемый позор. Предоставить такое святое место для триумфа своим заклятым врагам — вероятно, это было для них непереносимо.

Или вся эта болтовня о триумфе и унижении, о святом месте и судьбоносных победах слишком давнее дело? Сегодняшняя футбольная идеология ничего не хочет знать об унижении. Сегодня речь идет об остроумии в игре, о легкости, о тактической элегантности — а не о древнегерманских добродетелях вроде боевого духа и брутальности. Только благодаря этим старым качествам немецкая команда выиграла чемпионат мира в 2014 году, если верить Йоахиму Лёву. Современный футбол стал более научным. Траектория движения, варианты прессинга, защита своего пространства, отталкивание соперника, опрокидывающие шестерки; футбольный словарь полон ранее неизвестных понятий. Первосвященником новой теории футбола, которая основывается на тонкой тактике вместо физического унижения, считается один каталонец: Пеп Гвардиола. Это он научился в футбольной школе клуба «Барселона» изматывать противника постоянным перемещением мяча по кругу на очень маленьком пространстве. Эта теория основывается на методах легендарного игрока и тренера «Барселоны» Йохана Кройфа, который, в свою очередь, научился ей в своем родном клубе в Амстердаме. Виртуозно изнуряющий, некоторые оскорбительно называют его «женским», современный футбол является, таким образом, голландским изобретением.

И философ Вольфрам Айленбергер называет эту новую манеру игры женственной (и ни в коем случае не считает это положительным). «В идеальном футболе Гвардиолы главное — это короткие пасы, нет длинных пробросов, прямых свободных ударов, флангов, голов головой. Контроль над мячом на маленьком пространстве и редкие проникновения в пространство противника характеризуют его стиль», — говорит он. Для сторонников бунга-бунга это ужас. Для отца семейства, который хочет ходить со своими детьми на футбол, не рискуя здоровьем и жизнью, современная философия футбола — благословение. Утверждение аргентинского тренера Диего Симеоне, что победить можно только «с ножом в зубах», больше не соответствует действительности.

ИНТЕРНЕТ

Когда члены так называемых сетевых сообществ рискуют выйти «в реальную жизнь», они, как правило, оказываются очень приятными в общении людьми. На приемах они к тому же дают нам еще и важную возможность: прочитать по остаткам пищи, застрявшим в их бородах, что предлагают в буфете. Но разговаривать с ними об Интернете может быть очень трудно. Раньше Интернет был замечательной вещью. Он издавал забавно свистящие звуки, когда ты подключался, он позволял позлить знакомых, которые находились в автомобиле или в офисе и часами не могли позвонить. Но со временем Интернет стал скорее обременителен, и не только потому, что топит нас в потоке информации, но еще и потому, что он сам стал предметом долгих дебатов. И якобы мы должны уметь участвовать в них. Интересно, так было со всеми великими изобретениями? Люди каменного века так же ожесточенно спорили друг с другом об огне? А в Древнем Египте велись дискуссии о колесе? Наверное, да. В Вене император Франц Иосиф «оборонялся» против телеграфа, посланные по телеграфу депеши для него надо было переписывать от руки. Но такие фазы сопротивления и споров длятся, как правило, недолго. Вот и дискуссии об Интернете когда-нибудь закончатся.

Если какой-то компьютерный фрик (эдакий житель Сети) навязывает вам разговор об Интернете, просто испытайте его. В случае необходимости вы можете даже предложить ему пари и выиграть при этом пару биткоинов: пусть он скажет, когда впервые появился Интернет — и обоснует свой ответ. Если он соображает, то, вероятно, не скажет: 1974 год. Тогда инженеры Винтон Серф и Роберт (Боб) Кан разработали общий язык («Интернет-протокол») и тем самым создали возможность обмениваться друг с другом различными данными из Сети через компьютер. Настоящие фаны Интернета назовут ARPANET, военный исследовательский проект, благодаря которому в 1969 году удалось соединить друг с другом целых четыре компьютера. Суперфаны начнут молоть ерунду о развитии кибернетики в сороковые годы и доказывать, что взаимное управление техническими приборами — например, термостат, который воспринимает информацию термометра и без вмешательства человека управляет температурой нагрева, — было уже ранней формой технологических информационных сетей.

«Nice try» (верно), — вы можете ответить ему на принятом среди восторженных любителей Интернета куцем английском. И получить биткоин. Дело в том, что Интернет изобрела семья Турн-и-Таксис, глава которой сегодня, мой племянник Альберт, по иронии судьбы никогда не доступен по электронной почте. Турн-и-Таксисы долгое время были тем, чем сейчас является Google. Сохранят ли разноцветные буквы Google так же упорно, в течение столетий свою ценность и узнаваемость, как логотип Таксисов, почтовый рожок? В любом случае Франц фон Таксис (1459—1517) был первым, кто систематизировал до тех пор дорогое, опасное и в общем-то редкое дело — обмен информацией — и создал своей почтой монополию на обмен данных. Все эти полные энтузиазма апостолы Интернета, которые надеялись найти в нем спасительное учение и были поражены, когда узнали о шпионаже концернов и государств, могли бы избавить себя от некоторых разочарований, просто заглянув в историю почты, хотя бы в Википедии. Шпионаж издавна относился к деловым принципам людей, передающих информацию. Все другое было бы с экономической точки зрения довольно идиотским грехом упущенных возможностей.

Государства занимаются шпионской добычей данных в надежде таким образом усилить свою безопасность. И это началось вовсе не с изобретением Интернета. А для предприятий цифровизация нашей повседневной жизни исполнила мечту, которая еще 20 лет тому назад казалась невыполнимой: мечту о прозрачных, полностью прогнозируемых в своих потребностях и интересах клиентах. Удивление этому граничит с дебильностью. Вот только еще хуже равнодушно принимать это. Некоторые люди, благодаря подогнанным под них предложениям товаров и услуг, чувствуют себя хорошо обеспеченными и не тратят усилий на то, чтобы оградить от мошенников свои стоящие денег данные. Правда, жаль, что мы уже не можем защитить наши данные. Зато цифровизация всех областей нашей жизни шагнула слишком далеко. Это и стало причиной того, что один из самых выдающихся теоретиков нового информационного века, Евгений Морозов, довольно-таки раздражен постоянными разговорами об Интернете. Он говорит: смешно пытаться объяснять Интернет, как будто он — теологическая сила; речь давно идет уже не об Интернете, а о полной, тотальной компьютеризации нашей повседневной жизни и связанном с ней непрерывном сплошном распространении нашей интимнейшей информации. Мы живем в такое время, когда не только наш мобильник, холодильник и автомобиль, но, вероятно, вскоре уже и наши брюки и носки будут знать о нас больше, чем собственный врач или супруг(а). Чтобы стать, благодаря тайным алгоритмам, объектом наблюдения и чрезвычайно эффективного использования, больше не надо писать электронные письма, делать покупки на Амазоне или участвовать в социальных сетевых сообществах. Вскоре будет достаточно купить одежду. Текстильная индустрия будет выпускать такие ткани, которые смогут копить и передавать данные. В будущем, если я куплю что-то в «Зара» или в «H&M» («Хеннес и Мориц»), меня можно будет соблазнять подогнанными специально под меня эксклюзивными предложениями. Пройдет еще немного времени, пока первая компания медицинского страхования благосклонно согласится страховать своих клиентов, только если они готовы начать мониторинг своих передвижений и пищевых привычек специальными фитнес-браслетами. И ваша автостраховка станет намного дешевле, если вы позволите Большому Брату заглядывать вам через плечо во время поездок. Уже сейчас экономика вполне может индивидуализировать предложение. Например, авиакомпания знает, кто из ее клиентов вынужден летать по понедельникам рано утром, а кому подходит и вторая половина дня. В соответствии с этим она делает различные предложения — в зависимости от «изменчивости потребностей» — или требует различную плату. Деловые термины звучат при этом как «smart pricing» (ценообразование, соответствующее спросу) и «маркетинг, основывающийся на предпочтении пользователей», и все эти «прайсинги» и «маркетинги» давно технически легко выполнимы.

Если вы случайно окажетесь втянутыми в разговор о социальных сетях, подайте себя как эксперта, заметив, что речь уже не идет о том, оглупляет ли нас компьютер, надежна ли информация из Интернета и как мы можем защититься от мусора и грязи, встречающихся в сетях. В последний раз об этом всерьез дискутировали в конце 90-х годов. Тогда онлайн было примерно двадцать миллионов человек (десять лет спустя уже миллиард, а с 2014 года почти три миллиарда). Давно уже речь идет не о преимуществах и недостатках Интернета, а о «Big Data» — больших данных, то есть о том, что благие обещания современной информационной эпохи — демократизация, прозрачность, образование, взрыв конкурентоспособности и креативности — были утопией.

Чтобы стать хозяином положения в таких спорах, нужно кстати — неправда ли, это достойно внимания? — упомянуть об одном СМИ, которое было изобретено примерно в 1440 году и с тех пор пользуется большой популярностью: о печатной книге. В этой связи полезно хотя бы понаслышке знать о трех книгах: безусловно, самая важная из них — вышедшая еще в 1998 году книга американского историка науки Джорджа Дайсона «Дарвин в царстве машин». Это пессимистическая книга, потому что она предсказывает победу умных машин над человеком. Кому лень прочитать ее, может — и у этого нельзя отнять определенной иронии — кликнуть на одну из роскошнейших страниц в Интернете, чтобы прослушать ее: Дайсон — доцент на TED.com

Почти так же важна появившаяся в 2014 году книга Джарона Ланье «Кому принадлежит будущее?». Ответ Ланье: не нам! На это ему понадобилось 480 страниц. (А разве эра информационного перекармливания не должна была породить короткие периоды внимания, а следовательно, и авторов, пишущих кратко?) Книга Ланье, честно говоря, неудобоварима. Она принадлежит к канону, потому что автор и сам когда-то был пророком и звездой цифровой эпохи. В книге «Кому принадлежит будущее?» он сводит счеты с собственной техно-утопией. В 80-е годы он выступал вместе с Тимоти Лири, чтобы распространить «благую» весть о цифровизации. Лири, с которым я еще смог познакомиться, чтобы обсудить с ним преимущества и недостатки потребления ЛСД в лыжном спорте, был тем самым свихнувшимся профессором в Беркли, который вначале считал, что можно освободиться от ига истеблишмента, потребляя ядовитые вещества, а потом, когда ЛСД просто перестало на него действовать (потому что он слишком много его принимал), заявил, что новое лечебное средство — Интернет. Сегодня Лири уже мертв, а Ланье говорит, что разочаровался. Он описывает, как некоторые концерны могут «просвечивать» миллиарды людей, манипулировать ими и эксплуатировать их. И как новые технологии уничтожат вначале малые и средние предприятия, а потом и нас всех.

Но лучшая книга, которая может помочь принимать участие в спорах о технике, — книга великого, к сожалению, рано умершего философа Франка Ширмахера, появившаяся в 2009 году. «Расплата» рассматривает тему с точки зрения неврологии, объясняет, как меняются наше мышление и наш мозг под влиянием новых технологий. Его тезис: слишком много техники просто вредно для организма. У «Расплаты» по сравнению с другими книгами есть важное преимущество: это не атака на все, что мигает и светится, она сдержаннее и богаче с точки зрения информированности. И еще: так как она написана журналистом, ее действительно можно читать, Ширмахер уже «переварил» для своих читателей все важные статьи на эту тему.

Вот что имели в виду все эти визионеры: намереваясь создать технику, которая будет служить нам, мы создали такую, которая нас поработила. Мы — первое поколение, добровольно надевшее цифровые наручники.

КАПИТАЛИЗМ

Это область, в которой незнание абсолютно простительно. Скепсис по отношению к тем, кто все знает, всегда уместен. В сфере экономики он может быть спасителен. Самыми большими экономическими катастрофами мы обязаны суперумным знатокам, которые считали, что поведение денег, капитала, потребителей — и прежде всего риски — можно просчитать.

Когда английская королева вскоре после того, как разразился глобальный финансовый кризис в ноябре 2008 года, посетила лондонский Университет экономики, она задала экономистам простой вопрос и поставила их этим в очень затруднительное положение. «Почему, — спросила королева, — никто не видел приближения катастрофы?» Ученые что-то мямлили в ответ, пока один из них, профессор Луис Гарикано, не вымучил очень слабую отговорку: «Все думали, что поступают правильно, просто каждый полагался на остальных».

Так как я учился в школе в Англии, в стране, где одного экониста (Дж. М. Кейнса) почитают как национального святого, мне пришлось на уроках экономики заучивать формулы вроде $П^1 = И + П^2$, что означает: производство ($П^1$) складывается из суммы инвестиций (И) и потребления ($П^2$). Другая формула выглядит так: $Н = П^1 - П^2$, перевод: доля накопления (Н) — это то, что остается, если из производства ($П^1$) вычесть потребление ($П^2$). Из этого якобы следует: Н = И, то есть доля накопления равна инвестициям (И), так как, очевидно, все, что люди несут в банк (Н), дают взаймы, они тем самым реинвестируют или в потребление ($П^2$), или в средства производства ($П^1$). Все понятно?

У меня были плохие оценки по экономике. Но это меня не заботило, потому что в Англии уже тогда существовал обычай предоставлять ученикам, не имеющим никакого дохода, кредитные карточки. Их нужно было только вставить в соответствующую прорезь, чтобы получить деньги, которые можно использовать и утешиться потреблением ($П^2$), например, пива ($П^3$) или других расслабляющих средств (Р), — причем совершенно независимо от того, имел ли ты на счету накопления (Н). Также благодаря щедрости (за прошедшее время, к сожалению, утратившего былую славу) «Мидленд банка» я мог в любое время позволить себе авиабилеты (А) домой.

Мой интерес к экономике страдал еще и от того, что у меня был старый друг, который призывал меня забыть все формулы, а во время долгих прогулок и еще более долгих посиделок в кафе рассказал мне об экономике больше, чем это мог сделать какой-нибудь учебник. Андре Костолани.

Старый биржевой гуру часто бывал у нас в доме, так как благодаря моей матери, праправнучке венгерского национального героя Иштвана Сечени, наш дом в Мюнхене стал местом притяжения для всех венгров-иммигрантов. Мы называли его Косто, уже тогда ему было около 90 лет, и он обладал богатым опытом. Между прочим, он отличался еще и скупостью, а это верный признак материального богатства. Маленьким мальчиком на побегушках он служил во время Первой мировой войны на Парижской бирже, в исторически важном 1929 году работал на Уолл-стрит. Он сам был страстным биржевым игроком, но, как высоко образованный и в принципе музыкальный человек, замечательно отрицательно относился к себе подобным. На биржу приходишь, как невинная девушка на панель, всегда говорил Косто: «Вначале это любопытство, потом удовольствие и, наконец, жажда денег». Его вывод: «Раньше отцы посылали на биржу только самых глупых сыновей. Умным полагалось идти в университет и учиться чему-нибудь приличному».

В Мюнхене мы всегда встречались в старом баре Шумана, потому что там не было кафе, которое ему понравилось бы, но вести с ним беседу лучше всего было именно в кафе: в Вене в кафе «Центральное», в Будапеште в удивительно безвкусном, помпезном кафе «Нью-Йорк». Кафе было его кафедрой, его естественной средой. Половину своей жизни он провел за маленькими мраморными столиками. Там он устраивал лекции, читал, думал, дремал, снова просыпался, болтал, снова читал... Всегда превосходно одетый, в лакированных будапештских туфлях, твидовом пиджаке, с носовым платком в нагрудном кармашке, в безукоризненных сорочках, никаких обычных простых галстуков, только бабочки.

Сегодня такое существование, во всем его восточном великолепии, едва ли можно понять. Если сейчас мужчины весь долгий день сидят в кафе, то подчеркнуто небрежно одетые, небритые, в кепке; наушники и беспроводной скоростной Интернет отгораживают их от мира вокруг. И сидят они не на безжалостно жестких стульях без подлокотников, типичных для кафе исчезнувшего мира, а в глубоких, убивающих всякую оригинальную мысль бархатных креслах. В наших длившихся часами посиделках в кафе Косто делился со мной своими принципами, например: «Мужчина может быть вертопрахом, а женщина должна быть скрягой. Семьи, в которых дело обстоит иначе, кончают трагедией». Или: «О бедном дураке все говорят как о дураке. А богатый дурак считается оригиналом». Или: «Уже Вольтер знал, что любое плохое дело может иметь хорошие последствия. К экономике это особенно относится. Что для одного — катастрофа, для другого может быть величайшим счастьем». Потом он показывал на лэптоп, который я в то время с гордостью везде таскал с собой, довольно громоздкую модель «Тошибы», но тогда — один из первых переносных компьютеров. Косто сказал: «Для рабочих фабрик, производящих пишущие машинки, это штука — несчастье. Для фирм, производящих подобные вещи, — благословение. Но однажды кто-нибудь изобретет что-то еще более совершенное, и приборы вроде этого исчезнут, а вместе с ними — фирмы, которые их производят. Делает ли это экономику ненадежной? Абсолютно! Нестабильность — условие благосостояния».

Как это? Косто любил, когда его в изумлении переспрашивали, он наслаждался ролью мудрого ребе. Тогда он рассказывал о легендарном венском экономисте Йозефе Шумпетере. Его любимой трибуной были салоны венских аристократов — и кафе «Ландтман». После Карла Маркса Шумпетер был самым странным экземпляром в истории международной экономики. С Марксом его связывала вера в динамику постоянного разрушения и обновления капитализма. И слабость к приятным сторонам жизни. Хотя Шумпетер был австромарксистом, но свои костюмы он покупал на Сэвил-роу, а рядом с квартирой на Штрудльхофгассе постоянно снимал — для встреч с женщинами — сьют в гостинице «Астория». Как рассказывал Косто, Шумпетера всю жизнь занимал *один* вопрос: «Почему жизненный уровень людей в Европе между Средневековьем и Французской революцией изменился лишь немного и почему он с тех пор так внезапно улучшился?» Объяснение Шумпетера: закат феодального мира. Столетиями отношения между людьми были накрепко сцементированы. Десять процентов людей жили хорошо или роскошно, остальные боролись за выживание. Разрушение этого мира, когда власть перешла к бюргерам, подействовало, как взрыв. Неожиданно появилось нечто, чего до тех пор никогда не существовало: конкуренция, дух предпринимательства, риск. Происходило постоянное перераспределение. Тот, кто еще вчера был владельцем рынка, завтра мог стать банкротом. «Постоянные поражения, мой дорогой, — неотъемлемая составная часть капитализма, все другое было бы застоем».

Из уст человека, который с 1929 года много раз терял свое состояние и возвращал его, это звучало вполне убедительно.

Так же убедительна была его защита банковского дела. Когда я надоедал ему тем, что Иисус все-таки изгнал ростовщиков из Храма, он только мягко улыбался. И говорил, что он, разумеется, может понять мое предубеждение обедневшего аристократа против банков, но для остального мира банки, по его мнению, являются благословением. «Вы, аристократы, могли столетиями прекрасно жить и без банков. Ведь вы владели землей и капиталом. Но для всех остальных, которые, в отличие от вас, хотя и не имели средств, но обладали деловой хваткой, мировая история стала интересной только в тот момент, когда было придумано кредитование и появились современные банки. Первые банки во Флоренции предоставляли кредиты только тем, у кого были земельные угодья и подобные гарантии. По-настоящему увлекательно стало только с появлением банковского дела XIX столетия. Ротшильды стали первыми, кто давал кредит людям без гарантий, но зато они строили большие планы. Проценты были чем-то вроде платы за риск».

Значит, с современных банков и начались все несчастья? Разве финансовый кризис возник не потому, что банки давали кредиты людям, которые не могли их себе позволить? Или это слишком просто? Иногда я спрашиваю себя, что сказал бы Косто о лопнувшем пузыре ипотечных кредитов, который в 2008 году привел к глобальному финансовому кризису? Тогда американцам, желавшим построить домик, которых в банках шутливо называли «ниндзя» (NINJAs, аббревиатура от «No Income, no Jobs or Assets» — без доходов, без работы или активов), систематически навязывали кредиты на очень привлекательных условиях. Когда они по очереди не смогли обслуживать свои кредиты, это привело к цепной реакции, а та, в свою очередь, к краху ведущих банков вроде банка братьев Леман и в конечном счете оставило без работы миллионы людей во всем мире.

И что сказал бы Косто о евро? Не является ли введение евро в таких странах, как Греция и Португалия, таким же извращением когда-то якобы столь прекрасной кредитной идеи? Ведь теперь страны с недостаточной платежеспособностью могут позволить себе кредиты на тех же условиях, что и образцовые среднеевропейские страны, только потому, что они входят в еврозону.

Сегодня я бы с удовольствием встретился с Косто в новом баре Шумана. Ему бы понравилось — совсем в стиле Шумпетера — крушение старого. Новый прекраснее и не такой тесный, как старый. Итак, что сказал бы Косто, если бы сидел напротив меня в баре, о финансовом кризисе? Он всегда смеялся над так называемыми экспертами, верящими, что финансовое дело — наука. («Я знавал стольких биржевых профи, которые, ослепленные графиками и расчетами, теряли последний цент».) Кто хочет добиться успеха на финансовом рынке, должен изучать философию, а вовсе не математику. «У финансового дела есть своя логика, которую невозможно просчитать». Кризис подтвердил его правоту. Новые финансовые продукты, вызвавшие кризис, все эти письменно заверенные долговые расписки, были придуманы суперумными педантами. И вначале все ведь функционировало безупречно. В сущности, бедные люди могли на кредиты построить дома. А банки, местные или на Уолл-стрит, или во всем мире, которые пачками раздавали кредиты, тоже на этом заработали. Чистая финансовая алхимия. Пока все важные факторы оставались более или менее стабильными. Доля занятых, проценты и цены на недвижимость. Позднее выяснилось, что только в бедные кварталы Детройта еще в 2006 году, когда там давно росла безработица, «взорвались» проценты, а цены на дома уже падали, закачали кредитов общей стоимостью более миллиарда долларов. Потери от кредитов привели в действие эффект домино. Одной из первых жертв стал инвестиционный банк «Меррилл Линч». Основателя банка, старого Чарльза И. Меррилла («настоящий господин»), Косто еще знал...

Одного Косто наверняка не стал бы делать: причитать о «добрых старых временах». Это никогда не было в его вкусе. Он смеялся над банкирами-математиками, а не над тем, что люди хотят осуществить свои мечты и при этом идут на риск. Может быть, он снова рассказал бы какую-нибудь историю. Одна из его любимых была про очень богатого магната с Уолл-стрит, который после затянувшегося ланча несколько раз впустую попробовал закурить сигару. А она никак не загоралась. Тут он заметил между табачными листьями крошечный клочок бумаги. На нем мелким, красивым почерком было написано: «Дорогой господин! Меня зовут Кончита. Листья, которые Вы курите, я с любовью скрутила собственной рукой на своем бедре в сигару. Думайте обо мне, когда будете ею наслаждаться!» Мужчина был так тронут, что решил немедленно отправиться на Кубу и найти эту женщину. Он действительно нашел ее, взял с собой в Нью-Йорк и женился на ней. Кончита превратилась в великосветскую даму.

Но эта история привела к неожиданным последствиям: вся Куба говорила о взлете маленькой Кончиты. И большинство сигарных фабрик устроили соревнование. Почти во все сигары теперь заворачивали сентиментальные любовные записочки, из-за чего значительно снизилось качество. Из когда-то ста сигарных фабрик в середине 50-х осталось только два десятка. Но они продолжали производить сигары — под контролем — на невиданном прежде уровне. На поражениях учатся. Улучшаются. Нет прогресса без поражений. Следующий кризис наступит непременно. Может быть, он будет сокрушительнее, чем предыдущие. Но и в следующий раз надо помнить: из разрушенного произрастет новое. Неудача одного может стать счастьем для другого.

КРИМИНАЛЬНЫЕ ИСТОРИИ

Не следует верить каждой захватывающей истории, которую вам рассказали, когда вы были молодым человеком. Но следует их запомнить, так как интересные истории — самое первое оружие непринужденной беседы. И ничто не может быть лучше хорошего старого загадочного убийства.

Я сейчас объясню, почему так происходит. Но вначале — сама история. Она тоже из моего постоянного репертуара, и вы, пожалуйста, можете при случае ее позаимствовать. Я ее знаю от нескольких косвенных участников. Упоминаю об этом, потому что в результате мое суждение о событиях несколько затуманено и необъективно. А вот и история, такая, какой мне ее рассказали.

Джон Бингхем родился в старой ирландско-британской аристократической семье. Семью никогда не любили, это восходило еще к голодному периоду середины XIX века, когда Бингхемы повели себя как непреклонные и жестокие землевладельцы. Да и по соседству, в Англии, репутация семьи не была высокой. Там имя Бингхемов связывают с ужасной военной катастрофой — плохо спланированной, плохо проведенной и приведшей к большим потерям битвой в Крымской войне. Один из предков Джона, Джордж Бингхем, третий лорд Лукан командовал так называемой смертельной верховой атакой. «Атакой легкой бригады» и сегодня называют событие, которое заранее обречено на катастрофические последствия.

Хотя семья жила за счет поместий в Ирландии, но местом ее проживания был прекраснейший уголок Лондона, в деревенской части Челси, с видом на Темзу. Как говорят, отец Джона был уважаемой личностью. Богатый, аскетичный, антирелигиозный, по английским меркам — левый радикал. После 1945 года лорд Лукан служил при первом английском послевоенном премьере, социалисте Клементе Эттли, председателем фракции Лейбористской партии в палате лордов. Во время войны он командовал Первым дивизионом Колдстримской гвардии, самой старой и прославленной частью британской армии. Своих детей лорд послал во время войны за границу, его жена не могла о них заботиться из-за тяжелой болезни. За детьми присматривала няня. Вначале они подрастали в Уэльсе. Позднее — в Нью-Йорке, у одной приятельницы-миллиардерши. Когда война закончилась и Джон вместе с сестрами и братьями вернулся в Лондон, ему было 11 лет. В Лондоне тогда царила жесточайшая бедность. Дома на Чейни-роу больше не было. Его разрушили во время немецкого воздушного налета. Сравнительно безбедное детство на Парк-авеню внезапно оказалось очень далеким. Отец был властным и чрезвычайно скупым, семья жила в квартире для потерявших жилье. Его светлость по политическим причинам придавал большое значение спартанскому образу жизни.

Я так подробно рассказываю предысторию, потому что она важна для психограммы и поведения Бингхема. Дело в том, что, когда его отец умер от удара, а Джону было 29 лет и он стал седьмым лордом Луканом, он сделал все для того, чтобы компенсировать лишения своей юности. Теперь, без отцовского надзора, он мог реализовать свое пристрастие к автомобилям марки «астон мартин», к скачкам, казино. Короткое время он работал в Лондонском банке, но вскоре уволился. «Почему я должен работать, — говорил он, — если могу выиграть свое годовое содержание за одну ночь у Эспиналла». Джон Эспиналл владел самыми элегантными казино в городе. И был ярым защитником природы. В своем поместье Хаулет в графстве Кент он содержал частный зоопарк. Для живших там горилл каждый день самолетом доставляли манго и папайю, тиграм давали лучшее мясо. Гостей в Хаулете (я много раз бывал там) угощали, как правило, только черствым хлебом и супом. Джон Эспиналл умер в 2000 году. Моя сестра Майя была его близкой подругой. Все, что я знаю о Бингхеме, я знаю от него. И от придворных, которых он собрал вокруг себя. Джон Бингхем в то время, когда произошла эта история, тоже принадлежал к кругу друзей этого завораживающего и харизматичного человека.

Бингхем очень полюбил играть и стал одним из лучших клиентов казино Эспиналла. Особенную страсть он испытывал к баккара. Писатель Ян Флеминг описывает, как однажды Бингхем выиграл в казино в Ле Туке 26 тысяч фунтов, играя в баккара (тогда это было больше ста тысяч марок). За одну ночь. На Флеминга рослый, хорошо знающий свет Бингхем произвел такое сильное впечатление, что он сделал его прототипом своего Джеймса Бонда. Первый роман Яна Флеминга, «Казино “Рояль”», начинается сценой сенсационной игры в баккара на одном из французских морских курортов.

Но как и все игроки, в конце концов Бингхем стал все чаще проигрывать. Когда в возрасте 30 лет он женился на бывшей модели Веронике Дункан, младше его на три года, он уже был должен друзьям по всей Европе. Погасить эти долги он мог только за счет семейного состояния. Он промотал свое состояние с экстравагантностью, необычной даже для англичан. Так, он арендовал — тогда это считалось еще исключительной роскошью — самолеты для коротких путешествий в Париж или Монте-Карло, чтобы провести день на скачках или ночь в казино. В историческом контексте того времени роскошная жизнь Бингхема была не только расточительной, но, прежде всего, говорила о его редком эгоизме. (Я упоминаю об этом здесь, потому что это будет важно в дальнейшем для получения полного представления о нем.) В 1974 году, когда наша история достигла своего печального завершения, Великобритания находилась в исключительном положении. Массовые увольнения, всеобщие забастовки, метровой высоты горы мусора на лондонских улицах, трупы, которые невозможно похоронить из-за забастовок, больницы, которые приходится эвакуировать из-за отключения электричества, английский фунт в свободном падении, стычки на улицах и забастовки горняков на севере Англии. И Джон Бингхем, пригоршнями разбазаривающий столетиями создававшееся состояние своей семьи. За это время у него и Вероники появились три маленьких ребенка, самой старшей, Френсис, было десять лет, Джорджу семь, а малышке Камилле — четыре года. Долги Бингхема давно уже многократно превышали доходы от имущества, его любовь выпить давно превратилась в алкоголизм, Вероника после рождения младшей дочери страдала от депрессии и была, как говорят друзья Эспиналла, «very possessive» — очень ревнивой. Ее ревность распространялась якобы не только на женщин — она ревновала Джона к его друзьям, адвокатам, банковским советникам, к обслуге в казино, к любому встреченному человеку.

Известно, что брак между игроманом и алкоголиком Бингхемом и депрессивной Вероникой в 1974 году находился в состоянии войны. По слухам, Вероника заставила Джона уехать из их общего дома в прекрасном дипломатическом районе Лондона Белгравия. Она жила там одна с детьми, он — во второй квартире в нескольких минутах ходьбы от прежнего дома. Она — утверждают его друзья — использовала троих детей как средство давления на мужа и препятствовала их общению с отцом. Его средством давления — так значится в судебных актах — были деньги. Он каждый месяц перечислял деньги своей жене и не оплачивал расходы на шпо. Однажды он даже не оплатил счета магазина «Хэрродс», гастрономический отдел которого ежедневно доставлял обеды на Лоуер-Белгрейв-стрит. Он умолял, он угрожал, чтобы увидеться с детьми. Напрасно. Вероника нанялась на работу с неполным рабочим днем, одалживала деньги у подруг. Наконец, Бингхем притащил ее в суд. Он хотел объявить ее невменяемой и лишить родительских прав. «Вероника была душевнобольной, — говорили его друзья. — При ней дети не были в безопасности». Судья решил иначе. Протоколы тогдашних органов опеки гласят, что Бингхем — по словам персонала — бил свою жену, а однажды даже столкнул ее с лестницы. Судья присудил родительское право только Веронике. Бингхему разрешалось лишь иногда посещать детей.

С точки зрения друзей Бингхема, то, что произошло потом, выглядит вкратце следующим образом. Поздно вечером 7 ноября 1974 года Бингхем прокрался в свой дом, выкрутил в цокольном помещении все лампочки, подстерег жену за кухонной дверью с куском отопительной трубы в руках и, когда она вошла, чтобы приготовить себе чашку чая, убил ее. Только вот Бингхем убил не жену, а по недоразумению няню.

С той ночи Бингхем исчез. Раз в несколько лет появляются свидетели, которые, подобно видевшим лохнесское чудовище, утверждают, что видели лорда Лукана на Гоа, в южноамериканских джунглях или где-то в Африке. Фраза «он наткнулся на свой собственный меч», как любят выражаться в английских офицерских кругах, считается и сегодня самым убедительным объяснением исчезновения лорда Лукана. Джон Эспиналл незадолго до своей смерти в 2000 году дал одно из редких интервью и сказал, что его друг покончил с собой, совершив единственно достойный поступок, — от стыда, что по неосторожности убил не ту женщину. Как в точности умер его друг, Эспиналл не выдал. Но долгое время спустя под воздействием алкоголя человек, служивший у него, рассказал мне следующую версию истории. Друг Эспиналла, миллиардер Джимми Голдсмит, хоть никогда и не любил Бингхема, но из расположения к Эспиналлу некоторое время прятал его. Пока Бингхем не уехал к Эспиналлу и там не застрелился. Тогда Эспиналл, чтобы скрыть все следы, бросил труп на съедение своим тиграм.

В актах Скотленд-Ярда это дело до сих пор считается нераскрытым. Свидетельства о смерти нет, потому что труп так и не нашли. Он никогда не был официально объявлен мертвым, но его сын, Джордж Бингхем, за это время получил право носить титул восьмого лорда Лукана. Я как-то встретил молодого Бингхема на ужине в Лондоне — он неприятный человек, но ему это можно простить. История, в которой он вырос, чертовски печальна. Кстати, с матерью он контактов не поддерживает. Его сестры тоже с ней порвали. Когда старшая дочь, Френсис, выходила замуж, она даже не пригласила мать на свадьбу.

Так закончилась эта история. Ее можно рассказать, чтобы удовлетворить вуайеристскую любовь к ужасному. Но еще ее можно рассказывать, потому что она во многих отношениях поучительна. Две трети всех преступлений против жизни вырастают из драм взаимоотношений, основой которых в большинстве случаев служит борьба за власть между партнерами. К этому следует добавить, что у Бингхема были все факторы риска, приводимые в учебниках по криминалистике. Жестокое детство или детство без любви, которое, вероятно, привело к отсутствию эмпатии и нарциссическому расстройству личности. Отсутствие этико-морального корсета, вытекающее из неправильного воспитания. Его склонность к антисоциальному поведению. К тому же друзья Эспиналла были твердо убеждены, что они не имеют никакого отношения к внешнему миру и стоят над законом. Если еще вспомнить об алкоголизме Бингхема, получится прямо-таки хрестоматийный преступник. Таким образом, если бы он не стал убийцей, это было бы просто чудом криминалистики.

Но разве можно, как это пытается сделать криминалистика, научно объяснить убийство? И даже делать вероятностные предположения? Существует ли биологическая предрасположенность, благоприятная для криминального поведения?

Современные исследователи мозга, например Вольф Зингер или Герхард Рот, утверждают — хоть и на научно различном уровне — в конечном счете именно это. Тем самым они лишают человека свободы воли и низводят его поведение до полной зависимости от биологических задатков. Начиная с XIX века все время возвращалась мода объяснять «зло» болезнями. Особенно прискорбную роль сыграл туринский врач Чезаре Ломброзо, который, обнаружив на голове одного серийного убийцы выпуклости, стал просто одержим идеей найти биологические причины «зла». Он оставил свою профессию хирурга, «паломничал» из одной тюрьмы в другую и классифицировал типичных преступников на основании внешних признаков. Его идеи послужили основой расовой теории нацистов и, к сожалению, оказывают определенное влияние по сей день.

После того как в 1963 году в Чикаго некто Ричард Спек напал на общежитие медсестер, изнасиловал и убил восемь женщин, его подвергли подробному медицинскому обследованию. В результате решили, что у него есть дополнительная Y-хромосома. В научном мире — и уж само собой в средствах массовой информации — началось большое ликование. Это открытие назвали «ген убийцы». Когда у Ульрики Майнхоф, покончившей с собой бывшей уважаемой журналистки, до того как она ушла в подполье и организовала фракцию «Красной Армии» (левацкую террористическую организацию в ФРГ), нашли в основании переднего мозга опухоль, это вызвало похожие рассуждения. Одно время полагали, что в миндалевидном теле в мозге или в орбитофронтальной коре найдено наконец «вместилище зла».

Великий венский психиатр и невролог Рейнхард Халлер выразил всю абсурдность биологических аргументов следующей шуткой: «Обвиняемый предстает перед судьей и говорит: “Да, я это сделал, но моя воля была не свободна, так как повреждена моя орбитофронтальная кора”. Судья в ответ: “Тогда мы решаем, что вы свободны. Но вашу орбитофронтальную кору приговариваем к пяти годам тюрьмы”».

По Халлеру, подозревать психически больных людей во всем — неверно: «Часто они даже не опасны». Тенденция отстраняться от зла, приписывать его больным, извращенцам, чужакам, конечно, приятна для людей — она помогает не замечать собственных темных сторон души.

Как-то раз в одном докладе Халлер указал на то, что гораздо разрушительней: на нашу всеобщую жестокость. В качестве примера он привел эксперимент американского психолога Стэнли Милгрэма, в котором исследовалась готовность обычных людей следовать приказаниям даже тогда, когда они противоречат их совести. Знаменитый эксперимент Милгрэма доказал, с какой готовностью большинство, точнее, две трети, позволяют довести себя до жестокости, если им прикажут. Затем Халлер напомнил о давних дискуссиях вокруг помощи умирающим и рассказал о большом психиатрическом конгрессе, на котором один из выступавших говорил об отрицательной роли психиатрии во времена национал-социализма, об убийстве психически больных людей, которое было названо эвтаназией. «Все слушатели были глубоко поражены, и это правильно, — сказал Халлер. — А затем выступил голландский коллега и представил голландскую модель помощи умирающим. Он обосновал ее очень понятно и опирался на экономические рассуждения. Он подсчитал, что затрат на уход за одним тяжело больным с деменцией достаточно, чтобы профинансировать собственный дом для молодой семьи». Большинство присутствовавших, как рассказывал Халлер, на удивление решительно протестовали против тезисов коллеги из Голландии. «И хотя я далек от того, чтобы отождествлять обе области этой проблематики, — продолжал он, — однако это показывает, как опасно, когда человеку дают право на агрессию, например, якобы научно разумными экономическими доводами».

«Зло? Оно во всех нас», — сказал однажды человек, чьим присутствием на обеде в честь моего восемнадцатилетия я буду гордиться всегда, который даже, будучи в приподнятом настроении от вина, произнес речь: Фридрих Дюрренматт. Я спросил его, почему люди так любят криминальные истории. Дюрренматт ответил, что у каждого есть темные стороны. Плохо только, что мы так неохотно признаемся в них даже самим себе. Криминальные романы, сказал он, все-таки дают нам возможность посмотреть с безопасного расстояния на темные глубины своей души.

ОТЕЛИ КЛАССА ЛЮКС

Немалая часть моей родни пошла по кривой дорожке и осела в гостиничном бизнесе. Отели — естественный приемный резервуар для аристократов, чьи семьи пережили зенит своего влияния и значения. Эти семьи многое утратили, но мы знаем, как принять гостей, сложить салфетки, сервировать чай. Поскольку одними этими добродетелями денег не заработаешь, мы позволяем пришедшим нам на смену слоям общества научиться им. Для нас это очень привлекательно. Объединить профессию и страсть — большое счастье. Но есть и свои недостатки, например, когда приходится объяснять богатому китайцу, что плохо испражняться на красивый ковер. Или когда нужно довести до понимания арабского принца, что в наших широтах персонал обижается, если его бьют.

Энтузиазм в рассказах о пребывании в отелях класса люкс относится к основному репертуару бесед в обществе и является безотказным средством произвести впечатление на окружающих. Но это довольно тщеславно, поэтому я рекомендую перейти в контрнаступление, если возникнет тема отелей. Можно, например, невзначай заметить, что вряд ли есть другая профессия, пользующаяся такой ничтожной славой, как владелец отеля. Утверждать подобное, будучи журналистом, то есть принадлежа к отрасли, репутация которой тоже не очень, рискованно, но уважение к хозяину гостиницы в истории и литературе еще меньше. Уже в Библии трактирщики — не самые положительные герои, стоит вспомнить, как Мария и Иосиф искали прибежище.

Гранд-отели метрополий, строго говоря, не что иное, как похожие на дворцы огромные бордели. Знакомый мне директор отеля, один из самых уважаемых в Европе (он меня обезглавит, если я назову его имя), объяснил мне это так: восемь из десяти постояльцев, как только они оказываются в чужом месте и далеко от партнерши или супруги, регулярно пользуются услугами жриц любви. Поэтому для проституток, которые следят за собой, дорогие отели — важнейший рынок. Нигде больше не найдешь одиноких, платежеспособных клиентов.

Тот, кто *действительно* хочет узнать о внутренней жизни отелей, должен поговорить с кем-то, чья профессия — знать всё. Кто знает все дела в отеле. И не только это. Он знает, как в опере, когда распроданы уже все билеты, получить еще одно место в ложе или где можно в три часа утра добыть противозачаточные таблетки, кого надо подкупить (разумеется, его!), чтобы успеть забронировать в самом популярном ресторане города столик (в четверг вечером!), как быстрее всего организовать бизнес-джет, рассыльного или прием у лучшего врача по ботоксу: с консьержем!

«Лучший отель» — это отель с лучшим консьержем. Золотые ключи на лацкане пиджака консьержа отпирают все двери в городе. Если вы и правда хотите доставить радость консьержу, поставьте перед ним неразрешимую задачу и пообещайте приличные чаевые. Например, скажите ему, что горничная вчера по ошибке выбросила в мусор важный документ, который лежал у вас на полу. Он выяснит, на какой свалке «приземлился» документ, пошлет туда своего лучшего посыльного, чтобы тот перерыл тонны мусора, и в конце концов, счастливый, преподнесет вам искомый документ (или хотя бы его обрывок). Правда, хороший консьерж никогда, никогда, никогда не раскроет вам чужую тайну. Они — самые молчаливые люди на свете. В большинстве случаев они начинали примерно 123 года тому назад мальчиками на побегушках, усердной работой поднялись наверх, *всё* видели, *всё* слышали, знают самые странные человеческие слабости, и они принадлежат к самым высокооплачиваемым людям города, потому что на каждом одолжении, которое они оказывают постояльцам, они зарабатывают деньги. Хороший консьерж получает только чаевыми и деньгами за молчание несколько тысяч евро в месяц. Вытянуть из него чужую тайну тяжелее, чем уговорить Папу Римского нарушить тайну исповеди.

Лучший источник информации — горничные. После бедных созданий из Бангладеш, которые, находясь далеко внизу социальной лестницы, моют полы в больших кухнях, горничные больше всех достойны сожаления в любом отеле. То, что они вынуждены видеть каждый день — а им за это не дают чаевых, — просто уму непостижимо. С тех пор как любимая кузина, которая давно сделала карьеру в далеком уголке этого мира, рассказала мне про то время, когда она была горничной, я принципиально убираю за собой в номере, хотя бы слегка прибираю постель и кладу на подушку чаевые. Переполненные ванны, невнимательно брошенные остатки наркотиков, засоренные презервативами унитазы — рутина для горничных. Но моя кузина рассказывала мне еще о больших восточных семьях, которые в своем сьюте поджаривали верблюда, о рок-звездах, использовавших парчовые занавеси вместо туалетной бумаги, и об отпрысках самых уважаемых семей, которые пачкают рвотой весь сьют, потом со спокойной душой вешают на дверь табличку «прошу убрать» и с улыбкой выходят к завтраку — и все это без единого цента чаевых. Что постояльцы отелей делают ноги в принципе всему, что не привинчено крепко-накрепко, известно и так, поэтому не стоит здесь об этом распространяться. Старый «Брайденбахер Хоф» в Дюссельдорфе долгое время славился прекрасными оригинальными произведениями искусства в коридорах и сьютах. Когда клептомания перешла все границы, картины заменили ничего не стоящим хламом.

Строго говоря, уже само выражение «отель класса люкс» — недоразумение. Люкс — это друзья в чужом городе, которые рады вас принять. Отель — компромисс. И так было всегда. Поездки с культурно-исторической точки зрения были роскошью только для тех, кто на чужбине мог найти кров у родственников или друзей. Отелей тогда не было. Одни постоялые дворы с удобствами в коридоре. Ситуация изменилась лишь в конце XIX столетия. Постоялые дворы превратились в отели, их хозяева — в отельеров. Медленно, очень медленно приспосабливали они обстановку своих большей частью жалких домов к вкусам крупной буржуазии и аристократии. Еще в начале XX века даже самые дорогие номера в отелях всего мира не имели ванных. Когда легендарный Сезар Риц в своем только что открытом «Гранд-отеле» на Вандомской площади в Париже примерно в 1900 году впервые оборудовал ванные комнаты в номерах, это считалось мировой сенсацией. Без Сезара Рица, сына фермера из швейцарской деревни Нидервальд, насчитывавшей всего 54 жителя, изобретателя высокого гостиничного бизнеса, проживание в чужих городах еще очень долго оставалось бы затруднительным. Риц устроил в отельном бизнесе более радикальную революцию, чем это удалось Максу Планку в физике. И сегодня парижский «Риц» является эталоном. Нет ничего, чего *нельзя* было бы заказать в номер. Если кто-то попросит, например, верблюда, он не услышит никаких глупых встречных вопросов, правда, только один: «Конечно, месье, как транспортное средство, чучело или зажарить на гриле?» На вершине своей деятельности Риц управлял десятью отелями одновременно. Потом у него кончились силы, последние сумеречные 15 лет жизни он провел в клинике в Кюснахте, прежде чем умереть в 1918 году. Ученики Рица разъехались по всему миру и распространили его заповеди гостиничного бизнеса.

Сезар Риц и его ученики заботились о том, чтобы и аристократы постепенно снизошли до проживания в отелях. Вначале это относилось только к недавно вошедшим в моду местам в швейцарских горах и на курортах. То есть к тем местам, где аристократ не мог рассчитывать остановиться у родных и был вынужден мириться с соседством крупных буржуа. Так начался век гранд-отелей. И сегодня эти немногие дома, эти прародители светскости, — единственные отели, которые в прямом смысле слова можно считать элегантными. Например, гранд-отель «Пупп» в Карлсбаде, вдохновивший Уэса Андерсона на фильм «Отель “Гранд Будапешт”» и послуживший кулисой для фильма о Бонде «Казино “Рояль”». Высоко в горах в Энгадине — «Бадрутс палас» в Санкт-Морице, безусловно, исторический эпицентр десятка тысяч представителей высшего класса. И «Бреннерс» в Баден-Бадене, где, как изумленно сообщает писатель Луи-Фердинанд Селин, обслуживание даже в самые тяжелые военные дни было безукоризненным («бушевавшие на семи фронтах и на всех морях войны не помешали доставке икры»). Все эти три отеля и сегодня прямо-таки магическим образом не утратили своего флёра.

Классические отели на курортах в горах служили образцом для отелей на Ривьере и в крупных городах. Однако нужно точно понимать, что на самом деле добрые старые времена были короткими. Период расцвета гранд-отелей продолжался недолго. «Было время, когда эти отели были так современны и роскошны, с электричеством и телефонами во всех номерах, с бальными залами и лифтами, что приводили в изумление даже Рокфеллеров и членов королевских семей. Но потом наступило темное время Второй мировой войны, и весь блеск пропал», — объяснял мне Вальтер Феррари, самый легендарный консьерж «Эксельсиора» в Риме. Еще маленьким мальчиком на побегушках он пережил предвоенные годы. «Блестящий век гранд-отелей продолжался в целом, собственно, только лет тридцать, —

подсчитал он для меня. — Десять лет до начала войны. И потом примерно двадцать лет после пятидесятого года, когда во всей Европе были преодолены ужасные последствия войны и наступило экономическое чудо. Когда я в семидесятом году стал консьержем, то как раз застал последние прекрасные годы. В восьмидесятых все уже закончилось».

Началось время массового туризма. Крупные концерны вдруг заинтересовались отельным бизнесом. Поэтому сегодня номера всех отелей высшего ценового сегмента во всем мире выглядят одинаково. Ты просыпаешься в Кёльне, но это может быть и Киото, и Кейптаун. Славное исключение образует горстка частных отелей, правда, их с каждым часом становится все меньше. Уже упомянутый прославленный «Эксельсиор» в Риме, бывший еще во времена Феллини синонимом «сладкой жизни», сегодня принадлежит группе компаний «Старвуд», которая включает свыше тысячи отелей по всему миру с общим количеством номеров в триста тысяч. Название «Риц» давно принадлежит международному концерну «Мариотт», который занимается всем, где стоят кровати, — от мотелей и дешевых ночлежек до эксклюзивных бутик-отелей. Тот, кто бронирует номер в «Риц-Карлтоне», топовом отеле из ассортимента «Мариотта», должен приготовиться к искусственной позолоте, до блеска отполированной вишневой древесине, тяжелым коврам, огромным люстрам из нескольких тысяч кристаллов Сваровски. Необразованные менеджеры из Мэриленда называют это «данью позднему ампиру», правильнее было бы «данью вкусам арабов-нуворишей из 80-х». Главное здание «Рица» в Париже, правда, находится в частном владении, но в очень несерьезном. Оно принадлежит странному Мохаммеду Аль-Файеду.

Поэтому оно сегодня все еще такое же, как когда-то: опытный путешественник живет если не на курортах или в горах, то у друзей в других городах. Хипстеры меняются квартирами по Интернету. Для кого это слишком трудно, ночует в совершенно непретенциозных и дешевых аутентичных отелях, таких, как «Мотель 1» и «25 часов», которые вдруг появились во всех больших городах и пользуются огромным успехом. Хотя комнаты там маленькие, но зато современно оборудованы и подключены к скоростному беспроводному Интернету. Свое время постояльцы проводят не в комнатах, а в лобби или в городе. На морских курортах обычные отели тоже больше не в моде. Там приходится встречаться с русскими и китайскими туристами. Лучше снять с друзьями частную квартиру. У кого есть деньги, снимает дом. А тот, у кого есть настоящие деньги, бросает якорь в бухте или плавает в открытом море, подальше от туристических троп.

Итак, если на вечеринке вас раздражает какой-то хвастун своей болтовней о «прекрасном люксус-отеле», в котором он недавно останавливался со своим новым предметом страсти, нанесите контрудар — лучше всего с гиперснобистским антиснобизмом. Однажды я спросил Петера Шолль-Латура о его любимом отеле. Он восторгался тогда обшарпанными кроватями в «Континентале» в Сайгоне и тамошними безудержными попойками военных корреспондентов, которые он помнил еще по временам индокитайской войны. Затем последовала филиппика против «заточенного на гигиену и добродетель» нового менеджмента отелей и «унылой обстановки после ремонта». Для многих как раз «действующий кондиционер важнее, чем чувство исторической культуры», по мнению Шолль-Латура.

А остались ли вообще прекрасные, стильно обедневшие отели, сохранившие шарм докитчевой эпохи? Знатоки Берлина останавливались еще несколько лет тому назад в пансионе «Флориан», Гизебрехтштрассе, 11. Когда-то бабушка сегодняшнего хозяина держала тут салон «Китти», легендарный бордель, знаменитый из книг по истории, потому что нацисты использовали его как гнездо шпионажа. Но внуки Китти Шмидт оставили пансион в 90-е годы. Гости переместились в расположенный неподалеку (любимый Хельмутом Ньютоном) отель «Богота». Сегодня нет и его. В Нью-Йорке отель «Челси», квинтэссенция артистических отелей города, тоже давно уже приспособился к массовому вкусу. Не менее легендарный отель «Бит» в Латинском квартале Парижа, где ведущий поэт бит-поколения Аллен Гинзберг пережил свой первый опыт с ЛСД, а Уильям Берроуз написал роман «Голый завтрак», тоже исчез. На его месте сегодня стоит несравненно более комфортабельный четырехзвездочный отель «В старом Париже».

Что же осталось? Мысль, что только утрата поможет понять настоящую ценность. И фокус моего друга Кристиана Крахта. Если его спрашивают о любимом отеле, он называет «очень хорошо управляемый дом» в бывшем королевстве Мустанг в Гималаях — «Ред Хаус» в деревне Кагбени. Там можно переночевать всего за 1 евро. Но трудно зарезервировать номер. Нет телефона.

СОВРЕМЕННОЕ ИСКУССТВО

Тема, собственно, вышла из моды. По крайней мере, для тех, кто вынужден демонстрировать свою принадлежность к авангарду, делая вид, что знает все лучше всех. Тут уж лучше выдать себя за специалиста по техно-лейблам или по новым виртуальным видеоиграм. В течение десятилетий можно было считать себя любителем современного искусства, стоять на стороне нонконформистов, в определенной степени — впереди всех, на носу корабля истории человечества, где в лицо дует ветер мировой культуры. Но к сожалению, таков закон природы: невозможно вечно оставаться авангардом. Однажды станешь принадлежать, независимо от своей воли, к истеблишменту.

Как бы то ни было, но благодаря этому современное искусство стало темой, на которую имеет право говорить каждый. *Должен* уметь говорить. Что-то *должно* прийти в голову о Хэрст-Кунс-Мураками-Рихтер-Баския-Кифере. Только, пожалуйста, ничего, что похоже на надменное инсайдерское знание. Или на чуждое искусству равнодушие. Лучше всего что-то среднее! Что-то, что не вызовет слишком сильного недовольства.

«Ах, вы еще не видели новой выставки Базелитца? Она действительно замечательна!» Да, действительно, совершенно замечательна. «Его произведения — вне времени!» Верно. Верно. «Примечательно, как он всегда работал против мейнстрима». Подходящий момент, чтобы многозначительно кивнуть.

«А вы знали, что его первая выставка тогда, в Западном Берлине, вызвала такой скандал, что явилась полиция и арестовала несколько картин?» Если вы сейчас начнете важничать, как инсайдер, и похвастаетесь знанием, что эта история, которая написана в каждом, правда в *каждом* каталоге Базелитца, нагло выдумана и лжива, что галерист тогда сам позвонил в СМИ, чтобы инсценированным скандалом запустить в ход маркетинговую машину, то вы нарушите первый закон порядочной беседы об искусстве: избегать споров, искать консенсус. Современное искусство многими воспринимается очень близко к сердцу, для некоторых эта тема имеет почти религиозное значение, так что они определенно не желают вступать в конфликт по этому поводу в обществе.

Но зато возможен осторожный, очень аккуратно исполненный прием, чтобы дать этой принуждающей к консенсусу теме забавный поворот: можно вскользь бросить вопрос, что это, собственно, такое — современное искусство? И насколько современным должно быть современное искусство, чтобы считаться современным? Это совсем не так просто! Ведь еще рококо в свое время называлось «style moderne» (современный стиль), наш стиль модерн англичане и французы называли «Art Nouveau» (современное искусство). Если сегодня мы называем в школьных учебниках искусство XX столетия «модерн», «классический модерн» и «постмодерн», то как нашим детям придется потом называть искусство своего времени? Ведь трудно именовать современным все, что появилось после 1900 года, а потом много раз вводить подклассификации. Или современное искусство отличается как раз сознанием, что после него ничего больше не будет, не может быть, то есть что конец флагштока уже достигнут? Поп-философ Марк Грайф в предисловии к сборнику своих эссе пишет: «Когда я спрашиваю себя, может ли наша цивилизация дойти до своего конца (...), тогда мне помогает тот факт, что искусство уже дошло до своего конца». Он называет минимализм в музыке, брутализм в архитектуре («который подарил нам панельные дома, где никто не собирался жить долго, во всяком случае, никто не думал, что в них придется жить долго») и делает вывод о «совершенно логичном развитии», логика которого, по сути, заключается в том, что дальше ничего не будет.

Хм. Но как долго в ожидании вскоре предстоящего конца можно заниматься искусством? Однажды эффект перестанет действовать. Радикальнее того, что устроили дадаисты в 20-е годы, нет ничего. Они объявили, что искусство кончилось. Все уже достигнуто, все много раз исполнено. Их Футуристический манифест поднял технику до нового искусства, а все остальное объявил устаревшим. «Гоночный автомобиль (...) прекраснее Ники Самофракийской» — значится в манифесте. Вершина была достигнута, когда Марсель Дюшан представил на «Невыставке» в Нью-Йорке в 1917 году обычный писсуар как произведение искусства. Реплики оригинала сегодня, по иронии судьбы, занимают почетное место в важнейших музеях современного искусства во всем мире.

Что тут еще добавить? Дадаизм выписал искусству свидетельство о смерти. Это случилось в 1917 году. Неужели у кого-то действительно есть охота сто лет нападать на этот труп? Всё новые «реди-мейд» (обычные предметы, выставляемы в качестве произведений искусства), всё новые инсталляции, всё новые акции, хеппенинги, граффити, концептуальное искусство, огромные фигуры из комиксов, животные, хранящиеся в формальдегидс, — все это может производить фантастическое, увлекательное, странное и провокативное впечатление. Но по сравнению с тем, что произошло в 1917 году, это на самом деле не радикальные новинки. На длительный срок всем этим рискованным предметам не хватает эффекта «чертика из шкатулки». Однажды люди перестанут пугаться. Что же остается? Только «свидетельства животной, вонючей жизни, британские фотографии, музыка гетто, выставленный в музее настоящий хлам, протокол вскрытия. Падение всех», — пишет король критиков Густав Зайбт. Значит, все, что просто провоцирует, — современное искусство? Или все, что хочет провоцировать? Все, что должно заставить нас задуматься и поколебаться в своем мировоззрении? В одном твитте недавно было написано: «Искусство = я тоже так могу — но не решался». Но это слишком просто.

Чтобы высказать в знающих кругах что-то оригинальное, просто утверждайте, что в принципе все со времен раннего Ренессанса, все после Чимабуэ и Джотто — современное искусство. Ваши собеседники удивятся, а вам придется после этого самостоятельно суметь объяснить, почему в западном мире не было более радикального перелома. В тот момент, когда художники освободились от иконографических рамок церкви, когда они осознали себя как художественные личности, в тот момент, когда они стали известны по именам, искусство перестало быть служением Богу, художник не был уже господин Никто, теперь он стал, точно, — художником.

Современное искусство начинается с обретения художественной свободы. Любая другая дата, по вашей аргументации, совершенно произвольна. В византийском искусстве картины нельзя считать картинами в том смысле, что они не являлись произведениями искусства. Иконы и фрески создавали по строгим шаблонам, они были «библиями» для неграмотных. Они давали возможность «прочитать» Евангелие тем, кто не умел читать, должны были сообщать о существовании Бога. Формалистический характер служил также тому, чтобы указать границы дозволенного. Стилизация не была, как думают многие, результатом беспомощности художников. Технически великие ремесленники XIII столетия вполне могли изобразить перспективу или придать лицам больше индивидуальности. Стилизация иконоподобных картин была намеренной, она выразительно выступала против эллинистической живописной традиции, находившейся в техническом отношении на уровне искусства Возрождения.

Итак, если вы хотите определить, что такое современное искусство, нужно начинать там, где искусство стало сопротивляться. Первое время это происходило, разумеется, не явно. Художники раннего Ренессанса были очень набожными мужчинами. Фра Анджелико возмущенно отказывался считаться революционером. Но, начиная с него и его современников, художник превращается из униженного слуги и простого ремесленника в гениального режиссера, полного решимости передавать послание церкви *своими* средствами и приукрашивать *своими* идеями.

Вскоре живопись перестала зависеть от церкви, обращаясь уже не только к религиозным темам, и художник начал изображать то, что он воспринимал как реальность. Затем искусство стало «живописным», художники сознательно пользовались своими авторскими мазками. Потом появилась игра с восприятием. Импрессионисты писали то, как они видели действительность. Экспрессионисты писали уже не то, что они видели, а то, что они чувствовали. Когда смертельно несчастный Эдвард Мунк в 1910 году закончил последнюю версию своего «Крика» и обнажил свои самые интимные чувства, когда Пикассо и Брак начали писать одновременно в нескольких перспективах и экспериментировать с повседневными предметами, когда Малевич в 1915 году создал свой «Черный квадрат», а Мондриан несколько лет спустя выставил свои геометрические картины, был достигнут естественный конечный пункт, который констатировали футуристы и дадаисты. Оставалось только объявить предметы индустриального массового производства искусством. Когда писсуар Дюшана оказался в музее, радикальность этого уже невозможно было превзойти.

То, что последовало, состояло в основном из повторений. Среди них встречались, разумеется, и шедевры. Бойс, который превратил в искусство саму теорию, интеллектуальный «упаковочный лист» искусства; абстрактные экспрессионисты послевоенных десятилетий, прославление повседневной культуры Уорхоллом, искусство граффити Кита Харинга и Жан-Мишеля Баския, апокалипсические видения Ансельма Кифера, — все это было мощным, заключительным комментарием к концу истории искусства. Всегда наступает момент, когда больше сказать нечего.

Однажды я — в буквальном смысле слова — уселся на произведение искусства, которое являет собой действительно сильное и финальное высказывание о только что описанном развитии искусства. Шедевр находится в доме моего зятя, коллекционера Фридриха Кристиана (Мика) Флика, высоко в горах Гштада и принадлежит швейцарской визуальной художнице, классику видеоарта, Пипилотти Рист. В доме Мика есть гостевой туалет, в унитаз которого вмонтирован монитор. Когда ты садишься на этот унитаз, то находишь рядом с туалетной бумагой маленький пульт дистанционного управления. Ты включаешь монитор, в надежде провести время за просмотром последних новостей. Но картинка на мониторе не дает представления о том, что происходит в мире. Через маленькую камеру, вмонтированную в унитаз, ты видишь, в режиме реального времени, как твои экскременты плюхаются в воду. Фекалии не художника, а зрителя в качестве ультимативного произведения искусства. Дюшан был бы в восторге от этой идеи — ровно через сто лет после его писсуара.

Однако чтобы не нажить себе врагов в художественных кругах, то есть в кругах, где, например, перевернутые картины считаются сказочной инновацией, заключительное суждение об искусстве, безусловно, надо опустить. Постарайтесь остаться в безопасности. Может быть, еще лучше не ступать на гладкий лед теории искусства, а сразу же свернуть на «сошедший с ума рынок произведений искусства». Потому что тут жалобы и недовольства способны привести к консенсусу.

Чтобы вы могли сделать это с обоснованным на три четверти знанием, вот вам несколько фактов. Еще никогда не было столько миллиардеров, как сегодня. Во всем мире их больше чем 2200. Беспримерная цифра в истории человечества. Самой важной валютой в мире супербогатых с давних пор считается престиж. Его можно добиться, и тоже с давних пор, с помощью искусства. Более 43 миллионов евро за жестяного щенка от Джеффа Кунса, свыше 105 миллионов евро за картину Фрэнсиса Бэкона — не «сумасшествие», а абсолютно понятное дело. Кстати, одна маленькая деталь: торговля произведениями искусства еще и потому популярный бизнес, что нет второго, так приспособленного для отмывания денег. Отмывать деньги через рестораны или прочие внешне легитимные предприятия, то есть традиционными методами, очень затратно и оставляет слишком много нежелательных бумажных следов. А на рынке художественных произведений ежедневно перемещаются миллионы и миллионы долларов и евро между интересантами, известными органам власти только как «частный коллекционер» или «частные коллекции». Проверенный трюк действует следующим образом: А приносит на аукцион картину, В покупает ее на грязные деньги (которые перед этим он получил от А) во много раз дороже ее стоимости. И вот — деньги уже чистые. Скачки цен для представителей власти и без того непонятны. Когда в мае 2013 года на таможне аэропорта Кеннеди проверяли упакованную раму для картин, стоимость которой была задекларирована как 100 долларов, и нашли в ней мазню, которая и впрямь выглядела ничего не стоящей, один из служащих по чистой случайности узнал в ней работу Баския стоимостью в 10 миллионов долларов. Картина принадлежала бразильскому финансовому аферисту, который украл капиталовложения десятков тысяч банковских клиентов и вложил бо́льшую часть похищенного в искусство, а теперь, отмыв эти деньги, вывозил их из страны.

Но даже без «прачечной» для денег в виде рынка произведений искусства высокие цены на аукционах легко объяснимы. Искусство — это инвестиция. Рост цен, который пережили в прошедшие десятилетия топовые предметы искусства на рынке, сенсационен. Почему это происходит? Миллиардеры не знают, куда деть деньги. Так как после последнего краха никакие капиталовложения больше нельзя считать надежно застрахованными от кризиса, они соединяют приятное с полезным, то есть выгодным, и развешивают капитал на стенах своих дворцов на московской Рублевке или на лондонской Бишопс-авеню.

Русский олигарх Роман Абрамович еще не научился правильно пользоваться ножом и вилкой — но, позволяя своей спутнице жизни покупать модные произведения современного искусства, стал в глазах общества вполне приемлемым гостем. Частные самолеты и яхты сегодня есть у каждого солидного владельца строительного рынка, а кто хочет отличаться от них, должен принадлежать уже к касте великих коллекционеров. Никлас Маак, главный арт-критик «Франкфуртер альгемайне цайтунг», писал: «Как раньше мраморный лев на въезде в поместье был атрибутом господина, так сегодня заформалиненная акула Херста в лобби является знаком абсолютного суверена».

Жалеть об этом или даже делать художников ответственными за своих коллекционеров и тем самым обвинять их в проституции — слишком несерьезно. Ведь именно в салонах могущественных людей искусство может показать всю свою силу! Представление, как Абрамович в своем лондонском дворце каждый день проходит мимо «Черепа» Дэмьена Херста и это memento mori заставляет его каждый день, по крайней мере на минуту, усомниться в своей безопасности, все-таки очень привлекательно. И вообще: с каких это пор жажда денег компрометирует искусство, которое она протежирует? Мании величия тщеславного парвеню

Папы Юлия II, прозванного также Второй Ужасный, мы обязаны одним из величайших произведений искусства — оформлением Сикстинской капеллы неким Микеланджело.

Но есть ли еще, при всем безумии рынка, коллекционеры, которые действительно делают это из страстной любви к искусству? Конечно! Для старого Хайнца Берггрюена произведения искусства были почти божественными творениями, которые некая высокая, неопределяемая воля помогла создать художнику. То, что он благодаря своим картинам стал сказочно богат, никак не повлияло на его к ним отношение. Однажды он рассказал мне об одном друге, державшем в Париже галерею импрессионистского искусства. Как-то в галерею зашел очень богатый мужчина восточного происхождения, огляделся и попросил друга Берггрюена упаковать для него все картины и назвать соответствующую цену. Но тот отказался. Хотя мог одним росчерком пера сделать целое состояние, но не хотел позволить невежде скупить у него десятилетиями собранное дело жизни.

И мой старший друг Карл Ласло тоже был таким коллекционером. В его доме в Базеле висели картины Рене Магритта, Уильяма Блейка и Кристиана Шада рядом с постерами из молодежных журналов и обложками пластинок, скульптуры Джакометти стояли рядом с роботами из магазинов игрушек. Для него искусством было то, что он воспринимал как искусство. Рынок, арт-критика, престиж были ему безразличны. Когда я его спросил, а застраховано ли все это, он меня высмеял. «Это для меня слишком дорого, — ответил он. — А если у меня что-то украдут, то я, может быть, и получу деньги, но это не вернет мне картин».

И если уж мы говорим о знаменитых коллекционерах, я просто не могу не рассказать любимую историю про Хайни Тиссена. Боюсь, я ее уже рассказывал где-то в другом месте. Все равно, она так хороша, что говорить о ней можно сколько угодно. В конце своей жизни он был женат на невероятно своевольной женщине по имени Кармен, он звал ее «Тита». Ему было уже немало лет. Она — относительно молода. По вечерам они нередко часами сидели в салоне его виллы «Фаворита» в Лугано, хотя им нечего было сказать друг другу. «Я люблю проводить время с Титой, — говаривал барон. — Она смотрит телевизор, а я тем временем смотрю на Сислея». Кстати, картина Сислея, которую он так любил, сегодня висит в Музее Тиссена в Мадриде.

ЗНАМЕНИТОСТИ

Говорить о знаменитостях в обществе следует с максимальной снисходительностью. Никогда еще не было такого большого количества знаменитостей, как сегодня. И никогда еще пресыщение ими не чувствовалось так сильно. Если светские репортеры прошлых эпох, от Эльзы Максвелл до Михаэля Гретера, еще охотились за непристойностями и кражами, сегодня уже непонятно, как обороняться от сонма знаменитостей.

Один живущий в Беверли-Хиллз авантюрист, сообщения которого под псевдонимом Принц Анхальта стали частью развлекательной журналистики, регулярно звонит в редакции газет, чтобы поделиться неприятными фактами жизни. Обычно для него нет места в колонках сплетен. Иногда, когда он бывает особенно настойчив или если ему просто повезет, о нем все-таки пишут. Он рассказывает примерно следующее: его изуродовал пластический хирург. Или: из-за вечного пьянства он потерял водительские права. Если поп-звезда хочет привлечь внимание к своему концертному турне или телевизионщик — к своему сериалу, они беззастенчиво продают свою личную жизнь. Новые связи не так интересны, лучше продаются расставания. Поэтому люди ссорятся на публике, а потом предлагают телеведущим эксклюзивно зачитать в вечерней программе примирительные письма. В редакциях развлекательных СМИ выложены списки с именами знаменитостей, которых можно привлечь к разговору о любом публичном событии и на любую тему ток-шоу.

В то время как публику атакуют штампованные знаменитости, те, кто раньше считался традиционным объектом светской хроники, все более последовательно отступают в приватную сферу. Влиятельные семьи, вроде Квандтов и Эткеров, уже по причинам безопасности не заинтересованы в том, чтобы появляться на публике. Когда-то принцессу Монако Каролину фотографировали чаще всех в Европе, сейчас ее практически не видно. Ее юристы подают в суд за каждое ее фото по поводу недопустимого вторжения в личную жизнь. Голливудские звезды обращаются с таким выставлением напоказ высоко профессионально — по примеру русского графа Потемкина: они симулируют для папарацци личную жизнь, но только тогда, когда того требует реклама нового фильма, в остальных случаях последовательно прячутся от журналистов.

Но осторожно! Причитать о наводнении рынка бесталанными, сфабрикованными знаменитостями, вышедшими из рук пластических хирургов, не ново и не оригинально. Еще в 1927 году Карл Краус писал: «После освобождения рабов, как по мановению волшебной палочки, появилось слово “знаменитость”, так стали называть всех, кто раньше ничем не выделялся. Это наверняка объясняется тем, что в душе немца живет глубокая и отныне тщетная потребность в кайзере, которую теперь должны излечить “знаменитости”. (...) Это отвратительное слово мелькает главным образом в статьях прессы, которые появляются, когда наступают темные времена, и, соответственно, в речи нуворишей. Оно действительно вошло в обиход. Комедианты, киношники, шуты из кабаре, боксеры, футболисты, члены парламента, наемные партнеры для танцев, дамские парикмахеры, историки литературы, простые люди — все могут стать знаменитыми».

Гораздо интереснее не присоединяться к всеобщему стенанию, а задать вопрос: вредит ли слава людям или, наоборот, только уже «поврежденные» люди стремятся к славе? Разве погубила слава такие звезды, как Джуди Гарланд, Элвис Пресли или Майкл Джексон? Может, эти люди стремились к признанию и аплодисментам, чтобы компенсировать эмоциональный дефицит? Известный профессор психиатрии Борвин Банделов в своей книге «Знаменитости — о тяжком счастье быть знаменитым» дал им оценку с точки зрения расстройств личности. Звезды, по Банделову, используют свою известность большей частью для самолечения травм, нанесенных им в далеком детстве.

Следующий вопрос, который имеет смысл прояснить, звучит так: разве не имеет каждое общество тех знаменитостей, которых оно заслуживает?

В обществе, оболваненном пошлыми СМИ, звезды, которых мы ругаем почем зря, — зеркальное отображение нас самих. Возможно, современные псевдознаменитости даже выполняют важную социополитическую функцию, отвлекая от структурного неравенства и подпитывая золушкины мечты, что каждый, действительно каждый может вскарабкаться наверх.

В остальном жажду признания не стоит презирать, она глубоко человечна. Только в Германии выходит примерно 330 разных ежедневных газет, каждый день публикуется около 1500 книг на английском языке (успокаивает, что в арабском мире едва ли наберется десяток), более 100 миллионов людей ежедневно пользуются Твиттером, чтобы рассказать что-нибудь о себе, 70 миллионов человек каждое утро рассказывают о своем статусе в Фейсбуке. Стремление быть услышанным, увиденным, узнанным в этом море голосов здесь становится очевидным. Мы уже в древние времена поняли, что тот, кто совершает что-то чрезвычайное, оказывается в выигрыше. Когда неандерталец убивал особенно крупного зверя и притаскивал его в пещеру, вероятно, среди его сородичей поднимался большой шум. Потом он получал самый большой кусок жаркого и право переспать с Розмари, или как там звали самую желанную неандерталку. Сегодня мясо продают упакованным в супермаркете, Розмари зовут Сэнди, но потребность в признании сохранилась. Экономист Торстейн Веблен когда-то назвал это «демонстративным поведением», но теперь этим никого не удивишь (предметы роскоши сегодня зачастую просто предметы широкого потребления), и поэтому демонстрация на публику своего «я» должна помочь достичь желанного престижа.

Некоторое время социальные СМИ действительно были чем-то вроде современной версии античных форумов или средневековых сборищ на базарных площадях и обещали связь и участие в делах общества. Слово «идиот» происходит от древнегреческого «idiotes», так называли людей, которые не вмешивались в общественные дела и не посещали форумов. Так и на заре Фейсбука ты действительно становился в классическом смысле слова идиотом, если сам исключал себя из числа фейсбушников. Может ли так случиться, что со временем это изменится? Сегодня, когда компьютерные «базарные площади» заполнены людьми, громко кричащими «Я здесь!», идиотом является скорее тот, кто добровольно подвергает себя опасностям этой толкотни.

Время звезд прошло — хотя мы и живем в эпоху, помешанную на культе звезд. Когда-то желание следить за жизнью звезд несло в себе что-то радостно-архаичное. Подобно богам древних греков, звезды воплощали человеческие идеалы и человеческие слабости. Этот вуайеризм действовал чрезвычайно утешительно, он мог на некоторое время заглушить собственное несчастье. Он был еще в большей степени, чем религия, опиумом для народа. Но компьютерная эра штурмовала Олимп. Неожиданно у каждого в руках появился мультимедиаинструмент для изображения и описания самого себя. Эксгибиционизм сменил вуайеризм в качестве одурманивающего или обезболивающего средства. Процесс отбора, то есть вопрос, кто обращает на себя внимание, а кто посылает свои сообщения в пустоту, решается «мудростью толпы», и теперь он намного демократичнее. Кто находит верный тон, действительно наслаждается — правда, лишь короткое время и виртуально — божественной аурой. Чтобы потом снова затеряться среди огромного количества безвестных личностей.

Осталась — как последний наместник богов — только горстка ослепительных звезд спорта. Они — гладиаторы сегодняшнего дня. Как ни эгалитарно наше время, им мы позволяем самые немыслимые вознаграждения. Когда речь идет об оплате топовых спортсменов, особенно футболистов, завистливое общество молчит. Это ментально возвращает нас в Античность. В Риме тоже гладиаторы, убивавшие друг друга для всеобщего веселья, были единственными настоящими знаменитостями.

Но даже на их божественную ауру нельзя положиться на долгое время. Вместо того чтобы поставить статуи Бориса Беккера и Лотара Маттеуса в залах славы, мы гоним их назад в древнеримский Большой цирк, однако на этот раз не в качестве главных действующих лиц, а как клоунов, заполняющих паузы, и радуемся каждой следующей неприятности. Мы что, не можем вытерпеть вечных героев?

Кажется, только одно человеческое желание древнее и сильнее, чем потребность глядеть наверх, на богов: жажда увидеть их падение.

Поэтому самые любимые истории, которые рассказывают в обществе о знаменитостях, — это истории, заставляющие якобы великих сдуться до нормальных размеров. Пример: когда моему покойному зятю Йоганнесу Турн-и-Таксису на приеме в Нью-Йорке в конце 70-х встретился великий Франц Беккенбауэр — в конце своей блистательной футбольной карьеры он как раз сменил мюнхенскую «Баварию» на «Нью-Йорк Космос» и был, без сомнения, самым знаменитым немцем, — мой зять благосклонно пожал ему руку и сказал так, чтобы слышали все: «Вы наверняка знаменитый игрок в пинг-понг». Одной из лучших подруг Йоганнеса была наследница знаменитого универмага Бетси Блумингдейл. Как-то на званом обеде в Нью-Йорке ее посадили рядом с Клаусом Марией Брандауэром. Фильм «Мефисто», где он сыграл главную роль, только что получил «Оскара» как лучший иностранный фильм. Бетси обратилась к нему: «При вашей внешности вы могли бы сделать карьеру в Голливуде». Он: «С вашего позволения, я — Клаус Мария Брандауэр!» Она: «Ничего страшного. Имя можно изменить».

Еще историю? Пожалуйста. Мой шеф, Кай Дикман, однажды получил от фирмы «Мерседес» приглашение на гонку Формулы-1 в Барселону. Он стоял вместе с другими почетными гостями, когда один из функционеров «Мерседеса» заметил в толпе Дэвида Култхарда и гордо заявил: «А вот Дэвид, наш водитель». В ответ на это Дикман отвел гонщика в сторону и вежливо спросил: «Раз уж вы водитель, не могли бы вы потом отвезти меня в отель?» Звезда Формулы-1 (13 Гран-при) рассмеялся и действительно отвез Дикмана в отель.

СОЦИАЛЬНАЯ СПРАВЕДЛИВОСТЬ

Профи в искусстве легкой беседы отличается тем, что может с апломбом говорить о вещах, в которых он не разбирается, — не принимая при этом себя *чересчур* всерьез. Эквилибристический номер. Разумеется, есть темы, в которых наше незнание так глубоко, что на приемах лучше всего их избегать. Но все равно они постоянно всплывают. Такими темами являются, например, социальная мобильность и социальная справедливость. Значит, надо вооружиться и для бесед об этом.

Чаще всего звучат жалобы, что «ножницы» становятся все шире и что бедные и богатые все больше живут в разных мирах. Разумеется, это верно. Но что из этого следует? Что делать?

Этого не знает никто. Об этом нет даже мало-мальски серьезных исследований. Имеющиеся исследования занимаются только продвижением наверх и игнорируют перемещение в обратном направлении. Я, например, живу в съемной квартире на шестиполосной улице с примыкающим к ней автобаном — однако на моих стенах висят портреты предков, которые еще носили горностаев и владели серебряными копями в Рудных горах. Есть и другая слабость всех исследований о социальной мобильности: они занимаются обычно максимум тремя поколениями и уже по одной этой причине не могут быть достаточно убедительными. Ведь как раз в Европе крупным состояниям часто больше нескольких сотен лет.

Историк и экономист Грегори Кларк (книга «Сын тоже растет») в конце концов толстой веткой разворошил муравейник исследований процветания и тем, само собой разумеется, навлек на себя всеобщее негодование. Его тезис: возможности подъема по социальной лестнице переоцениваются. Одно из утверждений, за которое на Кларка нападали особенно рьяно, кстати, звучит так: состоятельные, успешные и образованные люди передают детям свои благоприятные стартовые условия не только благодаря воспитанию, но и благодаря наследственным качествам. Следовательно, их потомки обладают не только материальным, но и унаследованным социальным весом, который позволяет им более стабильно чувствовать себя в конкурентном обществе. Недружественную реакцию на книгу Кларка легко понять. Биологические аргументы считаются уже едва ли не нарушением хороших манер. Кроме того, подобные высказывания подрывают основы американской мечты, при этом как раз в Америке социальная сегрегация зашла уже настолько далеко, что космосы бедных и богатых практически не соприкасаются. Они живут далеко друг от друга, посылают своих детей в разные школы, покупают в разных магазинах. Тем важнее, что есть и такие, кому удалось преуспеть. Они существуют для того, чтобы примирить людей с твердо сцементированной общественной пирамидой.

После Кларка появился Томас Пикетти. Яростный. Французский экономист молниеносно сделался рок-звездой своего цеха в 2014 году благодаря книге «Капитал в XXI веке». Он доказал, что и в Америке тоже, а не только в Европе, социальные отношения довольно-таки застывшие и что состояние богатых растет в совершенно сверхпропорциональной степени. Чем больше капитал, тем быстрее он растет. Еще никогда так много людей не были столь богатыми, как сегодня. И с каждой минутой они становятся все богаче. Как раз для американцев книга Пикетти стала посягательством на основы американского духа равных возможностей. Его методы были частично дискредитированы (на самом деле, вероятно, при копировании некоторых данных он запутался в строчках), лично на него нападали (в желтой прессе можно было прочитать, что он бил свою жену, высокопоставленную служащую Министерства экономики) — а в конечном счете своим несъедобным информационным салатом Пикетти всего лишь пытался показать то, что и без него очевидно и как нельзя лучше объясняется фразой «Деньги — к деньгам». Это плохо? Вся концепция социальной мобильности основывается на довольно шатком идеале — идеале социальной справедливости. Хотя уже греческие философы вели дебаты на эту тему. Платон, например, проповедовал свой принцип «suum cuique», каждому свое. В «Никомаховой этике» Аристотеля написано очень поэтично, «ни вечерняя, ни утренняя звезда» не бывает столь же чудесной, как справедливость, но ответа на вопрос, что же такое — «свое», принадлежащее каждому по праву, — этого ответа греческие философы нам так и не дали.

Например, разве справедливо, что один рождается на острове во Фрисландии, где воздух так чист, что дарит ему розовую кожу и прекрасное здоровье, а другой — в городишке на севере Рейн-Вестфалии, где младенец получает ложный круп уже в колыбели? Справедливо, что у супермодели Хайди Клум ноги длиннее, чем у вашей жены? Справедливо, что ваш сосед водит «мерседес», а вы только «сеат»?

Конечно, это *несправедливо*! Но это можно было бы компенсировать, в крайнем случае создав мир, в котором уравнялись бы всё и все — в котором все будут одинаково выглядеть, смотреть на один и тот же ландшафт и дышать одинаковым воздухом. Это было бы не только ужасно скучно, это сделало бы излишней любую добродетель. Невозможны стали бы ни щедрость, ни готовность помочь, ни справедливость. Потому что «справедливость требует различия между партнерами», как сказал Фома

Аквинский. Это, кстати, означает также, что творить добро становится настоящим поступком только тогда, когда делаешь что-то хорошее чужому человеку. Чем бы ни было это «свое» — только если мы предлагаем его кому-то, до кого нам, в сущности, нет дела, кого мы не особенно любим, кто, возможно, угрожает нашим собственным интересам, лишь тогда мы можем считаться справедливыми в том смысле, какой вкладывал в это понятие Фома.

Как это трудно, показывают вспыхивающие раз в несколько лет споры о «нашествии бедняков» и якобы получении обманным путем социальной помощи людьми из Восточной Европы. Вряд ли кто-нибудь будет спорить с тем, что право расти с крышей над головой и быть сытым, а также право на базовое медицинское обслуживание относятся к «своему». Но когда вдруг на наших улицах появляются темноволосые люди, пользуются нашей социальной системой и размахивают при этом паспортами ЕС, тогда некоторые начинают сомневаться в справедливости предоставления этих фундаментальных прав. Но, по Фоме Аквинскому, это именно те моменты, когда испытывается наша «iustitia commutativa», наша способность к уравнивающей всех справедливости.

Это «каждому свое» хоть и стало через римское право всеобщим достоянием западной традиции, но *все-таки* что такое в точности «свое» для каждого отдельного человека? Появляемся ли мы на свет с неотъемлемыми основными правами? Должен ли мне мир что-нибудь? Западное мышление отвечает на этот вопрос более сдержаннно, но опыт учит: да, мир тебе кое-что должен — пинок коленкой под зад. Возможно, подъем по социальной лестнице все-таки возможен — чтобы возразить экономисту Кларку, — но только для тех, кто безоговорочно принял эту истину «ничего, кроме пинка коленкой под зад».

А возможно, все как раз наоборот, и это *мы* должны миру. Может быть, для того чтобы жизнь удалась, мы должны погасить наш долг, делая добро. Когда мы что-то дарим, все равно что — время, деньги, любовь или морковный пирог от Синтии Баркоми, — как это ни парадоксально, это идет на пользу нам, а не одариваемому нами человеку. В замечательном сериале Би-би-си «Маленькая Британия» есть персонажи Энди и Лу, получающие социальную помощь на севере Англии. Энди сидит в инвалидном кресле и весь день заставляет своего друга Лу его возить (хотя вполне может ходить сам). Независимо от того, какие развлечения предлагает ему Лу, Энди их принимает, но обязательно дает понять, насколько мало Лу для него делает. Энди твердо убежден, что мир ему должен. Он — прекрасная карикатура на сегодняшнего западного человека. По отношению к другу он однозначно ведет себя как скотина. Легко возбудимый, но терпеливый Лу — однозначно идиот. Однако своим мерзким поведением Энди каждый день помогает другу стать святым. Следовательно, идиот оказывается в выигрыше. Но только в том случае, если он дает неразумно много, щедро и расточительно и не ожидает никакой ответной услуги. Если кому-то трудно воспринимать дающего, идиота, в качестве победителя, ему следует почитать Достоевского, изучить христианскую этику Фомы Аквинского или, если это слишком трудно, по меньшей мере посмотреть несколько серий «Маленькой Британии».

Итак, благодетель — единственный, кто выигрывает от своей благотворительности. И что, поэтому давать — очень полезно? Жизнь полна парадоксов. Только они не освобождают государство от обязанности постараться создать, по крайней мере, основные условия справедливого общества. Но как? Фома Аквинский выразился следующим образом: упорядочивающий принцип содействия справедливости — это «restitutio», восстановление. Почему восстановление? Потому что райское первоначальное состояние, состояние совершенного равенства, было разрушено реальностью жизни и человеческим взаимодействием и поэтому должно быть искусственно «восстановлено». Мысль, довольно близкая классовой борьбе. Но если коммунисты мечтают о создании окончательного идеального состояния общества, то Фома Аквинский учит, что актами уравнивающей справедливости («iustitia commutativa») можно исправить положение лишь на короткое время. А вот что думает религиозный философ Йозеф Пипер: «Если фундаментальный акт выравнивающей справедливости называется "восстановление", то этим сказано, что невозможно реализовать окончательное, идеальное состояние в отношениях между людьми. Скорее сказано, что всякий исторический поступок до грехопадения человека и его мира должен быть как раз вспомогательным, неокончательным и временным, постоянно только "улучшающим" и что, следовательно, претензия установить непоколебимый окончательный порядок в мире с неизбежностью должна привести в бесчеловечность».

Итак, Фома Аквинский категорически отказывает государству в способности создать устойчивую справедливость. Он даже идет еще дальше и предостерегает от такого общества, в котором то, что причитается каждому его члену, лишь холодно и рационально вычисляется: «Справедливость без милосердия есть жестокость».

Это понятно: при настоящей демократии недопустимо «смотреть сквозь пальцы», недопустимо, чтобы милость или пощада стояли выше закона. Между прочим, и античные греки в этом отношении вели себя очень жестко. Для Биаса (также называемого Биантом) Приенского, одного из «семи мудрецов», общество может быть справедливым только тогда, «когда в государстве все боятся закона, как тирана». Но разве это не ужасно бесчеловечно? Не заканчивается ли это государством, которое *должно* выпроваживать приплывших на лодках беженцев, если у них нет документов на въезд? Не нужно ли каждому человеку сохранять определенный элемент анархии, чтобы иметь возможность быть справедливым? Не должна ли справедливость допускать и неразумные действия милосердия? Не должны ли мы, чтобы быть по-настоящему справедливыми, делать добро, даже если это немного нарушает закон и вредит нам самим? Как в научно-фантастическом фильме «Элизиум», в котором наша планета превратилась в одну-единственную, огромную, вонючую трущобу без элементарной заботы о здоровье, в то время как верхние слои общества, обеспеченные лучшей медициной, парят над Землей на искусственной мини-планете — пока населению Земли не удается взять штурмом эксклюзивный рай не на Земле. Хеппи-энд заключается в том, что теперь умрут *все*. Во всяком случае, это справедливее, чем роскошная жизнь всего нескольких сотен человек.

Европейская социальная система сохранила, к счастью, — во всяком случае, чем южнее в ЕС ты живешь, — еще несколько анархических черт. Даже в Германии судебные заседатели социальных судов иногда не считаются с действующими законами в пользу тех, кто принимает государственную благотворительность, если это допускает их свобода принятия решений. Это очень приятно отличает нас от Соединенных Штатов. Американская демократия основана на общественном договоре, который заключили свободные граждане, и они не должны друг другу ничего, кроме максимальной свободы и шансов самому выковать собственное счастье. Каждый сам за себя. Никто никому ничего не должен. Поэтому и врач «скорой помощи» станет обслуживать только того, у кого при себе действующая кредитная карточка.

Почему наше европейское понимание государства настолько иное? Потому что оно в корне самым приятным образом не демократично. Мартин Мозебах как-то очень забавно написал в «Цайт», что европейская ментальность обслуживания и оказания помощи является наследием феодальной эпохи и восходит к правовому понятию «суверенитета». В Европе речь идет и шла о том, чтобы поддерживать суверена. Раньше суверен был королем и выказывал недовольство, если не мог позволить себе нового небольшого замка для развлечений. Сегодня суверен — народ, а он бывает недоволен, когда ему отказывают в удобствах. Итак, если вам в обществе придется высказать свое мнение на тему «социальное государство», я рекомендую следующий трюк: выскажите якобы от себя требование левых о безусловном основном доходе. А потом обоснуйте его вышеизложенным древнемонархическим принципом. Правда, этого не оправдаешь чистым рационализмом, но иногда неразумие — более высокая форма целесообразности. Даже если с первого взгляда так кажется не всегда.

АНЕКДОТЫ

Знаете какой-нибудь?

Пожалуйста, не рассказывайте! *Пожалуйста*, никаких анекдотов!

Если бы существовали десять заповедей непринужденной беседы, эта была бы одной из первых. Сразу же после: не будь скучным! Бывают подходящие моменты для того, чтобы рассказать анекдот. В кафе. В поезде. В зале ожидания. Однако на приеме и за столом анекдоты — табу. Анекдот — самое явное признание в том, что вам нечего сказать. Кроме того, анекдоты нужно уметь рассказывать. А это умеют немногие. Хельмут Карасек в своей замечательной книге «И это анекдот?» описывает ситуацию, которую каждый из нас уже однажды пережил. Карасек сидит в баре отеля «Атлантик» в Гамбурге и невольно слышит, как мужчина за соседним столиком пытается рассказать английским партнерам по бизнесу классический анекдот. (Слон встречает на пляже голого мужика и говорит: «Бедняга, и как же ты собираешься наесться с таким-то хоботом?») Человек в баре рассказывает это так (по-английски):

— Я знаю одну смешную шутку. Был слон и мужик без трусов, если вы понимаете. Послушай, Биргит, — спрашивает он свою молодую коллегу, — как будет голый? Naked? О'кей, хорошо. Good, well. Итак: A elephant…

Биргит перебивает его:

— An elephant!

— Хорошо. An elephant, я же и говорю. Итак: слон видит голого мужика. — При этом Биргит несколько раз поправляет его ошибки в английском. — И он смотрит на него и говорит: «Бедняга, с таким маленьким...» Биргит, как будет хобот?

— Я не знаю.

— Все равно. Итак: «Бедняга, с таким маленьким носом...», вы понимаете, носом, похожим на змею, ха-ха-ха, «как ты можешь...» Биргит, как сказать «наесться»?

— ???

— Ага, ты тоже не знаешь. «Как ты можешь...» А, вы понимаете, если вы съели недостаточно, то вы очень голодны! Понятно?

Один из англичан:

— Да.

— А если вы съели достаточно, вы не голодны, right? О'кей. Итак: «Если ты голоден, как ты можешь стать не голодным?»

Когда англичане снова не засмеялись, рассказчик пояснил (по-английски):

— Не голодным, понимаете? Вы съели достаточно! Объелись! — В отчаянии переходит на немецкий. — Satt! (сытый) Sad! — Он думает, что это так звучит на английском, но на самом деле это слово означает «печальный».

Англичане в недоумении смотрят друг на друга, разговор кое-как продолжается. Когда вскоре после этого англичане прощаются, чтобы отправиться спать, немец говорит своим коллегам:

— Они просто не поняли анекдот. У них все-таки совершенно другое чувство юмора, у англичан.

Главная проблема заключается в следующем: чтобы уметь рассказывать анекдоты, нужно быть остроумным, а это связано с образом мыслей. Остроумным называют человека особенно умного и находчивого. Остроумие — совсем не то же самое, что чувство юмора. Оно есть, собственно, у каждого здорового человека. Неврологам удалось довести до смеха людей, разглядывающих пустой лист бумаги, им для этого понадобилось только стимулировать легким электрическим разрядом определенную точку в левой передней доле мозга. Наша голова нуждается в чувстве юмора, чтобы справиться с парадоксальностью жизни. Так же, как она нуждается в сне, чтобы переработать пережитое днем. Чувство юмора — это присущее организму средство против стресса. Чувство юмора помогает нам принять то, что не все в жизни нам под силу понять. Самый веселый врач Германии Эккарт фон Хиршхаузен говорит: «Мы все любим наши непреложные убеждения. Но чувство юмора может поколебать нас и изменить наши взгляды. Когда мы приходим в себя от шока, то видим все яснее, чем раньше: может быть, все совсем другое, не черное или белое, а разноцветное».

Чувство юмора — это, так сказать, функция организма. Как чихание. А поскольку продукты элементарных функций наших организмов, как правило, не особенно изысканны, достаточно и простого чувства юмора, чтобы злорадствовать, например.

Один из старейших анекдотов в истории человечества как раз из этой категории. Речь идет о молодой супружеской паре, у которой в карманах нет ни цента, а холодильник пуст. Вместо завтрака — секс на обеденном столе, то же самое в обед. Вечером голодный муж приходит домой и находит жену, сидящую перед печкой со спущенными трусиками и раздвинутыми ногами. Она: «Я просто разогреваю ужин!» Это — версия для XXI века. Похожая история стала темой одного английского лимерика XX и шотландского стишка XIX века, а также встречается во фривольном французском сборнике стихов 1618 года. («Mais le souper n'est pas encore cuit» — «Но ужин еще не готов».) Древней форме этого анекдота более 1500 лет! Он записан в «Philogelos» («Шутник»), коллекции непристойных историй, составленной в IV или V веке в Древней Греции. Там он звучит так: муж спрашивает свою похотливую жену: «Женщина, что мы будем делать, есть или заниматься любовью?» Ответ: «Мне хочется и того и другого, но хлеба у нас нет».

Уже Цицерон знал: «Haec enim ridentur vel sola vel maxime quae notant et designant turpitudinem aliquam non turpiter». Свободный перевод: не над чем не смеются так много, как над грязными шутками. Однако Цицерон уговаривает соблюдать хотя бы чуточку пристойности. Грубая шутка без намека на тонкость, по его теории поэтики, в морально-эстетическом плане просто плоха, и только. Но чтобы считать грубые шутки веселыми, как раз не нужно быть остроумным, достаточно простого чувства юмора. Его хватает, и чтобы смеяться над людьми, приписывая им стереотипные модели поведения. Очень большим чувством юмора обладал, например, Эрл Батз, министр сельского хозяйства при президентах США Ричарде Никсоне и Джеральде Форде. Из-за своего чувства юмора он был вынужден в 1976 году подать в отставку. Батз высказал в самолете, так, что все слышали, следующую мудрость: «Единственное, чего ищут цветные в жизни, — это крепкую телку, удобные ботинки и теплое отхожее место». (Только все звучало намного грубее.) Кстати, «Вашингтон пост» напечатала тогда его замечание слово в слово, «Нью-Йорк таймс» смогла позволить себе только описание, что-то об «удовлетворительном сексе, удобной обуви и теплом месте для естественных функций организма».

Тонкость в цицероновском смысле, очевидно, обошла мистера Батза из Индианы. А мы благодаря этому оказываемся перед все решающим различием между чувством юмора и остроумием. Чувство юмора, как уже упоминалось, — скорее основная функция организма. Остроумие, напротив, определяет то, что французы называют «Esprit» (дух!). Esprit — нечто острое, да, задевающее. У Оскара Уайльда, например, вообще не было чувства юмора. Но зато — очень много остроумия. Говорить о каком-то деле остроумно и метко можно только в том случае, если ты его действительно понимаешь — до мельчайших подробностей. О деле? Об обстоятельствах дела? Лучше сказать: о проблеме! Анекдоты всегда служат преодолению проблем. Марк Твен даже утверждал, к ужасу своих читателей, что небеса — совершенно неостроумное место. И разумеется, он был абсолютно прав. Где нет проблем, не может быть ни остроумия, ни анекдота. Анекдот — нечто смертельно-печальное. Нет ничего серьезнее анекдота. Существуют проблемы настолько серьезные, что их можно изложить только в анекдоте. Как, например, вот в этом, пережившем концлагерь.

Комендант говорит заключенному:

— Получишь пайку хлеба, если угадаешь, какой глаз у меня стеклянный.

Заключенный смотрит на него и быстро отвечает:

— Правый.

— Как ты догадался?

— Он смотрит так человечно.

Может быть, поэтому еврейский анекдот является высшей формой анекдота? Это общее место, но все равно оно верно: у всех популярных комиков нашего времени, от Ларри Дэвида до Луи Си Кей и Сары Сильверман, еврейские корни.

Почему это так?

Правда, Карасек — не еврей, но у него, к счастью, достаточно друзей-евреев, чтобы он мог судить об этой теме. Однажды он сказал мне, что стал хорошим рассказчиком (и рассказчиком анекдотов!), так как этим он мог компенсировать другие вещи:

— У меня было плохо со спортом, да и вообще я мало чем мог похвастать, вот и остался только один шанс выжить в классе: пришлось сделаться клоуном.

Этими словами он мимоходом задел важный факт. Это, как лозунг, должен повесить у себя над кроватью каждый не богатый, не красивый и не знаменитый: «Если у тебя нет никаких достоинств и тебе нечем это компенсировать, плохи твои дела». Слишком красивые люди часто бывают на редкость невыразительными личностями, слишком богатые чаще всего ужасные зануды. Но им нечего компенсировать. Они привыкли, что все считают их великолепными, им даже не надо для этого стараться. С тех пор как евреи после их восстания против римлян были изгнаны из Палестины и начали жить в рассеянии, им веками приходилось компенсировать все, что только можно: у них не было родины, повсюду они были чужими, их преследовали, снова изгоняли, снова преследовали. Вот и отражается в еврейском анекдоте древняя печаль народа, у которого не было другого выбора, кроме как укрыться в том, что Зигмунд Фрейд называет любимым клапаном для преодоления травмы: в ужасе. Публицист Йозеф Йоффе назвал еврейский анекдот «вербальным оружием», которое направлено одновременно и на себя самого («самоирония»), и на других.

Поэтому большинство еврейских анекдотов распадаются на три категории.

Самая важная: пессимизм — из-за фрустрации по поводу собственной избранности. Под лозунгом: «Господь, ты избрал нас из всех других народов — но почему именно нас?» В американском телесериале «Умерь свой энтузиазм» есть сцена, когда Ларри Дэвид стоит перед кинотеатром и насвистывает мелодию Рихарда Вагнера. Это мешает другому еврею, который «наезжает» на первого:

— Разве вы не еврей?

— Пардон? Вы что, хотите посмотреть на мой пенис?

Выведенный из себя господин не может понять, как это еврей насвистывает мелодию известного антисемита, и называет Ларри типичным примером еврейской ненависти к себе. На что Ларри Дэвид возмущенно отвечает:

— Конечно, я ненавижу себя! Но не потому, что я еврей!

Метаанекдот на древнюю тему ненависти к себе. Как и другой, в котором еврей в прекрасном настроении идет по парку, когда неожиданно какая-то птичка какает ему на голову. Еврей поднимает взгляд к небу и говорит:

— А гоям (неевреям) они поют!

Вторая категория: анекдоты с глупыми вопросами, так называемые жалостные анекдоты, в которых прославляется собственное превосходство. Например, такой.

Зеликман гуляет в январе по берегу озера. Вдруг он видит, что его друг Левенталь барахтается в проруби.

— Левенталь, ты провалился под лед?

— Не, это зима застала меня за купанием.

Третья категория обыгрывает еврейское мышление, склонность продумать все до последней детали. Вот классический анекдот из этой категории.

Два еврея, молодой и пожилой, сидят друг напротив друга в купе поезда. Молодой спрашивает пожилого:

— Простите, вы не скажете, который час?

Молчание. Молодой обиженно забивается в свой угол купе. Но незадолго до Люблина он не выдерживает и возмущенно говорит:

— Полчаса тому назад я вежливо спросил вас, который час, а теперь мне хотелось бы знать, почему вы так и не снизошли до ответа.

— С удовольствием вам это объясню, молодой человек. Вы спросили у меня время, правильно? Конечно, я мог достать из кармана свои золотые часы и ответить вам. И что было бы дальше? Мы начали бы разговаривать:

— Какие у вас красивые часы!

— Да, идут минута в минуту.

— Наверное, достались по наследству?

— Нет.

— Значит, дела у вас идут хорошо.

— Да, не могу жаловаться.

— Чем вы торгуете?

— Зерном.

— Вы живете в Люблине?

— Да.

— У вас там наверняка хороший дом?

— О да!

— А семья у вас есть?

— Да, у меня две хорошеньких дочки... Ну и чем бы все кончилось? Вы придете ко мне в гости, а через несколько дней попросите руки моей старшей дочери. Ну а теперь скажите мне, молодой человек, зачем мне зять, у которого даже нет часов?

Строго говоря, эти анекдоты следовало бы записывать на идише, чтобы по-настоящему показать их остроумие. Идиш — немецкий диалект с еврейскими и славянскими заимствованиями. Он был лингва франка — общим языком — рассеянных по всей Европе и России евреев, так как центры еврейской культуры в Европе были, в конце концов, немецкоязычными. Когда в Средние века евреев стали сильнее преследовать, большая часть немецких евреев перекочевала в Восточную Европу. Но и там они сохранили свой немецкий язык. Нацисты убили и немецко-еврейскую культуру, и идиш. Почти никто больше не понимает самых простых анекдотов на идише. Карасек в своем сборнике анекдотов (который, кстати, должен быть в каждой библиотеке!) настойчиво и по праву предостерегает неевреев от того, чтобы рассказывать еврейские анекдоты. Тут можно «быстро достичь границы с бестактностью и быстро перейти ее». Quod erat demonstrandum (что и требовалось доказать): единственные анекдоты, по-настоящему остроумные, которые поэтому стоит рассказывать, — еврейские. А так как большинство не умеет их рассказывать, им следует, как и мне сейчас, лучше оставить это занятие.

ШУТЛИВЫЕ ТЕМЫ

В романских странах спор считается возвышающим душу времяпрепровождением. Французы, например, только тогда чувствуют себя в своей тарелке, когда они отчаянно жестикулируют и когда они взволнованы. Как правило, разговор вертится при этом вокруг важнейших вопросов, например, на каком рынке и в какое время дня можно купить самые свежие овощи. Но и англичане ценят элегантную перебранку. Только по ним это незаметно. Если они говорят «О, правда?», то это уже довольно резкая форма неодобрения. Но бывает еще грубее. Если англичанин возражает вам словами «Вы действительно так думаете?», это нужно понимать как настоящую дерзость.

В немецком языковом пространстве — интересно, что и в Америке также — при беседе, как правило, ищут гармонию. У нас, по крайней мере, в начале разговора избегают любых разногласий. Но по прошествии определенного времени, когда все обменялись любезностями, и у нас следовало бы обращать внимание на то, чтобы разговор не скатился в банальность. Итак, ценится способность оживлять беседу умно сформулированным, небольшим несогласием и подталкивать ее в нужном направлении.

Следующая глава должна служить подспорьем для таких ситуаций. Обсуждаемые в ней темы годятся в качестве дозированно используемых игрушечных бомбонючек. Или в качестве светошумовых гранат, с помощью которых вы производите впечатление на своего собеседника и на короткое время приводите его в замешательство. Но их можно использовать и для того, чтобы проложить себе дорогу к буфету (или к выходу).

Прежде чем бросить такую крохотную бомбочку, всегда полезно разведать местность. Вместо того чтобы врываться в беседу, хорошо было бы сначала оценить ее накал. Поэтому самое первое правило гласит: внимательно слушать!

Я повторю это еще не раз, просто потому, что это важно: умение внимательно слушать — тайное оружие беседы. Многие думают, надо непрестанно говорить, чтобы считаться хорошим собеседником. В Северной Германии любят прекрасное понятие «говорильня». Выразительное слово. Говорильни бесконечно много. И временами остановиться, просто в качестве одностороннего разоружения, очень полезно. Кроме того, помолчать — замечательный трюк, чтобы произвести умное впечатление, даже если вы понятия не имеете о затронутой теме. Ведь молчуны считаются умными. Люди, которые много и охотно говорят, не зря уважают молчунов.

Еще коварнее, чем молчание, смех. Есть такие сверхпрофессионалы, которые умеют создать ощущение полноценной беседы, не произнося при этом ни единого слова. Они просто смеются над вопросами, утверждениями, любезностями, банальностями, наглостью, двусмысленностями. Таким людям можно задавать самые абсурдные вопросы, в их присутствии можно утверждать что-то немыслимое, они просто умирают от смеха. После таких встреч помнишь особенно приятный разговор, хотя на самом деле не услышал ни одного законченного предложения.

Однако настоящее умение слушать — это вопрос характера. Тот, кто умеет слушать, не считает себя самого таким уж важным, проявляет истинный интерес к жизни других. Моя тетя (одна из) считается далеко за пределами семьи душой и сердцем любого праздника, любой охоты, любой свадьбы. Я изучил ее. Она задает всегда только один вопрос, но задает его с искренней сердечностью и заинтересованностью: «Послушай, дорогая, расскажи мне о СЕБЕ!» Все любят рассказывать о себе. Нет более надежного средства добиться любви окружающих, чем действительно выслушать. Дело в том, что большинство из нас только делает вид, что слушает. Они совсем не интересуются тем, что им говорят. Или, пока другой еще говорит, они уже обдумывают, что сказать в следующий момент. Настоящему слушанию на самом деле нужно учиться. Идеальные тренинг-партнеры — это люди, которые вас вообще не интересуют.

Недавно мы с женой были на большом ужине в Берлине. Министры, экс-канцлеры, шеф-редакторы, американские коллекционеры, разумеется, бургомистр Берлина, присутствовали все. По пути домой я спросил жену, с кем ей больше всего понравилось говорить. Не задумываясь ни на секунду, она назвала на первый взгляд неприметного, немного полноватого мужчину среднего возраста, который за ужином сидел рядом с ней.

— Ты знаешь, кто это?

— Нет, — ответила она.

— А чем он занимается?

— Ни малейшего представления.

— Ты его хоть спросила, чем он интересуется?

— Нет, если подумать, то говорила главным образом я. Каково это — жить в Берлине и вообще...

Что произошло? Моя жена встретилась с важной персоной. Мужчине, рядом с которым она сидела, едва ли было больше 50, но он принадлежал к десяти богатейшим людям Америки, настоящий селфмейд-миллиардер. Когда-то самый младший менеджер в банке «Голдман Сакс», теперь — владелец одного из самых успешных хедж-фондов мира и крупнейший филантроп Чикаго. Таких людей объединяют, как правило, две вещи. Во-первых, им не надо говорить о себе. Да и что они могут сказать? На кого произвести впечатление? «Я как раз купил Сезанна». Или: «Я только что подарил детской больнице Чикаго новую операционную». «У меня новый самолет, G-5». Глупо. Во-вторых, они принципиально исходят из того, что недостаточно знают и всегда могут узнать что-то новое — причем из самых необычных источников. Такие люди слушают красивую женщину с той же жаждой знания, как своего финансового аналитика, встречают бензозаправщика с тем же интересом, что компьютерного гения. Это — профи в умении слушать. Они внимательно слушают собеседника не из вежливости, а потому что знают: ценная информация часто фонтанирует из неприметных источников.

Прежде чем вы пополните свой запас на шутливые темы, еще один последний, но очень важный совет: пожалуйста, не относитесь к себе — и тому, что вы говорите, — очень уж серьезно. В беседе можно сказать, собственно, *всё*, необязательно верное или политически корректное, — пока вы не произносите это со слишком большой серьезностью. В беседе серьезность неуместна. Поэтому самое востребованное в беседе — это остроумное замечание (bonmot). Краткие, запоминающиеся, хорошо, если немного вызывающие высказывания, которые на секунду ошеломят всех, — но абсолютно без каких бы то ни было претензий на деловитость. Кто владеет искусством bonmot, тот король в обществе.

Мастеров в этом отношении немного. Давно уже умерший журналист Йоханнес Гросс был таким мастером. Его старые колонки в журнале-приложении к «Франкфуртер альгемайне» должны прочитать все, кто хочет насладиться искусством bonmot (остроты). Однажды он объяснил, что в чем суть бонмо.

— Приятель, смеясь, рассказывает мне бонмо одного француза: «Кто знакомится с миллионершей и тут же не влюбляется в нее, у того нет шансов в жизни». Нет, думаю я, из этого получится бонмо, если сказать: кто знакомится с богатой наследницей и тут же не влюбляется в нее, у того нет сердца.

Здесь логично задать вопрос: а можно ли научиться остроумию? Ответ: да, можно! И первое правило гласит: ни в коем случае не относись к себе серьезно.

ЗНАТЬ

Нужно ли уметь участвовать в разговоре на эту тему? Нет, в Германии знать — незначительное меньшинство. Менее 0,1% могут похвастаться частицей «фон» в своей фамилии. Куда важнее было бы поговорить о цыганах, которые столетиями живут здесь. Или о сорбах, чрезвычайно интересном этническом меньшинстве, культура которого потихоньку исчезает. Однако, как говорится, знать завораживает. Одни относятся к ней с неосознанной завистью или обидой, какую они никогда бы не позволили себе по отношению к иным меньшинствам, другие с восторгом следят даже за самыми ничтожными новостями об аристократических кругах.

Вот только проблема заключается в том, что никто не может со знанием дела рассказать о знати. Те, кто к ней не принадлежит, не имеют о ней никакого представления. Те, кто принадлежит, тем более. Что же я могу написать? Личное мнение? Оно звучало бы примерно так: «Да, Джоки и Болло, Нетти и Гукки такие замеча-а-ательные! Очень приятные! А Бомс и Понг, с ними одна морока...»

Это не удовлетворило бы читателя. Но как писать о лягушках, если ты сам лягушка?

Вначале следовало бы констатировать, что никакой *единой знати* нет. Внутри нее существует кастовая система. Нижние касты почти не имеют дела друг с другом — и болезненно реагируют, если их путают. Это что-то вроде слоеного пирога: сахарная глазурь, на самом верху, из членов той горстки семейств, которые вплоть до 1918 года суверенно господствовали на своей земле. И которых прогнали с трона, когда была объявлена республика. К. О. Королевские особы. Слой чуть ниже, высшее дворянство, образуют несколько десятков домов, князья и графы, потерявшие свои суверенные области правления уже на добрые сто лет раньше, — при большой консолидации земель между 1803 и 1815 годами и наведении порядка, которое было необходимо после того, как Наполеон перекроил карту Европы. Эта дополнительная отсрочка казни примерно в сто лет стала для К. О. достаточным основанием, чтобы со спесью, свойственной их касте, смотреть свысока на высшее дворянство.

А оно находится в состоянии нежной вражды с К.О, потому что именно владельцы бо́льших земель веками снова и снова пытались проглотить их миниатюрные государства — пока наконец им это удалось. Типичным примером этой давней вражды являются отношения между Вюртембергами и Гогенлоэ. До самого конца старого рейха они были соседними государствами. Герцоги фон Вюртемберг и князья цу Гогенлоэ были ровней. В период уже упомянутой консолидации земель земля Гогенлоэ, как и другие бывшие княжества, стала частью вновь возникшего королевства Вюртемберг. Вюртемберг поглотил Гогенлоэ. С тех пор Фридрих фон Вюртемберг гордо называл себя королем, заказал у какого-то ювелира безвкусную корону, набросил на плечи горностаевую мантию и издал приказ как можно быстрее уничтожить во вновь завоеванных частях королевства любую память о старом суверенитете. С ворот многих замков удалили гербы, некоторым княжеским дворам запретили впредь одевать своих лакеев в униформу. Якобы это слишком напоминало о былой собственной государственности. Свежеиспеченный король Вюртемберга Фридрих I даже позволил себе продемонстрировать власть, потребовав у князя Гогенлоэ его жалованную дворянскую грамоту, чтобы таким образом иметь возможность лишить его легитимности титула и нескольких оставшихся привилегий. Тот отреагировал спокойно: послал ему долговое обязательство одного из Вюртембергов и доказательство того, что представительница Вюртембергов несла на свадьбе шлейф одной из Гогенлоэ. У Фридриха фон Вюртемберга хватило ума, чтобы после этого больше не требовать грамоту. Такие и похожие споры о протоколе между свежеиспеченными постнаполеоновскими королями и мелкими княжескими домами происходили и в Бадене, и в Баварии, и в Гессене... Неудивительно, что К. О. и высшее дворянство объединяет главным образом враждебность.

И королевские особы, и высшее дворянство в свою очередь слегка презрительно смотрят на раздел III «Готы», или «Готского альманаха». В разделе III «Готы», как назывался изданный первоначально на готском языке справочник европейской знати, перечислены семейства, которые носят княжеский титул, при том, что никогда не владели какой-либо землей, а получили ее (как, например, Бисмарк) за заслуги.

В основании этого торта бóльшая часть аристократии, состоящая из простых графов и баронов. Это потомки тех семей, которые в старом рейхе пользовались руководящими привилегиями, но никогда суверенно не управляли своими землями. Эти семьи поставляли основную часть чиновничества при королевских особах. Поэтому именно они пытались во время реформ осуществить упомянутые каверзы. И поэтому историческая вражда между мелким и высшим дворянством особенно ярко выражена.

В свою очередь, вовсе не принадлежат к этому слою те, кто получил титул лишь незадолго до закрытия ворот, то есть в конце XIX или в начале XX века. В эпоху Вильгельма титулы текли рекой. Гордая чиновничья знать и древние знатные роды, у которых только и есть что «фон» перед фамилией, однако столетиями сидят на своем клочке земли и часто имеют в своей древней родословной знаменитых государственных деятелей, офицеров и дипломатов, по праву реагируют чрезвычайно болезненно, когда их смешивают с этой свежеиспеченной знатью. Они называют ее «побуквенной знатью», потому что их имена, как правило, не упомянуты в исторических книгах, и поэтому в случае сомнения приходится диктовать их по буквам. Причем это презрение, естественно, отражает лишь зависть к растущему влиянию промышленной буржуазной знати, ведь такие имена, как фон Опель или фон Тиссен, сегодня знает каждый ребенок.

Итак, кто принадлежит к какой касте, зависит, если говорить просто, от того, в какой степени и как долго семья пользовалась на своей территории королевскими правами. Разумеется, бывают особые случаи, как, например, семьи Фуггер или Турн-и-Таксис, которые в течение веков накопили столько экономической и политической власти, что попали в касту суверенных князей, хотя и не имели наследственных земель. С другой стороны, были и такие знатные дома, как Гуттенберги и Хенкель-Доннерсмарки, которые уже так долго самостоятельно правили, словно это само собой разумелось, на своих территориях, что это, хотя и не нотариально, но де-факто приравняло их права к королевским. Подведем итог: ее нет, нет единой «знати», есть только сложная система социальных слоев. Различные кланы связаны прежде всего исторически обусловленной враждой. Единственное, что их объединяет, кроме вражды, — это их культурное родство и корни в старом, доиндустриальном мире.

И вообще: знатные титулы упразднены! Конституция Веймарской республики в статье 109 постановила, что знатные титулы являются только частью фамилии. Правда, Федеративная республика, переняв эту норму у

Веймарской республики, проявила, так сказать, заботу. Прежние титулы сразу же оказались под охраной памятников. На первый взгляд — более мудрое решение, нежели австрийское. Там употребление титулов не только было запрещено, но даже каралось штрафом. Впрочем, в результате этого австрийцы помешались на титулах, как никакой другой народ на земле. Достаточно носить выглаженные брюки, чтобы тебя называли «господин магистр».

Но в действительности немецкое решение беспощаднее австрийского. Австрийцы *запретили* знать. И тем самым придали тому, что, собственно, должны были уничтожить, величайшее уважение. Ведь запрет можно понимать только в том смысле, что в глазах австрийских республиканцев знать — факт, который приходится признавать. В конце концов, запретить можно только то, что действительно существует. Немецкий вариант — снизить титул до составной части фамилии и оставить пылиться, как бесценный реликт под музейным стеклом, — по сравнению с этим просто вуалирование проблемы. Когда имеешь дело с чем-то незначительным, не стоит тратить усилий на борьбу с ним.

Итак, если знать все-таки существует, что нам так убедительно доказывают австрийцы, то, вероятно, позволителен вопрос: что это такое, знать? Понятие родственно слову «знатный» (по-немецки «благородный»). Аристократия означает «господство лучших». Благородный, как написано в специальных книгах, ненавидит праздность, отвергает трусость, презирает расточительность, но зато придает большое значение милосердию и умеренности.

Никто не может всерьез отнести все это к себе. Может, поэтому и правда нужно было ограничить ношение титулов. Прежде всего, потому, что это звучит совсем по-мещански. *Позвольте, барон фон Врангель!* Прямо слышишь удар багра. И кто на полном серьезе захочет представиться бароном? А графом? Это звучит несерьезно, авантюрно, граф-Бобби-граф-Дракула-граф-фон-Монте-Кристо... Все это не вписывается в наше время, во всяком случае, если у тебя нормальная, светская профессия. Да и без того прежние титулы несовместимы с профессиональной деятельностью.

Все эти графы и бароны, которые позволяют фирмам, где они работают, или банкам и аукционным домам или кому-то еще, украшать себя историческими титулами, продают гордую историю своих домов довольно дешево. Тем более это относится к самозанятым, будь то адвокаты, торговцы недвижимостью или всевозможные советники и, уж естественно, к журналистам вроде меня.

Кстати, на эту тему есть весьма веселая переписка середины 50-х годов между двумя легендарными снобами, английскими писателями Нэнси Митфорд и Ивлином Во. Митфорд написала Во: «The purpose of the aristocrat is most emphatically not to work for money» («Будучи аристократом, нельзя работать ради хлеба насущного»). Ивлин Во уточнил тезис своей приятельницы: «You should have said, not that aristocrats can't make money in commerce, but that when they do, they become middle-class» («Вам не надо было писать, что аристократы не могут зарабатывать на жизнь коммерцией. Но если они это делают, то становятся средним классом»).

Итак, если беседа вдруг коснется темы аристократии, вам лучше всего сделать следующее: скажите, что последних аристократов, которые еще живут в соответствии со статусом в своих земельных владениях, нужно как вымирающее племя коренных жителей включить в программу ЮНЕСКО по защите находящихся под угрозой народов. Вы увидите вокруг себя растерянные, смущенные лица. Используйте эту паузу, чтобы вызвать дальнейшее замешательство: программа по защите, разумеется, должна располагать достаточными средствами и гарантировать, что члены этих семей не опустятся до жизни простых служащих. При всех условиях аристократы, которые нуждаются в защите, должны будут взять на себя определенные обязательства. Например, в дальнейшем им будет разрешено заключать браки только друг с другом или в более широком семейном кругу, чтобы предотвратить смешение с чужим генетическим материалом и таким образом сохранить сумасбродство и культурное своеобразие. Разумеется, они должны будут оставаться жить в своих имениях, независимо от того, течет ли там крыша и отапливаются ли дома. Кто перестроит свой дом в отель или гольф-клуб, немедленно теряет привилегии защиты вида. После этого рекомендую сменить тему.

БУДДИЗМ

Есть одна форма религиозного снобизма, который действительно может ужасно действовать на нервы. Например, многолетние подписчики «Ежедневной газеты», приблизительно в середине своей жизни открывшие красоту католической (до второго Ватиканского собора!) литургии, бывшие ученики Вальдорфских школ, вдруг решившие непременно отдать своих детей в иезуитские школы. В состоятельном классе особенно нервируют прежде всего дамы из Мюнхен-Богенхаузена или Гамбург-Поэльдорфа, они рассказывают о своем ежегодном лечении в пятизвездочном отеле в Шри-Ланке, но называют это не лечением, а «уходом» и говорят о «своем» монахе с таким же восторгом, с каким раньше, когда они еще были более привлекательными, рассказывали о своих личных тренерах.

В наших широтах в буддизме и без того есть что-то искусственное, что-то от дамских журналов, под девизом: «внести немного спиритуального в будни». Но как бы это ни раздражало, вежливость предписывает не перебивать с видом знатока неорелигиозных снобов. Особенно светский буддизм не следует огульно отметать как оздоровительную религию благополучных. Это не слишком оригинально и, строго говоря, неверно. Что же может быть альтернативой свету спиритуальности? Жизнь, в которой высшая власть принадлежит бренду парфюмера Боттега Венета или ювелиру Граффу? Лучше *немного* религии, чем совсем никакой. Хотя буддизм, тут мы уже оказываемся полностью в материале, собственно, мало имеет общего с верой. Он занимается скорее жизненной практикой. И в этом отношении можно многому научиться у отпрыска благородного семейства Сиддхартхи Гаутамы, родившегося в VI веке в пограничной области между Непалом и Индией. Религиозный человек может обогатить свою религиозность учением Гаутамы и его учеников. Нерелигиозный может благодаря буддизму прийти к взглядам, которые, в позитивном смысле этого слова, поставят с ног на голову не только его собственную жизнь, но и жизнь других людей. И старый предрассудок, будто буддизм так популярен у современных людей, потому что в нем речь идет о глубоко эгоцентрической спиритуальности, о религии «я сам себе», при ближайшем рассмотрении оказывается чушью. Вся идея кармы (от санскритского «действие», «дело») основывается на том, что у хороших дел хорошие последствия, а у плохих — плохие. Недружелюбный, себялюбивый буддист был бы глупым буддистом, потому что только навредил бы себе самому.

Но все по порядку. Несколько слов об исторической личности Будды. Он родился в семье раджи, то есть местного князя, рос, как сказали бы сегодня, окруженный любовью. По легенде, он был совершенно отгорожен от мира, но, наверное, это несколько преувеличено. Когда ему исполнилось 16 лет, его отец устроил свадьбу, возможно, чтобы немного «приземлить» мечтательного, задумчивого юношу. Брак, неизвестно по каким причинам, 13 лет оставался бездетным.

Предание гласит, что как раз перед тем, как жена должна была родить, Сиддхартха предпринял те «четыре прогулки», которые побудили его оставить мир и стать монахом. Во время первой поездки, сидя в своей роскошной карете, запряженной четверкой лошадей, которой правил кучер, он увидел старика. Глубоко тронутый видом конечности жизни, вернулся отпрыск князя домой. Во время трех следующих прогулок, как говорят, он увидел одного больного, одного мертвеца и одного монаха. Последняя встреча заставила его принять решение оставить дом и семью, чтобы самому сделаться монахом. В ночь его отказа от мира жена родила сына. Сиддхартха хотел перед уходом еще увидеть новорожденного, но, когда он вошел в комнату спящей жены, погасла масляная лампа. Так что ему не удалось на прощание даже взглянуть на ребенка. Соответствует ли эта история действительности или нет, но она содержит зерно буддистской веры, а именно: жизнь — это дуккха, страдание. И одной из причин страдания является утрата любимых вещей. В конце все, что нам дорого, должно привести к боли, любая внутренняя привязанность принесет страдание. Когда Сиддхартха умирал (от отравления какой-то едой), он уговаривал своих учеников не грустить о нем, в конечном счете он пытался научить их не привязываться к людям и вещам.

По буддистскому учению, основное состояние души в жизни — страдание. Под этим имеются в виду не только печаль и боль, но и незначительные, маленькие неудовольствия, с которыми борется человек. Короче: человек никогда не доволен тем, что есть. Причина этого, по Будде, заключается в желаниях. Поэтому он проповедует освобождение от всего прекрасного и чувственного, а тем самым и от страдания. Единственное, чего стоит желать, — состояния, когда тебе ничего не нужно, что на санскрите называется «нирвана». Этого состояния можно достичь так называемым благородным восьмеричным путем. К нему относятся правильное мировоззрение, правильное поведение, отказ от одурманивающих веществ, правильное добывание еды и т. д. Но это не «заповеди», а скорее инструкции по целительному образу жизни.

Буддизм — не религия в нашем понимании, в нем нет почитания какого-либо Бога, как в монотеистических религиях. Речь идет о *познании*. Слово «будда» пришло из санскрита и означает «пробужденный» и «сознательный». Такого состояния можно достичь, только если больше ничего не желать. А это происходит лучше всего благодаря методу, который успел стать популярным во всем мире. Он называется «чистое внимание», или «бдительность», или «осознанность». Осторожно: тот факт, что домохозяйки из Таунуса или Титизее-Нойштадта с легкостью произносят эту терминологию, *не* означает, что это — недостойная высокой оценки культурная техника.

Бдительность, в конце концов, это просто способность воспринимать жизнь, а также сознание того, что не сами вещи приводят человека в беспокойство, а мысли *о* вещах. Одна из самых гениальных книг, когда-либо написанных о дзен (более развитый китайский вариант буддизма), принадлежит, кстати, американскому юристу Леонарду Шеффу и называется «Корова на парковке». Там есть притча, которая прекрасно поясняет этот взгляд на человеческую психику: вы ищете, где припарковаться. Наконец вы видите, как кто-то собирается выехать со своего места. Вы включаете указатель поворота и спокойно ждете. Вдруг с другой стороны подъезжает джип и занимает только что освободившееся место. Когда вы сигналите, водитель выходит, ухмыляется и показывает вам средний палец. Вас это приводит в ярость? Теперь представьте себе то же самое, только вместо наглого водителя джипа свободное место занимает корова и уютно там устраивается. Когда вы сигналите, корова поднимает голову, мычит, но не двигается с места. Вы и теперь в ярости? Вероятно, вы скорее рассмеетесь.

Самое интересное: результат в обоих случаях одинаков. Только в одном случае ваше «эго» чувствует себя задетым и вы злитесь, а во втором случае нет. Результат тот же, изменилось только то, как вы об этом *думаете*. Вас приводит в бешенство, что другие люди могут быть нахалами. Почему? Одно из самых кратких определений буддистского состояния духа дала монахиня Пема

Чодрон, кстати, первая американка, ставшая руководительницей тибето-буддистского монастыря: «Я не в порядке. Ты не в порядке. *Это* и есть порядок».

А вот еще одна маленькая, более известная притча. В ней речь идет о Хакуине Экаку, одном из знаменитейших мастеров дзена, который считается великим обновителем дзен-буддизма XVIII века. Он жил в маленькой деревне, вел простую, скромную, созерцательную жизнь. Жители деревни снабжали его едой и мелкими дарами. Однажды самая красивая девушка деревни забеременела. Но она не хотела говорить, кто отец ее будущего ребенка. Под давлением родителей она назвала наконец Хакуина. Возмущенные родители пошли к мастеру и стали его упрекать. Единственное, что он сказал в ответ, было: «Как есть, так и есть». С репутацией мастера Хакуина быстро было покончено, ему больше не приносили еду. Теперь, чтобы обеспечить себя, девушку и ребенка, он вынужден был тяжело работать на рисовых полях. Через год девушка не смогла больше выносить такую жизнь и назвала родителям имя настоящего отца. Они тотчас побежали к Хакуину, просили у него прощения. И снова он ответил: «Как есть, так и есть».

Как и любая притча, эта история, конечно, утрированна. Упреки родителей он принял так же спокойно, как их извинения. Потому что его «эго» не зависело от того, что думают о нем люди. Возможно, он спрашивал себя, что может ему принести неожиданное отцовство. Оно могло оказаться и счастьем. Так же, как тяжелая работа на поле могла стать ценным испытанием. «Кто знает?» Это «Кто знает?» он принял близко к сердцу. Так он ответил однажды землевладельцу, когда тот в отчаянии рассказал ему, что его слуга оставил ворота открытыми и лучший конь галопом ускакал из конюшни. Через несколько дней конь вернулся в конюшню в сопровождении трех диких кобыл.

В сущности, в буддизме речь идет о сознании, о понимании того измерения в человеке, которое лежит глубже, чем мысли. Большей частью наши мысли заняты прошлым. Или будущим. Но очень редко они здесь и сейчас. Но жизнь, по Будде, именно здесь и сейчас. Поэтому чайные церемонии, искусство стрельбы из лука, искусство складывать бумагу — упражнения дзен. Их цель — само действие. Делай то, что ты делаешь, с полной отдачей.

Вместо того чтобы продолжать лекцию о буддизме, я лучше расскажу об одном разговоре, состоявшемся у меня несколько лет тому назад с человеком, который, как никто другой, помог людям во всем мире жить более осознанно и освободил их от иллюзии, что их мысли и есть их идентичность. Экхарт Толле. Вероятно, он — самый знаменитый немец за пределами Германии. Его книги продаются во всем мире миллионными тиражами. Особенно популярен он в Америке. «Нью-Йорк таймс» писала, что он — самый влиятельный духовный наставник страны. Эккарт фон Хиршхаузен в свойственной ему манере обосновал это следующим образом: «Американцы любят его и за легкий немецкий акцент, потому что думают: это — буддизм плюс обдуманный немецкий метод». Мы с женой однажды смогли посетить его на маленьком канадском острове. Когда я наконец увидел его, то вначале подумал, что передо мной стоит мастер Йода из «Звездных войн». Он не очень высокий. И невероятно симпатичный. Вот маленький отрывок из нашей беседы.

Почему нам, людям, так тяжело быть счастливыми?

Люди склонны всегда искать счастья в будущем. Человек живет так, словно какой-то момент в будущем имеет большее значение, чем теперешний. Он не ищет счастья здесь. Он думает, счастье где-то в другом месте. Это, собственно, и есть трагичность жизни. Когда он недоволен тем, что он в данный момент делает или где он находится, он уговаривает себя: сегодня вечером, когда я наконец буду свободен, *тогда* мне будет лучше. Или говорит себе: скорее бы уже уик-энд… Или ждет счастья от следующего отпуска. Или уговаривает себя: если вот это получится, если у меня будет это и это, тогда я буду счастлив. А настоящая минута? Она воспринимается как препятствие! Как что-то, что надо преодолеть. Больше того, в самом плохом случае человек протестует против настоящего момента, видит в нем не только препятствие, но даже врага. Но что это значит? Это значит, что он рассматривает саму жизнь как препятствие или даже как врага.

Но ведь действительно бывают моменты, когда хочешь, чтобы это время просто прошло. Ну, например, если у человека сильные боли. Или когда человек ужасно страдает от того, что с ним происходит, например, на войне. Нужно и тогда все принимать?

Я никогда не скажу: ты должен это принять! Но думаю, что есть возможность прийти к заключению «всё так, как есть». Парадоксальным образом это происходит снова и снова, так что как раз в неприятные моменты людям удается перерасти самих себя, и как раз тогда, когда настает коллапс, когда человек вынужден отказаться от сопротивления, наступает что-то вроде мира в душе.

Но я не могу просто не замечать своих забот!

Разве это заботы? Или разве это проблемы? Я так говорю, потому что часто постоянные заботы не позволяют человеку найти правильное решение. Бывают очень трудные ситуации. Первая ошибка — надеяться, что можно прожить жизнь без проблем. Как только осознаешь это, ты уже решил часть проблем. Кто-то умный однажды сказал: History as one damn thing after the other (История — череда чертовски неприятных событий). Это можно сказать и о жизни: one damn thing after the other (череда чертовски неприятных событий)! Жизнь состоит из вызовов. Никто не свободен от них. И хорошо, что это так.

Желать отсутствия несчастья — настоящее несчастье?

Несчастными нас делают, если внимательно подумать, не сами вызовы, а мысли о них, то есть ярлыки, которыми мы снабжаем эти вызовы. Как это было у Шекспира? «Сами по себе вещи не бывают ни хорошими, ни плохими, а только в нашей оценке». Тревога ни к чему не ведет. Особенно в три часа утра, когда без сна ворочаешься в постели.

Существуют ли повседневные дела, которые могут помочь жить осознаннее?

Можно осознать то, что мы так и так делаем каждый день, как упражнение. Например, когда ты моешь руки. Делай это осознанно! Это очень хорошо. Теплая вода, мыло. Делать то, что делаешь, все равно что, с полной отдачей — вот в чем секрет.

Старая традиция, которой больше 2500 лет, в трех словах: осознанно мыть руки! Заявить такое на коктейльной вечеринке — вот это будет шок!

УСПЕХ

В наши дни это самая популярная тема. Чтобы выразить свой протест по этому поводу, я буду демонстративно краток и самым настоятельным образом попрошу вас: как только беседа коснется этой темы, немедленно прервите ее, пожалуйста, настолько красиво, насколько сможете!

Одна возможность: внимательно посмотрите на бокал вашего собеседника и вылейте содержимое *своего* бокала в его. Этим вы вызовете ужасное всеобщее недоумение. Особенно, если у вас в руке — как мне хочется думать, чтобы вы казались симпатичнее, — старомодный коктейль, а у вашего собеседника, например, шампанское или сухой мартини. Затем объясните изумленным окружающим, что вы, к сожалению, нашли это маленькое переливание необходимым, чтобы продемонстрировать всю абсурдность темы «успех». Ведь вы только что *успешно* переполнили бокал.

Лучшая, потому что более скромная возможность заключается в том, чтобы процитировать Гилберта К. Честертона. Ему принадлежат, вероятно, самые остроумные слова, какие когда-либо были написаны на эту тему. Они появились в 1908 году в сборнике «Все связано», в эссе под названием «Ошибочность успеха», который благодаря немецкому издательству «Беренберг» доступен и на немецком языке. Очевидно, уже тогда господствовало сохранившееся до наших дней бедствие специальной справочной литературы.

Честертон пишет: «Нет ничего, что было бы неуспешным. То, что какая-то вещь успешна, означает только, что она есть. Миллионер успешен, поскольку он — миллионер, а осел — поскольку он осел. Каждому живущему человеку удается жить, каждый мертвый, быть может, успешно совершил самоубийство». Затем Честертон направляет пушку своего барочного ума на идеологию почитания денег и напоминает о царе Мидасе, который хоть и превращал в золото все, к чему прикасался, но поэтому был лишен возможности съесть сандвич с ветчиной, «впрочем, у него были ослиные уши, и, как любой известный и богатый человек, он пытался скрыть это обстоятельство».

Вероятно, самый идиотский из всех культов денег — это «школа мышления», которая в середине нулевых нашла свое отражение в фильме «Тайна» и сопровождавшей его книге «Тайна». Эта книга с большим успехом может разрушить человеческую жизнь. Она проповедует следующее: чтобы достичь поставленных целей, нужно как можно сильнее верить в них. Чревато неприятностями вот что: в жизни многие вещи получаются не так, как хочется. Приверженцы культов успеха, каких только можно представить себе в обществе, чье существование обеспечено, для успеха недостаточно подготовлены. Люди, которые действительно достигают в жизни чего-то необыкновенного, как правило, придерживаются как раз противоположного тому, чего требуют «Тайна» и подобные ей проповедники позитивного мышления. Они воспринимают жизнь как возможность справиться с проблемами и при этом произвести хорошее впечатление.

Для тех, кто хотел бы знать, как действуют люди, которые добиваются высочайших достижений, точно есть *одна* книга. Она написана человеком, который видел мир совсем сверху, астронавтом Крисом Хэдфилдом («Руководство астронавта для жизни на земле»). Из нее вы узнаете, что астронавты умеют ценить все маленькие ошибки во время тренировок — потому что они становятся поучительными примерами, которые, в свою очередь, помогут другим избежать похожих или тех же самых ошибок. Вы узнаете, как систематически симулируются сценарии катастроф — чтобы по возможности предотвратить их. Вы поймете, что представлять себе в жизненно важных ситуациях «сценарии наилучшего выхода» — путь к гибели. Мне довелось однажды брать интервью у Хэдфилда. На прощание он подарил мне фразу, с тех пор я вспоминаю ее в опасных обстоятельствах: «Не бывает ситуации настолько плохой, чтобы ты сам не смог сделать ее еще хуже».

Отчет астронавта Хэдфилда — единственная книга, которую я допускаю в качестве пособия по достижению успеха, — потому что она не пособие. К книгам, претендующим на то, чтобы быть пособиями, относятся слова Честертона: «Никто не отважится написать книгу об электричестве, где не будет буквально ни строчки об электричестве; никто не издаст книги о ботанике, показывающей, что автор не знает, какой конец растения находится в земле. И тем не менее наш современный мир полон книг об успехе и успешных людях, которые не содержат ни одной разумной мысли и едва ли хоть одно осмысленное предложение».

ФРАНЦУЗЫ

Еще совсем недавно человек, если он дорожил своей репутацией, должен был бегло говорить по-французски. Потом наступило время, когда хорошим тоном считалось говорить *о французах* плохо. В Аахене и Цвизеле, на Боркуме и Гармиш-Партенкирхене люди в обществе с удовольствием поносили Францию. К сожалению, этот немецкий вид спорта полностью вышел из моды. Что жаль. Тема «французы» умерла для беседы. Почти никто больше не говорит по-французски, почти никто не говорит о Франции. Эта гордая страна, ругать которую было страстью для целых поколений немцев, кажется, вместе с соседними странами Бенилюкса растворилась в сверхнациональном образовании по имени Евросоюз. У нас, немцев, та же проблема. Но если растворится Германия, по нам никто не прольет ни единой слезинки. А конец Франции, напротив, стал бы настоящей потерей.

Единственное преимущество всего этого: сегодня требуется настоящее благородство, чтобы хотя бы *сделать вид*, что ты — франкофил. Сегодня достаточно сказать «пардон» вместо обычного «сори», и уже считаешься элитой. Alors (итак), с помощью каких знаний о Франции можно «набрать очки», даже если вы относитесь к тем достойным сожаления людям, которые не могут отличить бульон от буйабеса?

Несколько очков за франкофилию получит уже тот, кто напомнит полностью забытый факт: во Франции существовала одна из первых высокоразвитых культур человечества, которая стоит в одном ряду с культурой Вавилона и Египта. Только тот, кто это знает, может понять, почему французские таксисты и официанты принципиально относятся к нам, иностранцам, с таким презрением. И ожидают за такое пренебрежение больших чаевых, которые, строго говоря, уже и не чаевые, а скорее откупные. Или денежное вознаграждение за причиненный нематериальный ущерб, за то, что они вынуждены иметь с нами дело. Если знать, насколько французская культура древняя, можно понять слова великого (и совершенно безумного) писателя Леона Блуа: «Франция в такой степени первая среди народов, что все остальные, кто бы они ни были, должны с почтением ценить, если им позволяют есть хлеб для французских собак».

Как восточные африканцы могут гордиться тем, что род человеческий берет свое начало на их родине, так и французы знают, что старейшие — насчитывающие ровно два миллиона лет — следы существования человека в Европе были найдены на их земле. Когда то, что мы сегодня называем Скандинавией, Германией и Великобританией, еще было покрыто толщей льда, во Франции уже было что-то вроде культуры. Об этом свидетельствуют грубо обработанные кремни и кости, найденные в пещерах французских гор. Бо́льшая часть сегодняшней Франции, включая Парижский бассейн, еще, правда, состояла из степей и бесконечных лесов, но уже самые первые французы в то время умели приготовить себе горячую еду, это доказывают очаги в гроте Валлоне, недалеко от Ниццы.

Когда потом, много тысячелетий спустя, первые неандертальцы, люди со скошенными лбами и выпирающими надбровными дугами, постепенно были вытеснены совсем новым видом, гомо сапиенс, никто в точности не понимал, на чем основан успех новых людей. Об этом гадают и до сих пор. А ответ довольно прост: первый европейский гомо сапиенс был французом! Примерно за 35 000 лет до Рождества Христова во Франции жили первые люди континента, которые в основном были похожи на нынешних. Это именно они оставили нам в пещерах Перигора первые свидетельства своего непостижимого чувства искусства и формы. В Северной Испании также находят несколько таких же знаменитых произведений искусства, но, вероятно, они тоже пришли от французов, которые (по пути в хорошее кафе?) случайно попали в Пиренеи. А когда в IV тысячелетии до н. э. возникла культура Шассе с ее таинственными, воздвигнутыми из огромных каменных блоков строениями, шумеры в Месопотамии тоже основали первые города в истории человечества. Правда, культура Шассе не оставила нам письменных свидетельств, а также, в отличие от шумеров, не создала чего-то, похожего на бюрократию, но разве можно из-за этого лишать ее звания ранней высокоразвитой культуры? Французы и сегодня не любят бюрократию, и, когда они основывали деревни, а не города, это объяснялось, вероятно, тем, что они, как и сегодняшние французы, просто лучше себя чувствовали в провинции. Во всяком случае, сельским хозяйством уже тогда занимались так же по-деловому, как в Месопотамии, и вместо каких-то брутальных богов почитали — что намного цивилизованнее — богиню плодородия. И в этом проявляется определенная последовательность. Позднее эту роль взяла на себя Богородица. Еще позднее — Жанна Орлеанская, а через столетия — Катрин Денёв и Летиция Каста.

Короче: только если ты считаешь Францию колыбелью цивилизации, наравне с Месопотамией, сможешь понять французов. Вот тогда и становится ясно, почему француз, увидев очередь, совершенно непроизвольно встает впереди, неважно, Готфрид ли это Бульонский отправляется в крестовый поход или парижская дама занимает очередь в билетную кассу на Северном вокзале. Начинаешь понимать, почему французы поднимают до уровня разговора о культуре и искусстве все, что делают по чистой необходимости «боши» (немцы) или «ростбифы» (британцы) и весь остальной мир, — например, едят и одеваются. Вдруг понимаешь, почему у французов такая редкостная уверенность в суждениях, почему они так своеобразны и необучаемы. Французы обладают абсолютно уникальным и достойным зависти сознанием собственного достоинства. Естественно, они чувствуют себя аристократами — причем не из-за каких-то титулов; благодаря своей цивилизованности француз понимает само человеческое существование как аристократизм. Поэтому французу никогда не придет в голову господствовать над природой, как это делаем мы, тевтоны, они никогда станут, подобно Гёльдерлину, мечтать о том, чтобы раствориться в природе («Если я стану даже растением что за беда?»*), зато они очень горды быть людьми — точнее, французами.

Вообще, лучше всего понимаешь французов, когда наблюдаешь их отношение к природе. Роскошный английский сад пытается подражать природе. Французы приручают природу, формируют ее по своему желанию. Если мы, немцы, любим все колоссальное и чрезмерное, то французы ценят чувство меры. Для француза именно это определяет цивилизацию: наслаждаться, насколько это удается, хорошими сторонами жизни и все-таки сохранять при этом легкость, красоту и достоинство — благодаря соблюдению меры.

В еде и питье мера для француза — закон наслаждения. «Меню отражает французское понимание цивилизованности в еде, — пишет Фридрих Зибург в своем непревзойденном очерке «Бог во Франции?». — Надо не поглощать пищу и доставлять себе тем самым удовлетворение от сытости; наслаждение едой заключается

* «Гиперион, или Отшельник в Греции». Пер. Е. Садовского.

в продуманной смене отдельных блюд, которые только пробуют». Замечательная мысль: когда француз лакомится виноградными улитками или потофё, он не *ест*, он *пробует*.

Это чувство правильной меры отражается во французском взгляде на прекрасное. Париж — одна из самых больших метрополий в мире, и тем не менее, как никакой другой город, он соблюдает скромность и сдержанность. Именно поэтому люди богемы чувствуют себя здесь с давних пор лучше всего. Повсюду на свете важно иметь хороший адрес. В Париже тоже. Однако лишь Париж состоит исключительно из хороших адресов. Каждый парижанин говорит о своей квартире с горящими глазами, все равно, насколько шумно или грязно там может быть. Когда немец говорит: «Тут воняет», парижанин мечтательно замечает: «Тут своя атмосфера». Если мы считаем, что местность слишком шумная, парижанин называет ее «центральной»; что для нас «далеко», для него «на природе». Даже нищие в Париже стараются придать себе хотя бы видимость цивилизованного существования: с удовольствием обедают, хотя еда может быть очень скудной, и живут с сознанием, что у них самая большая и прекрасная комната в мире — сам город.

Вот аргумент, с помощью которого можно подать себя как франкофила, умеющего ценить сеть ресторанов «Премьер Крю», даже не зная ни одного слова по-французски: изначальная трагедия Европы заключается в том, что римляне, после того как в I веке до Рождества Христова завоевали и романизировали Галлию, после гибели Квинтилия Вара в битве в Тевтобургском лесу (9-й год н. э.) были в таком шоке, что отказались от завоевания Германии. Скольких страданий мы бы избежали, насколько приятнее была бы наша жизнь, если бы нас тогда романизировали и римляне провели бы свою границу не по Рейну, а по Эльбе? Мы все сегодня были бы римлянами.

С таким же успехом можно придумать и другой сценарий: за добрых 60 лет *до* битвы в Тевтобургском лесу, всего в 800 километрах юго-западнее от него, недалеко от сегодняшнего Дижона, состоялась битва, которая также довела римлян до пределов их возможностей — битва при Алезии. Под командованием князя Верцингеторикса кельты нанесли Цезарю и его войскам несколько тяжелых поражений. В конце, как утверждает Цезарь в своей «Галльской войне», друг против друга стояли 70 000 римских и 80 000 галльских солдат. Современная история предполагает, что Цезарь был большим лгуном и что численность римских войск намного превосходила войско галлов. Во всяком случае, все кончилось жестоким поражением галлов, Верцингеторикс был заключен в тюрьму, его проволокли в кандалах по Риму и казнили. А что было бы, если б Верцингеториксу удалось нанести Риму такое же жестокое поражение, как 60 годами позднее это удалось херуску Германну? Что, если бы Рим после битвы при Алезии отказался от Галлии, как после сражения с Германном он отказался от Германии?

Во Франции до сих пор не утихают споры о том, был ли триумф Рима счастьем или катастрофой для французской истории. Обязана ли Франция своей тонкой культурой романизации? Ведь когда Рим уже давно был погружен в распад, именно Франция стала настоящим центром латинской культуры. То, что мы сегодня называем «макдональдонизацией» мира, по сравнению с тем, что творил Рим, это просто мягкая оккупация. Уравнивающую всех силу, с которой Рим раздавил когда-то все, что не было римским, если бы это происходило сегодня, наверняка осудила бы ООН, а СМИ назвали бы ее убийством культуры. Популярный в XIX веке националистический историк Жюль Мишле однажды весьма выразительно написал о происшедшем в Галлии в первом столетии новой эры: кельтская Галлия тогда «затонула, как Атлантида». Друиды были казнены или переселились в Британию, кельтский язык исчез, так же как кельтская религия; собственно, кельтские элементы, по крайней мере их следы, сохранились только в народных суевериях и в языческих сказках и мифах. Галльская элита быстро договорилась с новой властью. Например, родившийся в Лионе римский император Клавдий (правил с 41 по 54 год н. э.) успел позаботиться о том, чтобы галлы смогли стать римскими сенаторами. Кельтско-галльская элита в короткий срок превратилась в галло-римскую. Кстати, точно так же она примирилась позднее с вторгшимися с запада франками, которые в Средние века стали новыми хозяевами страны. Французы всегда как нельзя лучше умели договариваться с тем, кто правил в данный момент.

Может, и в этом проявляется определенная последовательность в ментальности французской элиты?

Эту фразу, пожалуйста, сразу же забудьте! Если вы что-то подобное только прошепчете, прикрыв рот рукой, то одним ударом уничтожите все свое франкофильство, созданное с таким трудом.

ЧАСТИЦА БОГА

Иногда случается, что человек во время разговора вдруг путается в мыслях. Тогда он говорит неожиданные вещи, которых сам не понимает. И приходится изворачиваться, если хочешь произвести хорошее впечатление на людей, чей ум и образование тебя пугают. В большинстве случаев это производит обратный эффект. Тогда остается только неожиданный поворот темы, то есть возврат к самому банальному («Вы уже пробовали русские яйца? Невероятно вкусно!») или же, наоборот, движение вперед. Квантовая физика!

Самое фантастичное в этой теме то, что есть только пять человек, которые в ней разбираются. Один из них преподает в Париже, второй в Вене, третий и самый главный вдруг пропал (он работает над каким-то секретным проектом для правительства США), еще один не покидал свою лабораторию в центре ядерных исследований ЦЕРН под Женевой уже несколько лет. Пятый, насколько я знаю, сошел с ума. Понять квантовую физику почти невозможно. Это делает ее обязательной темой непринужденной беседы. Речь идет о вопросах, которые, в сущности, абсурдны. Например: могут ли объекты одновременно находиться в разных местах? Может 1+1 равняться 1? Может ли природа нас одурачить?

Квантовая физика взорвала законы обычной логики и поэтому превосходно подходит для беседы. Такое понятие, как частица Бога, уже настоящая светошумовая граната. С ее помощью можно немедленно и очень эффективно — только не очень долго — выиграть время и придумать другую тему. Но чтобы умело пользоваться такой гранатой, нужно хотя бы немного ознакомиться с инструкцией. Вот несколько основных фактов (тщательно отобранных).

Физики, такова уж их судьба, хотят объяснить мир. В древности для этого занимались только окружающими объектами. Со временем удалось все глубже и глубже проникать в тайны материи. Греческого философа Демокрита, который родился примерно в 470-м году до Рождества Христова, волновал, например, следующий мыслительный эксперимент: что произойдет, если кусок дерева или платок все время делить пополам? Однажды, утверждал он, доберешься до кусочка, который уже нельзя больше поделить. Этот самый маленький кусочек он назвал «атом» (a-tomos значит неделимый). Сегодня известно, что самые маленькие строительные камешки — это элементарные частицы, из них состоят атомы. Одна из этих элементарных частиц — электрон, который вращается вокруг ядра атома и сегодня так важен потому, что благодаря ему металлы могут проводить электричество. Без этого маленького шалопая не мог бы функционировать тостер, и в мире без электронов это было бы самой мелкой проблемой. Другая элементарная частица — фотон, который тоже пользуется большим уважением, потому что без этой световой частицы мы не могли бы видеть и, следовательно, даже не смогли бы найти тостер.

Демокрит был очень здоровым человеком и дожил до сказочных ста лет, но, к сожалению, так и не узнал, что в его мини-частицах кроется еще один фундаментальный факт, а именно, что они бывают в двух различных формах: как частицы и как волны. Первым, кто установил, что свет состоит из маленьких частиц, которые, как мячики, где-то можно заставить отскакивать, был — около 1635 года — французский ученый Рене Декарт. Исаак

Ньютон подтвердил это в своей книге «Оптика» в 1704 году. Кстати, в принципе рекомендуется принимать утверждения Ньютона как данность. Один из немногих, кто тем не менее ужасно потешался над ним, был некто Гёте из Веймара. Но об этом — в другом месте, а тут нас это не должно интересовать.

Следующий, кто продвинул далеко вперед знания о строительных кирпичиках природы, — английский исследователь Томас Юнг, родившийся в 1773 году. Он был гением. В возрасте двух лет уже умел читать, в 12 овладел, наряду с родным языком, латынью и ивритом. В 14 написал свою первую книгу, автобиографию. Два его открытия сделали Юнга бессмертным для истории науки: ему первому удалось расшифровать египетские иероглифы. И он придумал устройство для опытов, которое и сегодня находит применение во всех лабораториях: эксперимент на двух щелях.

Он установил металлическую пластину с двумя узкими прорезями (щелями). За ним расположил льняной экран. Затем он осветил металлическую пластину и наблюдал, как свет найдет дорогу к экрану через две прорези. При этом он сделал наблюдение, открывающее новую эру: хотя свет состоит из частиц, в его эксперименте он ведет себя волнообразно. Волны, в отличие от частиц, могут «интерферировать», то есть накладываться друг на друга. На его льняном экране изображение предстало в виде чередующихся светлых и темных полос, что и служит доказательством волновой природы света. Вот только Юнг совсем не подвергал сомнению, что световые лучи состоят из частиц, которые могут отбрасываться и расходиться. Это давно уже было сотни раз доказано. Но он показал, что частицы света, как ни странно, *могут* вести себя как *волны*.

Физикам XX столетия удалось приблизиться к тайнам мельчайших строительных кирпичиков природы — то есть к тайнам внутри атомов. Квантовая физика началась с Макса Планка. Уже до него было известно, что атомы могут поглощать и отдавать энергию. И что поэтому работают горелки плиты или тостер. Чего не знали — так это каким образом транспортируется энергия. Планк выяснил, что энергия передается не непрерывно, а всегда только маленькими порциями, квантами.

Благодаря все более тонким методам измерения удалось получить неожиданные результаты в эксперименте Юнга с двумя щелями. По-настоящему интересно стало, когда начали гонять через две щели электроны. Дело в том, что тогда установили: они оставляют на льняном экране следы, которые характерны для частиц, — это можно сравнить со следами на пистолетной пуле. Но электроны делают это только в том случае, когда на них смотрят во время полета через две щели. А если не смотреть, электроны ведут себя иначе и оставляют на экране следы волн. То есть электроны ведут себя по-другому, когда чувствуют, что за ними наблюдают? Все сделалось совсем странным, когда ученые начали загораживать одно из отверстий. Вдруг электроны полетели так, словно знали, что теперь есть только одна щель. Как будто они могли договариваться друг с другом. И уж совсем таинственным все стало, когда установили, что некоторые элементарные частицы — собственно, неделимые — могут одновременно пролетать через обе щели в пластине, а в конце прилетать на экран как одна частица. Применительно к нашему миру это выглядит так, словно я могу одновременно самолетом и в автомобиле добираться из Мюнхена в Берлин, чтобы встретиться с самим собой на Курфюрстендамм и там, снова воссоединившись с собой, спокойно выпить чашечку кофе.

Итак, природа дурачит нас, когда мы пытаемся наблюдать за ней в самой ее глубине? Она не хочет, чтобы мы подглядывали в ее карты? Ричард Фейнман, лауреат Нобелевской премии 1965 года и один из величайших физиков XX столетия, который сам провел десятки экспериментов на двух щелях с элементарными частицами, в своих лекциях постоянно повторял: «Все очень загадочно. И чем пристальнее мы это рассматриваем, тем загадочнее оно оказывается». По крайней мере, одна из самых редких загадок была решена за прошедшее время: Вернер Гейзенберг выяснил, почему энергия у нас перед глазами ведет себя иначе, чем за нашей спиной. Он придумал так называемый «принцип неопределенности». Его тезис: каждое измерение, каждое наблюдение представляет собой вмешательство и искажает то, что мы, собственно, хотим увидеть. Утверждение, что мы должны расстаться с надеждой точно измерить какое-либо явление, поставило под вопрос представление науки о самой себе — новость, которую физическое сообщество еще должно было переварить, а Гейзенберг получил за нее в 1932 году Нобелевскую премию. Кстати, его эксперимент можно повторить на любой вечеринке, когда вы подбрасываете коктейльную помидорку и ловите ее ртом. Это получается, только когда никто на вас не смотрит.

Альберту Эйнштейну вся квантовая физика казалась глубоко сомнительной. Он говорил, что наше знание слишком неполно, чтобы решить последние тайны атомов. Он говорил о «скрытых величинах», действующих в природе. Частица Бога? То, что открыл Питер Хиггс (и получил за это в 2013 году Нобелевскую премию), во всяком случае, не является частицей Бога. Это была «всего лишь» еще одна, хоть и центральная, элементарная частица.

Итак, что же такое «частица Бога»? Этого не знает никто. В понятии отражается человеческое стремление понять последние тайны природы. Если частица Бога действительно существует, то она является божественной искрой, дарующей жизнь. Но как до конца понять ее? Она есть только у людей? А у некоторых животных? А у растений? Разве давно уже не доказано, что растения общаются друг с другом, могут обмениваться информацией о погоде и вредителях, и даже есть особенно умные и коммуникативные растения, такие, как дикий табак и сосны, а есть и относительно глупые и ленивые, например кукуруза и пшеница? А если в грибах и деревьях заключена жизнь, то почему бы ей не быть и в камнях? И в различных предметах? В сказках она была всегда. Очень веселый пассаж в «Коротких историях» Хаймито фон Додерера рассказывает о том, как нагло вели себя с ним якобы неодушевленные предметы. Чайная чашка укусила писателя за левую ногу («Укус ей удался потому, что она вытянула шнобель и пролила несколько горячих капель»). Затем Додерер подробно описывает, как он дал кусаке вначале остыть, а потом с яростным криком швырнул ее об стену. Для него «не было сомнений» в том, что весь процесс наблюдали бесчисленные молчаливые глазки в комнате, «потому что в этом помещении почти целый год меня не донимали всякие щипки и свисты, укусы, странности и коварство находящихся в нем предметов»). Вопрос, имеют ли предметы душу — «живут» ли они, — не относится в классическом смысле к области рассмотрения физики. Но ведь это не должно так и оставаться.

ГОМОСЕКСУАЛИЗМ

Профессионал в искусстве беседы демонстрирует всю свою виртуозность, если ему удается благодаря ловкой комбинации предметов разговора обратить ситуацию в свою пользу. Если вы вращаетесь в образованных кругах, то с вами может, например, приключиться такое, что кто-то затронет общую тему — скажем, Интернет — и беседа превратится в унылую тягомотину. Это момент для трюка: для идеи, которая гарантирует всеобщий интерес, чтобы реанимировать разговор. Если из этого получится диспут, можно тут же выступить в роли спасателя и примирить спорящих какой-нибудь нейтральной проблемой, например переведя разговор на телесериалы. Или на Гельмута Шмидта. Некоторые темы годятся для разных целей — и как общие, и как шутливые, и как успокоительные, в зависимости от того, каким количеством нонконформизма вы решитесь их приправить.

Гомосексуализм — как раз такая тема.

Если вы находитесь на коктейльной вечеринке и разговор зашел об этом, нужно спокойно поддержать беседу. Сегодня каждый должен иметь мнение по этому поводу. Кто пытается улизнуть («по мне, каждый имеет право в своих четырех стенах...»), сразу становится подозрительным. Все-таки в зависимости от настроения и намерения вы можете решить, как вам выразить свое мнение.

Например, если вы хотите понравиться молоденькой выпускнице института, которая только что так заинтересованно слушала вас, нужно отказаться от любых замечаний, которые можно понять как гомофобные. Лучше заговорить об античной Греции и о той простоте, с которой там принимали существование учителей с эротическим интересом к ученикам. Или, еще банальнее, расскажите, что и в животном мире есть случаи однополой любви, например у дельфинов, что все это «совершенно естественно» и что только «мы, люди», поднимаем шумиху вокруг этого. Вы можете также — и тем самым сделаете беседу чуть-чуть интереснее — немного поговорить, как постоянно меняется то, что культура считает девиантным сексуальным поведением. Это можно подтвердить, например, понятием «содомия». Еще около 200 лет тому назад любое сексуальное действие, которое не служило продолжению рода, считалось содомией (даже сегодня среди добропорядочных супружеских пар вполне в ходу сексуальные практики, распространяться о которых здесь неуместно). Затем это понятие изменилось. Оно вдруг начало обозначать только пенетративный секс между мужчинами. Сегодня надо поостеречься от обвинений гомосексуалов в содомии, под ней понимают, собственно, только сексуальные действия с животными. Следовательно, как меняются моральные представления, можно понять уже по значению отдельных слов. Что еще вчера считалось извращением, завтра уже — тема для болтовни за завтраком. В этом, в сущности, и заключается смысл книги «Происхождение секса» Фарамерза Дабхойвалы, хваленого 536-страничного кирпича поп-звезды среди оксфордских историков.

В обществе, если речь заходит о гомосексуализме, кто-нибудь обязательно скажет: «Я ничего не имею против геев, но не хотел бы, чтобы моим детям объясняли в школе, будто это нормально, а после этого мой сын меня спрашивал бы, как происходит секс у голубых». Ну, на такие высказывания можно реагировать по-разному. Лучше всего вежливо кивнуть и остаться при своем мнении. Если же эту фразу сказал кто-то, кто вам уже весь вечер действует на нервы, ответьте дружелюбно: «Значит, общество должно скрывать эту тему только для того, чтобы вы не испытали неудобства от пятиминутного разговора с вашим чувствительным сыном?»

Более коварный вариант изложенной выше фразы «Хоть я и не имею ничего против голубых...» продолжается после запятой следующим образом: «но мне действуют на нервы постоянные сообщения о сексуальной ориентации знаменитостей. Я считаю, что они могут делать что им угодно, только я не хочу ничего об этом знать». Звучит замечательно корректно, однако на самом деле довольно коварно. Каждому информированному человеку следовало бы знать, что агрессивная явность лесбиянок и геев не самоцель, а акт самоутверждения.

В Третьем рейхе тысячи гомосексуалов погибли в рабочих и концентрационных лагерях. Многие стали жертвами экспериментов на людях. Ни одна гомосексуальная жертва концлагерей не получила никакой компенсации, одиозный параграф 175 был отменен только в 1994 году. Еще в 50-е годы прокуроры Федеративной Республики регулярно устраивали преследования и отравляли атмосферу в стране, разрушали карьеры честных людей, распространяли стыд и ненависть, лишали граждан средств к существованию.

Только с относительно недавнего времени голубые могут жить в Германии почти без страха — это забывают те, кто выходят из себя из-за якобы навязчиво выставляемой напоказ гомосексуальности. Один мой знакомый конкретизировал это в эссе следующим подсчетом: «Всем, кому в 2014 году исполнилось 60 лет, было уже 15, когда в 1969 году первое правительство Вилли Брандта пересмотрело пресловутый параграф 175 уголовного кодекса, который наказывал однополые отношения между лицами мужского пола шестью годами тюрьмы». Кстати, параграф продолжал существовать, но гомосексуальные отношения не *наказывались тюрьмой*. И только в 1994 году он, как уже упоминалось, был отменен.

Давно забыты последствия той морали, которая сделала гомосексуализм преступлением. Однако не последствия для морали самих гомосексуалов. Их «только» вынудили прятаться. Берлин считался Эльдорадо для голубых, вскоре народ начал называть общественные туалеты Берлина «залами памяти Густава Грюндгенса»*. Но прежде всего моральные последствия оказались фатальными для стражей нравственности. Параграф 175 разоблачил их доносительство, они сами себя дискредитировали подлыми преследованиями и шантажом. Как можно прочитать в мемуарах многолетнего берлинского шефа отдела гомосексуалистов Ганса фон Трешко, появившихся в 1922 году, берлинская полиция не очень-то преследовала голубых — Трешко был скорее шефом отдела шантажа, работа которого заключалась в том, чтобы уберечь от шантажистов высокопоставленных берлинских геев без привлечения общественного внимания и решать соответствующие дела как можно более тактично.

Насколько общество навредило самому себе криминализацией гомосексуализма, стало очевидно позднее, когда первые публичные кампании-травли потрясли рейх. Как нарочно, партийный орган социал-демократической партии Германии «Форвертс» («Вперед»), название которого, собственно, должно предполагать прогрессивность, был ответствен за один особенно отвратительный случай. О промышленнике Фридрихе Альфреде Круппе опубликовали статью, которая рассказывала, что связывало его со служащим отеля на острове Капри. Его гражданская честь была уничтожена. Он сам был уничтожен. Через неделю после появления статьи,

* Густав Грюндгенс — известный немецкий актер нетрадиционной ориентации.

убившей его репутацию, Крупп умер. Врачи констатировали апоплексический удар. Высшей точкой доносительского климата стало дело Эйленбурга в 1906 году, во время которого главная задача звезд журналистики вроде Максимилиана Гардена была в том, чтобы дискредитировать императора Вильгельма II и весь его — якобы женственно-либеральный — круг друзей.

После такого страстного и тем не менее аргументированного доклада вам гарантирована благосклонность выпускницы института, которую вы нежно обхаживаете. Но если вы заметите, что молодая дама (или молодой человек?) не испытывает к вам интереса, что вы должны отказаться от любой надежды на сексуальные действия, которые служат продолжению рода или другим целям, то можете уклониться от «одобрительной» лекции. Вероятно, вы не считаетесь здесь гомофобом, что открывает вам возможность заявить чисто практические сомнения против сексуальных отношений между людьми одного пола. Скажите что-нибудь вроде: «У меня нет моральных аргументов против гомосексуализма, только практические. Женские первичные половые органы просто не подходят друг другу. А у мужчин и того меньше». Окончательного замешательства вы можете добиться, если в конце объясните, почему неверно в поисках моральных критериев в вопросах секса всегда указывать на католическую церковь. Для католической церкви на самом деле любая форма сексуального удовлетворения, которая не направлена на продолжение рода, грешна. По Катехизису, гомосексуальные действия «нельзя одобрять ни в коем случае», но так же мало достойны одобрения и любые другие, широко распространенные и допускаемые гетеросексуальные практики, которые, так сказать, не ведут к цели. Лучше укажите в поисках морально-этического баланса на почитаемого в либеральных кругах Карла Барта, который считал, что открыл в гомосексуализме путь в бесчеловечность, «явление декаданса, распада».

Что касается католической церкви, то здесь дело обстоит сравнительно просто: есть много всего, что, с ее точки зрения, предосудительно. Привязывание к позорному столбу нравственных проступков в большинстве случаев связано с собственными желаниями и склонностями, а не с теологией. В Дантовом «Аду» голубые поджариваются относительно далеко наверху, а предатели совсем внизу в адском пламени. Кое-что, что считается грехом, вредит только самому человеку. А есть поступки, которые вредят и ему, *и другим*. И прежде всего: некоторые грехи приятнее других. Это как в старом еврейском анекдоте: в синагоге висит доска, на ней написано: «Желать жену своего ближнего так же запрещено, как быть невнимательным в синагоге». А ниже приписка: «Попробовал и то и другое. Никакого сравнения!»

ОХОТА

На человека каменного века, который все время возился бы со своим сделанным с помощью рубила смартфоном, тогда, в добрые старые времена плейстоцена, смотрели бы косо. Люди тогда общались больше, чем сегодня. И это несмотря на то, что существовала всего одна тема для разговора — охота. Она была первым занятием, первой профессией человека. Вечерами люди сидели вместе в пещере, дрожал костер, и, еще не обглодав последнюю медвежью кость, они рассказывали о пережитой охоте. Сегодня все по-другому. Последние оставшиеся мясоеды, правда, могут еще сказать, какая биопечать стоит на пластиковой упаковке, которую они берут из холодильника. Остальные жуют свои протеиновые сосиски и хмурят брови по поводу того, что современные люди далеки от природы. Для того чтобы сегодня говорить об охоте, необходимо мужество. Тема годится, только чтобы спровоцировать собеседников.

Я знаю, о чем говорю. Мой отец был больше, чем просто страстный охотник. Его жизнь состояла из охоты. Медовый месяц мои родители провели не в каком-нибудь экзотическом отеле, а в охотничьей хижине в Тироле. Там они проводили ночи втроем, вместе с ответственным за этот участок лесником. Как ни странно, но моему отцу удалось завести четверых детей, хотя, вероятно, он так же радовался бы и охотничьим собакам. Мои сестры и я относились к охоте, которая так много значила для нашей семьи, в основном с откровенным безразличием. Я даже стал противником охоты. Не по идеологическим или связанным с эдиповым комплексом причинам, а потому, что в детстве просто получил передозировку леса. В то время как мои одноклассники проливали слезы из-за якобы предстоящей смерти лесов и жаловались на кислотные дожди, я тратил бóльшую часть энергии на то, чтобы избежать леса. Но если я хотел провести время с отцом, мне ничего не оставалось, как идти с ним на охоту в сопровождении егеря или на охоту с вышки. Там мне нельзя было даже рот открыть, даже дыхание было под запретом. От отца я научился, главным образом, вести себя как зверь (по крайней мере, в лесу). Красться, пригибаться, избегать шума, приспосабливаться к природе. Казалось, отец видит все вокруг с позиции зверя — именно это и делало его, наверное, таким хорошим охотником, а меня — экспертом в презрении к охоте.

Охота отлично годится в качестве темы для глумливой беседы, поскольку этим можно настроить против себя всех присутствующих, охотников и противников охоты в равной степени. Большинству людей, которые сегодня ходят на охоту, зубным врачам, юристам и членам правления концернов, входящих в немецкий индекс акций, надоел гольф, они рассматривают природу как что-то, что можно купить и потребить, то есть должны быть причислены к культурным людям, презирающим природу. В свою очередь, люди, которые отвергают охоту, любят называть себя связанными с природой и неумышленно — или умышленно? — не замечают, что нет ничего более близкого природе, чем охота. В своем знаменитом эссе «Об охоте» Хосе Ортега-и-Гассет назвал ее «отдыхом от человеческого бытия». Собственно, этим все сказано. Горожанин, который отдалился от «прадедушкиного соседства» со зверями, с растениями и камнями, может по-настоящему вернуться к природе только на охоте. Для этого недостаточно быть садовником, путешественником, бегать трусцой или взбираться на горы на байке — нужно, как сказал философ, слиться с природой. А это получается, только если пробудить в себе все звериное. Чтобы быть хорошим охотником, мало уподобиться зверю, нужно найти «мистическую связь» с ним. Ортега-и-Гассет писал: «Преследователь не сможет преследовать, если его зрение не станет зрением преследуемого. Это означает, что суть охоты в подражании зверю (...). В этом мистическом единстве с диким животным развивается непосредственный контакт, и охотник начинает вести себя как зверь». Человек, констатирует он, с тех пор как начал заниматься земледелием и стал оседлым, потерял все способности, которые раньше составляли его сущность: чутье, умение ориентироваться, читать следы...

Но мой отец, вероятно, в этом отношении пропустил какой-то скачок эволюции. У него был инстинкт добычи, который в старых приключенческих романах приписывается не благородному охотнику, а чаще всего браконьеру — потому что глубина его охотничьих знаний и умений таила в себе нечто архаическое. Кстати, для моего отца, в отличие от большинства других охотников, которых я знал, было неважно, сколько зверей он убил и убил ли вообще. Часто по дороге домой, после того как мы часами терпеливо выжидали на вышке, даже не двигаясь, он объяснял мне, что охота, которая всегда успешна, — не охота. Для него вся привлекательность состояла в том, что в лесу превосходство человека почти исчезает. Каждый раз, когда он приходил домой без добычи, он находил новое объяснение этому. Но если он все-таки убивал животное, это не было триумфом, а очень, очень серьезным событием. Когда я вспоминаю, как он целился и стрелял, я и сегодня чувствую странное беспокойство, какое в тот момент исходило от него. А когда потом он потрошил подстреленную дичь и у меня на глазах вынимал дымящиеся внутренности, в этом уже было почти что-то сакральное. Он воздавал почести животному, чью кровь он пролил. Смерть всегда сохраняла для него весь свой ужас.

Иду на риск рассердить юристов-охотников среди моих читателей: принципы моего отца, этого сросшегося с природой человека, в охоте, которая сегодня превратилась в спорт, полностью утрачены.

О причине своей любви к охоте отец — по крайней мере, со мной — естественно, всегда молчал. Когда я под влиянием одноклассников или учителей начинал возражать против смысла его жизни, он довольно трезво объяснял мне суть охоты как «оказание услуг». В сущности, проповедовал он, речь идет о заботливом уходе за лесом и о том, чтобы восстановить почти исчезнувших сегодня в наших широтах хищников — волка, рысь, медведя, и таким образом создать равновесие в лесу. Разумеется, это была чушь или, чтобы выразиться с бóльшим уважением, рационализация. Побег от современности, уход от существования городского служащего — вот что было главной причиной. Как раз последнее обстоятельство он, первое поколение аристократов, живущее в многоэтажке, должен был воспринимать особенно болезненно. Его отец — и все его предки — были наряду с Веттинами самыми крупными владельцами лесов в сегодняшней Саксонии. А он сам получал зарплату в Немецком обществе защиты охоты, а позднее в охотничьем журнале «Пирш». У него не было ни одного дерева, а до воссоединения 1989 года, то есть почти всю жизнь, он всегда был только «гостем, приглашенным на охоту» (так и называлась одна из его книг). Вся болтовня об охоте как об услуге природе была лишь оправданием того, чем охота была для него в действительности: актом протеста против всего городского, мелкобуржуазного, против современности. Когда я, проживший почти всю жизнь по-мещански, бегу трусцой по лесу, я неизбежно думаю об отце и при этом нередко завидую ему. Перед горожанином вроде меня закрыты звериные стороны бытия, с которыми такой охотник, как мой отец, был тесно связан. Он обладал внутренним космосом, изначальными, естественными инстинктами, которые я уже давно растерял.

Так называемая культура охоты, которая играла главную роль в жизни моего отца, его друзей, семей вроде нашей, была абсолютно декоративна — но они хотели придать делу, которое, в сущности, является дикостью и жестокостью, цивилизаторски-культурный налет, облагородить его. Ни мой отец, ни кто-то другой из моих родственников никогда не признавался в том, что охота дарит им такое же архаичное ощущение счастья, как нашим праисторическим предкам.

Вымучиваемые ими экологические аргументы — вроде заботливого ухода за природой — только отговорки: владелец леса, всем сердцем привязанный к охоте, должен поддерживать поголовье животных, а это всегда происходит за счет природы, деревьев, многообразия растений. Косули, например, ведут себя в лесу точно так, как отпускник у буфета с завтраком на теплоходе. Вначале они выбирают что повкуснее: семгу, деликатесную нарезку — в лесу это молодые вязы, ольха и вишни. Только когда деликатесы съедены, доходит очередь до скучных бутербродов с клубничным мармеладом, то есть до буков и пихт. Большое поголовье дичи, какое ценят охотники, несовместимо со здоровым лесом, богатым разными видами деревьев. Каждый лесовладелец должен решить, чему он отдает предпочтение: охоте или лесу. Для большинства обладателей лесов, с их и сегодня феодальным самосознанием, охота стоит однозначно на первом месте. Охота в экологически безупречных лесничествах просто доставляет меньше удовольствия и — что важно — плохо продается юристам и зубным врачам.

С тех пор как человек занимается земледелием и животноводством, а его выживание больше не зависит от охоты, с тех пор она, по крайней мере такая, какая сейчас, перестала быть необходимостью. Возможно, она более давнее и поэтому достойное сохранения культурное достояние, но, по сути, в лучшем случае благородное хобби, а в худшем — спорт. Больше того: когда смотришь фильм Вернера Херцога «Пещера забытых снов» и показанные в нем доисторические рисунки, когда ходишь по Историческому музею или Лувру и рассматриваешь изображения охоты ранних культурных народов, получаешь некоторое представление о том, какое значение имела охота когда-то. Убитые животные были для первобытных людей носителями божественной тайны жизни. В них видели равного, которого, правда, надо было убить, но и необходимо было искупить пролитую кровь. Современный человек — так надо называть людей с начала античной городской культуры — сохранил из этого, пожалуй, только символические жесты.

И кроме того, все то, что торжественно называют привилегией на охоту, основывается на историческом наследии, которое не было ни благородным, ни феерическим, а скорее постыдным. В феодальной культуре охоты в центре внимания всегда находилось только как можно более высокое поголовье дичи. Всегда в ущерб природе. И в ущерб людям, которые питались за счет природы. Только так можно было с приятностью поохотиться. Это обстоятельство даже вызывало в Средние века крестьянские восстания. Искусственно быстрое увеличение количества дичи — связанное с запретом для крестьян бороться с вредителями — вело к обнищанию крестьян. Они вынуждены были смотреть, как вечерами дикие звери пасутся на их полях, уничтожают посевы, часто за одну-единственную ночь урожай целого сезона. Результатом был голод. Чтобы не мешать охоте, крестьянам даже запрещали ставить ограды. Курфюрст Альбрехт Бранденбургский в письме сыну от 1480 года хвалился поголовьем диких кабанов, а также объяснял, почему их надо защищать: «Хотя они наносят вред людям, мы все-таки хотим их сохранить, чтобы весь год можно было охотиться». Тот, кто из-за нужды становился браконьером, платил за это жизнью. С усилением прав собственности, начиная с XIV века, штрафы становились все строже. Курфюрст Мориц Саксонский, например, приказал привязать браконьера к оленю и собаками погнал его через лес.

Что касается «поэзии охоты», то, во всяком случае, большие охотничьи придворные праздники XVII, XVIII и XIX веков имели мало общего с благородством и поэзией. Обычно дичь загоняли в небольшие пространства, чтобы господам удобнее было их убивать. Один из самых мерзких вариантов, так называемое «бросание лисицы», был особенно излюбленным развлечением при саксонском дворе. Для удовольствия высоких господ лис гнали по двору замка, где они попадали в заранее разложенные сети, а игроки, дергая эти сети вниз и вверх, подбрасывали зверей в воздух. При падении на землю звери ломали все кости. Они или сразу умирали, или, когда они, покалеченные, пытались уползти, их пристреливал один из охотников. Чтобы немного продлить удовольствие сиятельных зрителей, двор замка заранее посыпали песком. Подбрасывали не только лисиц, но и зайцев, барсуков, диких кошек, бобров и годовалых кабанов. А еще в охоте XVIII — начала XIX веков существовали бои зверей, которые были заимствованы у древних римлян. Например, герцог Камберленд загонял оленей и тигров в огороженный участок леса при Виндзоре, чтобы они на потеху придворному обществу боролись друг с другом.

Упорядочением охоты в наши дни мы обязаны, как бы это ни было прекрасно, не какой-то возвышенной охотничьей традиции, а растущему значению сельского хозяйства и лесоводства. И тому факту, что семьи вроде моей однажды потеряли право делать все, что им угодно. Революции разорили знать, однако звери и лес остались в выигрыше.

Кстати, интересно, что право на охоту, которое сегодня действует в Германии, коренится в феодализме. Обязаны мы этим Герману Герингу и его рейхс-закону об охоте 1934 года, который в дальнейшем был принят и в

Федеративной республике. Он направлен не на защиту флоры и фауны, а на вознаграждение за крупные трофеи. Коллекционирование трофеев — все-таки традиция, существующая с каменного века. Правда, для наших древних предков это было частью жертвенного культа, более глубокий смысл которого заключался, вероятно, в том, чтобы воздать почести и умилостивить животный мир, от которого они зависели. Сегодня оленьи рога выполняют не культовую, а чисто декоративную функцию. Их основная задача в гостиных гольф-клубов и дорогих сельских отелях — вызвать у юристов приятное чувство успешности жизни.

СКАЧКИ

Скачки — область знания, причем единственная, которая моментально включает вас в высшие и самые высшие круги общества. Если вам на коктейльном приеме случайно встретится королева, эмир Дубая или Ага-хан, вы можете спасти вечер им и всем остальным присутствующим, если знаете последние новости о конном спорте. Чтобы действительно компетентно рассуждать на эту тему, очень полезно быть арабом. Или вырасти в Ньюмаркете, в английском графстве Саффолк. Здесь с XII века проходят конные скачки, здесь находится резиденция жокей-клуба, здесь же — государственный конный завод, Национальный центр селекции чистокровных лошадей и Национальный музей скачек, на завтрак подают овес, а жители приветствуют друг друга веселым ржанием.

Но как выкрутиться, если вы не араб и не уроженец Ньюмаркета? Во-первых, важно не задавать глупых вопросов. Запрещены, например, фразы вроде «Вы тоже играете на скачках?», или «А правда, что действительно есть инсайдерские подсказки?», или «Вы уже бывали в Аскоте?». (Между прочим, самые богатые традициями скачки, дерби, проводятся не в Аскоте, а в Эпсоме.)

Затем вам надо знать несколько основополагающих фактов: когда говорят о бегах, имеют в виду классические скачки, по правилам, установленным в XVIII веке для дерби в Эпсоме. Есть и другие виды конных скачек, например рискованный и прославленный стипль-чез (гонки с препятствиями) и мещанские рысистые бега, но это не должно нас отвлекать.

Смысл классических скачек не просто пошлое сравнение результатов, как в любом другом спорте. Все имеет более высокий смысл. Собственно, речь идет о постоянном генетическом эксперименте: скачки служат поиску лучших жеребцов и кобыл для разведения. Чем успешнее скаковая лошадь, тем успешнее ее дальнейшая карьера в селекции. Скачки — охота за идеалом: за абсолютно совершенной лошадью, которая соединяет в себе два, собственно, малосовместимых качества — с одной стороны, скорость и маневренность, а с другой — силу и выносливость.

Еще несколько важных фактов: скачки существуют со времен древних греков. Гомер описал их в «Илиаде». В Античности на Олимпийских играх жокеи скакали обнаженными. Но самые старые традиции имеют скачки у жителей пустынь Передней Азии. Во всяком случае, именно ассирийцы в Северной Месопотамии впервые занялись систематическим выведением лошадей. А персы обязаны статусом первой военной державы мира тому обстоятельству, что они умели скакать на лошадях и тем самым стали обладателями первого чудо-оружия в мировой истории. Первым умелым наездником в истории считается Симон из Афин (V столетие до н. э.), он руководил первой исторически подтвержденной школой верховой езды. Его книга «Об искусстве верховой езды» дошла до нас, к сожалению, только во фрагментах, но, вероятно, это единственная специальная книга, которая не устарела через пару лет и вот уже 26 столетий сохраняет свою актуальность. Симон учил, что в настоящем «лошадничестве» — так в хорошо подкованных кругах называют искусство обхождения с лошадьми — речь идет не о том, чтобы сломить волю лошади, а о том, чтобы создать доверие между наездником и по природе пугливым и недоверчивым животным.

Римляне, которые подглядели страсть к лошадям у греков и персов, проводили скачки в Британии. Первые официально задокументированные скачки на английской земле состоялись в 210 году на севере в Нетерби (Йоркшир). Превращение Англии в великую державу скачек началось, однако, только в XVIII веке и связано с тремя именами. В принципе, достаточно точно знать эти *три* имени, чтобы в обществе знатоков некоторое время продержаться на плаву. Вот эти имена: Байерли Тюрк, Дарли Арабиан и Годольфин Арабиан. Все чистокровные верховые лошади, участвующие сегодня скачках — а их около 200 000, — несут в себе кровь одного из этих легендарных жеребцов.

Байерли Тюрк был арабским жеребцом, которого во время великой турецкой войны в конце XVII столетия украли у одного османского воина. По другому, более мирному толкованию, он стал военной добычей. Так или иначе, он оказался у английского офицера по имени Роберт Байерли, который сразу же увидел особенности коня, взял его с собой в Англию и использовал статную лошадь для селекции. Но арабскому жеребцу не хватало его грациозных арабских подружек. Во всяком случае, число сильных английских кобыл, покрыть которых он был готов, невелико. Правда, один из его немногочисленных потомков, появившийся на свет в 1758 году жеребец Херод, оказался менее разборчивым, он принадлежит к самым легендарным племенным жеребцам в истории конного спорта и внес значительный вклад в выведение той новой породы, которую называют английской чистокровной.

Второй знаменитый предок английских чистокровных лошадей, Дарли Арабиан, изначально звался Рас Эль Федови (Своенравный) и был продан сирийским шейхом британскому консулу. Арабы и сегодня утверждают, что британский дипломат Томас Дарли обманул шейха. Это было бы сенсацией в истории восточной экономики. В общем, жеребца перевезли в Йоркшир, он сам никогда не принимал участия в скачках, но покрыл вплоть до солидного возраста в 30 лет сотни кобыл, чье потомство позднее прославилось своим чрезвычайно быстрым галопом. Одним из прямых потомков Дарли Арабиана был гнедой жеребец Эклипс (1764—1789), которого много раз рисовал великий Джордж Стаббс. Эклипс и сегодня считается легендарным верховым скакуном: он участвовал в 18 скачках и одержал 18 побед.

Но третьим и, вероятно, самым знаменитым потомком является берберский жеребец Шэм, родившийся в 1724 году, который, как и Годольфин Арабиан, вошел в историю, потому что окольным путем оказался во владении английского аристократического семейства Годольфин — якобы первоначально это был подарок властителя Туниса французскому королю Людовику XV. Жизнь этого животного — богатый материал для романов (среди них «Король ветров» Маргерит Хенри). Но Годольфин знаменит еще и потому, что самая успешная на сегодня конюшня мира, Годольфин-рейсинг, носит его имя. Конюшня с принадлежащим ей конным заводом расположена в Ньюмаркете, жокеи носят светло-голубые гоночные шелковые костюмы. Это частное владение шейха Мохаммеда ибн Рашида аль-Мактума, эмира Дубая. Только в 2013 году Годольфин-рейсинг одержала во всем мире 228 побед, что равно, так сказать, мадридскому «Реалу», футбольному клубу Барселоны и мюнхенской «Баварии», вместе взятым. Если бы игроков этих команд все время скрещивали друг с другом (привлекая необходимых для этого топ-атлеток), быть может, они достигли бы таких же успехов, как Годольфин-рейсинг.

Наряду с этими тремя великими именами вы можете между делом упомянуть и других знаменитых лошадей и тем самым создать впечатление, что знаете историю конного спорта: Неарко и Рибота, двух лошадей коннозаводчика Федерико Тезио, который служил образцом в спорте вплоть до 50-х годов; Сибисквита, ставшего во время американского экономического кризиса 30-х символом общественного подъема; Нижинского, считавшегося в конце 60-х чудом природы. Но самая знаменитая верховая лошадь всех времен, вероятно, ирландский скакун Шергар. Не только потому, что он выиграл дерби в Эпсоме в 1981 году с преимуществом в 10 (!) корпусов — рекорд, не побитый до сегодняшнего дня. Его славе послужила и крайне печальная история. Для беседы история Шергара годится, только если нет тонкочувствующих слушателей. Если вам страдания животных бередят душу, вам лучше пролистнуть несколько страниц.

Шергар принадлежал Ага-хану, его вывели и тренировали в Ирландии. Он считался самым замечательным скакуном своего времени. Когда жокей Лестер Пиггот выиграл в 1981 году на Шергаре ирландские дерби, комментаторы не могли понять, как им обоим удалось так легко обойти конкурентов. «Да он побеждает легким тренировочным галопом!» — кричал тогда в микрофон репортер Би-би-си. Шергар был национальным героем Ирландии. На пике его славы Ага-хан продал Шергара за 250 000 фунтов (в пересчете на сегодняшний курс это больше миллиона марок) синдикату из 34 человек, оставив себе 6%. Следовательно, лошадь тогда стоила (в пересчете) примерно 40 миллионов марок.

Туманным зимним днем 1983 года Шергара украли — и он никогда больше не появлялся. И до сегодняшних дней его судьба остается загадкой. Восьмого февраля 1983 года на конном заводе Баллимани к востоку от Дублина появилась вооруженная военизированная команда в масках, закрывающих все лицо, заставила Джима Фицджералда, конюха Шергара, погрузить своего воспитанника в фургон для лошадей и поехать с ними. Через три часа Фицджералда выбросили на открытом шоссе ударом ствола автомата в висок.

Шергар исчез. Две попытки переговоров между Ага-ханом и конокрадами оказались неудачными — не в последнюю очередь потому, что разные владельцы коня не смогли договориться между собой. Один из них, сэр Джон Астор, много лет спустя заявил в интервью: «Мы хотели переговоров. Но никогда не заплатили бы выкупа». Они боялись, что иначе всякая скаковая лошадь в мире может стать потенциальной жертвой конокрадов. Ага-хан якобы придерживался другого мнения. Но после двух неудачных попыток воры больше не давали о себе знать. Возможно, Шергар давно был мертв. «Если у воров не было опыта в обращении с такой чистопородной и нервной лошадью, — сказал позднее его конюх Фицджералд, — то в укрытии Шергар, вероятно, буянил, и они испугались. Или он поранился, и воры пристрелили его из жалости». Несмотря на различные версии, и сегодня неизвестно, кто именно украл коня. Некоторые утверждают, что это была неаполитанская мафия. Акт мести за неудачную сделку, при которой сомнительный партнер Ага-хана счел себя обманутым. Другие говорят, что кукловодом в этой краже был помешанный на лошадях ливийский диктатор Каддафи.

Сценарий, который теперь считается самым убедительным, восходит к тезису бывшего бойца ИРА Шона О'Каллагана. В своей разоблачительной книге «Информатор» он обвиняет ирландскую террористическую организацию, точнее, руководителя ИРА Кевина Маллона, который отвечал за криминальную добычу денег. Выкуп за Шергара, по О'Каллагану, должен был пойти на покупку оружия. Руководство ИРА тогда полагало, что проще похитить лошадь, чем человека; кроме того, оно надеялось, что таким образом общественность среагирует спокойнее. Грубая ошибка в оценке столь одержимой лошадьми страны. Версия об ИРА была в дальнейшем подкреплена еще одним бывшим бойцом — и стоила этой организации потери многих симпатий даже среди убежденных республиканцев.

Последняя капля: несколько лет тому назад бывший хорошо осведомленный член ИРА утверждал в интервью с репортером лондонской «Санди телеграф», что может подтвердить смерть Шергара. Он сказал: «Шергара застрелили из автомата. Это было ужасно. Повсюду кровь, конь катался в собственной крови. Было много криков и ругани, потому что проклятый конь просто не хотел умирать». На самом деле надо точно знать анатомию лошади, чтобы приставить оружие, куда нужно, и убить животное, не доставляя ему лишних страданий. Это одно место на голове, не больше ногтя большого пальца. Если слова человека из ИРА правда, вероятно, бедное создание самым ужасным образом истекло кровью.

Люди из графства Литрим, на границе с Северной Ирландией, где якобы после смерти был зарыт Шергар, хранят много тайн времен террористической войны, длившейся десятилетия. Тайна Шергара, вероятно, самая жестокая.

По крайней мере, хоть что-то объединяет большинство британцев и большинство ирландцев: отвращение к этому трусливому террористическому акту. И уважение к лошади, которая на взлете карьеры была чем-то вроде Пегаса. Каждый год в Аскоте разыгрывается «Кубок имени Шергара». Скачки, посвященные воспоминанию об этом уникальном коне.

СЕКС

Можно ли на приеме говорить о сексе? Само собой разумеется. Правда, тут действует старое правило Фауста: чем больше приключение, тем меньше шлейф. В лучшем обществе Англии принципиально не говорят о сексе. Зато после крикета промискуитет здесь самый любимый вид спорта, преодолевающий все классовые границы. Однако ни в одной стране так много не хвастают сексом, не поют и не пишут о нем, как в Испании, и нигде заманить мужчин в постель не стоит таких денег, а женщин — таких трудов.

В основном значение секса в повседневной жизни переоценено. Возбуждает скорее *представление* о сексе. А на практике секс требует денег, напряжения и времени. По Зигмунду Фрейду, не секс, а *тоска* по нему является движущей силой человеческого существования. Без этой тоски не было бы ни искусства, ни культуры. Когда трубадур пел под окном обожаемой дамы, он ведь хотел только петь. Без любовных песен трубадуров не появились бы ни европейская литература, ни классическая музыка, ни Моцарт, ни Элвис... Оргазм — цель целей, но решающим и эротичным бывает только путь к нему. А сам оргазм это довольно простая вещь. Первыми это поняли французы, которые назвали его «la petite mort», маленькой смертью. Дело в том, что в момент его наступления человек не возвращается (к себе), а скорее выходит — из себя. Нейробиологи установили, что в мозгу при этом действительно происходит нечто, подобное опыту близкой смерти: человек по-настоящему выходит из своего тела. На несколько секунд он свободен от всех тягот жизни, от всех мыслей, от всего земного.

То, что нами движет именно идея физического единения и оргазма, а не само единение, объясняет также успех таких книг, как «Пятьдесят оттенков серого». На практике если бы людей постоянно стегали плетью, то большинство скорее воспринимало бы это как обиду, но мысль — игра мысли — может действовать возбуждающе. Также успех Youporn (ежедневно больше 60 000 000 кликов) можно объяснить только тем, что людей (точнее, мужчин) представление о сексе интересует больше, чем секс «в реальной жизни». Последствия этого фатальны. Если верно, что тоска по сексу является внутренним мотором людей, мужчины через Youporn & Co крадут у себя этот древний человеческий стимул. Интернет-порнография обманывает человеческий инстинкт, благоприятствует его угасанию. Греки называли то, что мы зовем взглядами, идеей. Если нас возбуждает идея секса, а взгляд ее уже осуществляет, то мы заменяем осязаемое восприятие простой картинкой. Мы создали себе цифровую сказочную страну, в которой одним кликом мышки получаем то, за чем раньше нужно было гнаться, прикладывать усилия, бороться. Тем временем пошли толки об отупляющем влиянии цифрового секса. В Америке возникло движение NoFap (против мастурбации), самым знаменитым представителем которого является не какой-нибудь морализирующий евангелист, а рэппер «50 центов». Через Твиттер он снабжает своих фанов конкретными советами, как им избавиться от онанизма. На одном интернет-сайте абстиненты рассказывают о своем опыте и восторгаются новой, свободной от тоски жизнью.

Порномания — почти исключительно мужская проблема. Что, мужчины ленивее? Менее заинтересованы в реальном сексе, чем женщины? Сексология недавно покончила — к ужасу мужчин — с несколькими очень настойчивыми слухами. Например, о том, что мужчины всегда ищут секса, а женщины, напротив, как правило, моногамны. Канадка Мередит Чиверс использовала несколько систем опытов и показала, что женщины намного более возбудимы, чем мужчины, но в нашем обществе они воспитаны так, чтобы не признавать своего желания. В одном из ее экспериментов измерялось сексуальное возбуждение женщин, когда им показывали различные секс-видео. Некоторые клипы показывали групповой секс, некоторые — сцены насилия, другие — секс между мужчинами. Все видео вызывали, что было точно замерено, возбуждение. Но когда испытуемым предложили в анкетах указать, что им показалось привлекательным, все анкеты остались пустыми. Различие — обусловленное культурой и воспитанием — между тем, что чувствуют женщины, и тем, что они разрешают себе чувствовать, огромно. У мужчин все как раз наоборот. Они много хвастают, но в действительности их совсем не так легко привести в возбуждение.

Нью-Йоркский журналист Даниэль Бергер, пишущий о науке, собрал важнейшие открытия прошлых лет в этой области в одну книгу («Чего хотят женщины?»). Тому, кто хочет сохранить портрет славной, стыдливой, нацеленной обществом на моногамию женщины, не надо ее читать. Приведенные там исследования потрясающи — для мужчин. Так, например, давно доказано, что мужчины получают удовольствие от секса с одной и той же женщиной даже спустя много лет. А у нее желание к нему пропадает через пять лет почти полностью. Мужчины, вопреки всем представлениям, наилучшим образом справляются с моногамией. А женщины — нет. И долгое-долгое время человеческой истории это не было проблемой. Мужчины — прежде всего мужчины — не так многого ждут от жизни.

Также научно исследовано, что делает мужчин привлекательными для женщин. Женщины выбирают того, кто выглядит надежным и уверенным, — представление об этом складывается у них якобы за сотую долю секунды. И еще они выбирают деятельных. Итак, у ленивых мужчин, которые утратили, как уже было сказано, свои охотничьи инстинкты, в сексуальном соревновании довольно плохие шансы. Как раз в этом, в готовности приложить все усилия, в решимости действительно завоевать женщину, и заключается успех великих плейбоев. Настоящие кавалеры на самом деле интересуются женщинами, и поэтому их не принимают всерьез и называют «дамскими угодниками». Кавалеры пользуются успехом у женщин, потому что и правда любят их общество, потому что они, как хорошие охотники, способны «вжиться» в свою жертву. Потому что они действительно *занимаются* ими. Этим они и подозрительны другим мужчинам.

Я хочу проиллюстрировать свой тезис двумя персонами. Это Али-хан и Порфирио Рубироса — величайшие плейбои XX столетия. Их время пришлось непосредственно на период до и после Второй мировой войны, на эпоху блеска международных сливок общества. Оба умерли, как и полагается, в результате несчастных случаев из-за быстрой езды в автомобилях. Али-хан говорил о себе: «Я просто должен окружать себя женщинами, чтобы нормально функционировать. Жизнь без женщин для меня ничего не значит». Сын и наследник исламского руководителя Ага-хана провел свою жизнь, охотясь за женщинами. Колонки светской хроники того времени кормились его приключениями и браками. Али начал карьеру плейбоя, когда в 18 лет отец послал его в Лондон, чтобы вытащить сына из-под материнской опеки. Ага-хан подарил сыну городской замок вместе с персоналом, внушительное содержание, несколько советов относительно скачек — и предоставил его судьбе. В кратчайшие сроки Али стал объектом ненависти всех молодых мужчин из аристократических кругов Лондона и предметом ревности всех молодых дам.

Его самым знаменитым завоеванием наряду с Ритой Хейворт (которую он все-таки отбил у Орсона Уэллса!) была леди Тельма Фэрнесс, в то время фаворитка принца Уэльского. Они встретились на одном приеме в Нью-Йорке. Он уговорил ее поужинать с ним следующим вечером. И на следующий вечер тоже. Когда он узнал, что приближается ее возвращение в Лондон, то на коленях умолял ее отложить отъезд. «Нет, я должна уехать завтра», — со смехом ответила она. Поднявшись на следующее утро на борт корабля и войдя в свою каюту, она увидела, что та была полна красных роз и в каждом букете — любовные послания типа «Ты уезжаешь слишком рано», «Люблю, Али», «Увидимся в Лондоне». На следующее утро в ее каюте зазвонил телефон. Это был Али: «Алло, darling, позавтракаем вместе?» Он сел на пароход так, что она этого не заметила. В Лондоне 50-х годов у дам определенного социального слоя считалось хорошим тоном быть упомянутой в связи с Али. А легендой его сделало искусство соблазнения, манера, с которой он ухаживал. Если какая-то женщина интересовала его, он бросал к ее ногам целый мир, дарил ей драгоценности, возил на Ривьеру. Однажды он уговорил оперный оркестр вместе с тенором пробраться к завтраку в сад очередной дамы, чтобы разбудить ее любовной арией.

Его сын, Карим Ага-хан IV, сегодняшний глава мусульман, никогда не был легендарным плейбоем — ему для этого не хватало харизмы. И suave он никогда не был. К сожалению, непереводимое слово. Оно означает смесь элегантности, шарма, находчивости и любезности. Роджер Мур в роли Джеймса Бонда был suave. Дэниел Крейг — нет.

Воплощением всех этих качеств был сеньор Порфирио Рубироса из Санто-Доминго. Он соответствовал всем расхожим представлениям о латиноамериканце. Ивлин Во назвал его одним из «гибких юнцов из посольств и консульств со слегка подозрительным вкусом». Во всяком случае, общество Рубиросы не особенно ценили другие мужчины. Он был пять раз женат, в том числе 72 дня на наследнице Вулворта Барбаре Хаттон, классической «бедной маленькой богачке». Своей карьерой в обществе он обязан первой жене, Флор де Оро (Золотой цветок), дочери доминиканского диктатора генерала Рафаэля Трухильо. Для соответствующего сословию положения диктатор устроил своего зятя на дипломатическую службу. Вначале в Берлине, потом в Париже, позднее в Буэнос-Айресе, где он имел наглость завести интрижку с Эвитой Перон, женой президента. Это вызвало дипломатический кризис между Доминиканской Республикой и Аргентиной. В Аргентине до сих пор называют огромные мельницы для перца, какие бывают в ресторанах, «рубироса» — намекая на его первичный половой признак. Говорят, Рубироса ежедневно подкреплял свои силы, принимая таинственный порошок из японских грибов, чтобы поддержать мужественность, благодаря которой он стал легендой. Возможно, это только слух, пущенный одним из его недоброжелательных конкурентов. Но по уверению моего компетентного источника, способности Рубиросы как любовника были далеки от идеала. Однако дело в том, что и у него намного важнее амурных достижений были готовность и способность подробно интересоваться женщиной, буквально опутывать ее сетями. Рассказала мне об этом Жа Жа Габор. Она тоже была недолгое время связана с ним. Он бросил ее ради относительно скучной Авы Гарднер. Когда я расспрашивал Жа Жа о Рубиросе, она сказала: «Дор-р-рогой, коне-е-ечно, он был хорошим любовником. Хотя я знала и намного лучших! Но когда я бывала с Порфирио, я всегда чувствовала себя самым важным, самым интересным, самым желанным созданием на всем свете. Это намного сексуальнее, чем секс!»

ВРЕМЯ

Все жалуются, что им не хватает времени. Если разговор доходит до темы «время», пора подбросить несколько интеллектуальных легких дымовых шашек. С тех пор как люди научились думать, они размышляют о времени. Что такое в точности время, никто сказать не может.

Классическая ньютоновская точка зрения, что время — нечто постоянное, неизменяемое, была опровергнута Альбертом Эйнштейном. Ему было 23 года, и он только что поступил на первую работу: техническим экспертом третьего класса в патентном бюро в Берне. Тогда он вместе со своей будущей женой Милевой жил на Крамгассе, 49. Каждое утро он ездил на трамвае в свое бюро. Каждое утро стоял на остановке и смотрел на «ци-клоке» — на эту знаменитую, построенную в Средние века башню с курантами и роскошными астрономическими часами. Тогда еще не существовало гаджетов, с помощью которых можно проверять свою электронную почту, поэтому у него было время думать; вот так однажды он додумался до довольно нелепой идеи. Конечно, в его гениальном мозгу это звучало иначе, но с большим упрощением мысль сводилась примерно к следующему: «Каждое утро я вижу эти запущенные часы там, наверху, на башне. Чтобы я понял, который час, информация о времени вначале как световой импульс должна проделать путь до моих глаз. Скорость, с которой движется эта информация, *невероятно* высока, а именно — это скорость света. А что будет, когда я сижу в трамвае, который уезжает от башни, причем также *невероятно* быстро? Если бы трамвай, в котором я сижу, удалялся бы от башни с той же скоростью, что и световой импульс, который нас догоняет? Тогда, с моей точки зрения, время остановится! На той стороне какой-то господин спокойно гуляет по тротуару. В то время как для меня в трамвае со скоростью света время стоит, для него на тротуаре оно нормально продолжает тикать». Время, подумал Эйнштейн, зависит от наблюдателя, то есть оно относительно. Так родилось зерно теории относительности. Позднее Эйнштейн доказал, что наше разделение времени на сейчас, раньше и позднее тоже относительно. Все дело в том, где находится человек. Где-то в далеком-далеком космосе взрывается звезда. Если тебе не повезло и ты как раз с удовольствием завтракаешь неподалеку от этой звезды, завтрак будет резко прерван. Свету, возникшему при этом взрыве, нужно тысячи лет, пока он достигнет нас на Земле. Значит, когда мы об этом узнаем, еда давно уже остынет.

Но разве это может быть верным только потому, что так утверждал Эйнштейн? Что ощущение времени относительно, он мог узнать и попроще. В старом анекдоте на этот счет сказано: «Десять секунд целовать красивую женщину — это относительно быстро. А сидеть десять секунд на раскаленной плите — относительно долго». Интересно, а Ньютон позволил бы Эйнштейну себя одурачить или, что на него похоже, остался бы при своем мнении, что десять секунд всегда десять секунд, независимо от того, где, как или когда? По крайней мере, в нашей Вселенной? Но вернемся к трамваю: само время останавливается только потому, что остановились главные часы Берна и все другие часы? Или это скорее *информация* об уходящем времени, которого человеку не догнать? Может, время преспокойно продолжает идти? Независимо от того, что мы видим? Собственно, именно это говорит каждому здоровое человеческое восприятие; но с другой стороны: хотим ли мы спорить с Эйнштейном?

Не может быть абсолютного знания. Такова природа науки — всегда добиваться только краткосрочных результатов. Временем занимаются целые научные отрасли. Они стали бы не нужны, если бы в проблеме времени не осталось белых пятен. Итак, вопрос, не перепутал ли Эйнштейн само время с его восприятием, во-первых, глуп, а во-вторых, полностью закономерен. Возможно, восприятие времени вовсе не физическая, а психологическая проблема. Старой приятельнице Энди Уорхола, писательнице Фрэнсис Лебович принадлежит фраза: «Когда тебе исполнилось 15, то Рождество наступает каждые три месяца». Для детей неделя — целая вечность. Мой сын спрашивает меня: «А скоро ли будет мой день рождения?», и без толку отвечать ему: «Только пять раз поспать!» Ему кажется — нет, для него так и *есть*, — что до этого еще целая вечность. Для меня неделя длится самое большее три дня. Психологи уже смогли даже измерить это разное восприятие. В серии опытов испытуемым — тинейджерам, молодым взрослым людям и старикам — снова и снова предлагалось оценить, как долго длится минута. Тинейджеры давали пройти нескольким минутам, а потом кричали: «Вот!» Молодые взрослые люди отвечали, как правило, верно. Начиная с 60 лет испытуемые ошибались секунд на 30.

Возможно, в конечном счете время даже совсем не измеримо. Или оно — иллюзия и понятие, тщетная попытка человека назвать и тем самым удержать нечто, по своей природе божественное и, следовательно, не удерживаемое и неизмеримое: данный момент. В дзен-буддизме есть упражнения, чтобы вступить в связь с бесконечным измерением временного — при этом надо делать то, что ты делаешь (помните: например, мыть руки), бесцельно, с полной отдачей. Некоторые утверждают, что таким образом можно остановить восприятие времени — данного момента.

Из-за того что время — во все времена — всегда было тайной и, вероятно, всегда (всегда ли?) останется ею, о нем можно утверждать почти всё. И обратное этому. Естественно, это будет продолжаться только до тех пор, пока кому-то не встретится кто-то, кто хорошо разбирается в вопросе. Но такие люди обычно выражаются так непонятно, что, во всяком случае, в обществе не стоит их бояться. Например, тот, кто утверждает, что прочитал книгу Хокинга «Короткая история времени», вероятнее всего, лжет. Это самая продаваемая и не читаемая книга в мире. Она миллионными тиражами попадала на прилавки книжных магазинов и была переведена на 40 языков. А прочитали ее всего 40 достойных сожаления людей. Переводчики. Они сделали это по профессиональным причинам и, насколько я знаю, потом все отправились на лечение. Я попытался прочитать ее даже в версии для дураков («Иллюстрированная короткая история времени») и вынужден был после этого с мигренью лечь на диван. В свою очередь, его автобиография (чтобы сказать что-нибудь приятное о коллеге-авторе) совершенно понятна. И развлекательна. Там он объясняет, почему невозможно манипулировать временем и что поэтому никогда (снова это спорное слово!) не будет чего-то вроде машины времени: «Если бы это было возможно, у нас бы уже давно кишмя кишели туристы из будущего».

Почему — и когда — мы вообще начали мечтать измерить время? Первой высокоразвитой культурой, у которой в списке обязательных дел в самом начале стояло измерение времени, была культура майя. Они были почти одержимы этим. У них даже существовало *два* календаря, один священный и один для непосвященных. Священный, как тайное знание, сохранялся для касты священников и владык. Майя уже умели решать сложные расчетные задачи, у них были астрономы, которые могли удивительно точно измерить движение планет. (И все-таки они прилагали непостижимо жестокие старания, устраивали обстоятельные церемонии, во время которых приносили в жертву тысячи людей, чтобы быть уверенными, что солнце снова взойдет и на следующий день.)

Может быть, и другие культуры, до майя, занимались измерением времени, тогда они просто оставили меньше (кровавых) следов. Итак, когда возникла эта одержимость людей, неясно. А почему, наоборот, понятно. Наши предки были вынуждены понимать движение Солнца, смену времен года. По меньшей мере с тех пор как они стали оседлыми. Только так они могли установить, когда сеять, когда собирать урожай. Древние египтяне, например, высчитывали таким образом ежегодный разлив Нила.

Но прошло еще почти 1500 лет, прежде чем людям пришло в голову точнее определять время суток. В Античности точное время не интересовало никого. Да и в Средневековье людям хватало приблизительного определения времени по солнечным часам. Чтобы измерять более короткие промежутки времени, использовали водные или песочные часы. Первые более или менее точные часы появились вообще только около двухсот лет тому назад, то есть по меркам истории человечества почти вчера. Наша Вселенная существует около 14 миллиардов лет. Что было до этого, было ли до этого вообще время, сказать не может никто. Без пространства нет времени. Или есть? Даже в самой хитроумной астрофизике захватывающим является тот факт, что она в какой-то момент упирается в стену полного незнания. Но одно известно точно: какое-то время мир вполне обходился без измерения времени.

А как обстоит дело сегодня? Наша сегодняшняя жизнь больше не зависит от ритма, который когда-то задавали время посева и жатвы. Еда давно появляется из огромных, искусственно освещаемых теплиц. А еще нам не нужно гнать стада животных дальше, потому что скоро наступит зима; температура, при которой мы содержим домашних животных, управляется компьютерами. Собственно, странно, что мы все еще ориентируемся в нашей жизни по часам. Может быть, мы делаем это по привычке. Или из человеческого чувства порядка. Чтобы в половине третьего встретиться в «Старбаксе» и чтобы одному не пришлось ждать другого. А жаль. Ведь ожидание может быть самым прекрасным временем в жизни. Просто не надо мучиться, что время проходит, нужно насладиться подаренной паузой в дневной суете. Когда мой друг Экхарт Толле, которого я уже однажды упоминал, ждал кого-то, а тот извинялся за опоздание, он обычно отвечал: «Не волнуйтесь. Я не ждал. Я наслаждался общением с самим собой». Быть самодостаточным. Кто умеет это — не убивая время суетой со всякими приборами, — обладает, вероятно, самым главным культурным навыком вообще.

А собственно, разве на самом деле не все ли равно, который час? Магазины и так открыты почти круглосуточно. Правда, еще бывают выходные и праздничные дни, но так ли уж сильно они отличаются от остальных? Покоя мы не находим и тогда. Мы живем в мире 24/7 (24 часа 7 дней в неделю). Раньше Нью-Йорк был городом, который никогда не спал, сегодня так можно сказать и про Грац или Билефельд. Медиаиндустрия давно это поняла. Раньше были утренние газеты, иногда дневные и вечерние. Газета, в которой я работаю, круглосуточно предлагает один и тот же поток новостей. Когда мы идем спать, на другом конце мира коллеги встают и обновляют наши истории, продолжают писать с того места, где мы остановились. Мы больше не собираемся на утренние конференции, чтобы обсудить предстоящий «день». Теперь конференция всегда нон-стоп, с постоянно чередующимся составом. Мы, газетчики, первыми поняли: времени нет. Просто всегда есть данный момент.

ЦЫГАНЕ

Вот еще одна, последняя, тема, которая без сомнения может нарушить любое уютное собрание людей. Уже одно только упоминание слова «цыган» гарантирует вам в изысканном обществе возмущенную реакцию, от наморщенного лба до обидного замечания. Но если вы хорошо подготовлены, можно без страха взять дискурс на себя, а потом, с триумфом, под изумленные взгляды вам вслед, пройти к горячему буфету.

Для этого надо прежде всего знать, что невежественно и оскорбительно заменять это слово выражением «синти и рома» (две западные ветви цыган), потому что это исключает такие цыганские племена, как аллери, кале и хорахане; я назвал только три из многих цыганских племен. И потому, что большинство синти, уже в нескольких поколениях живущих в Германии и хорошо здесь адаптировавшихся, не любят, когда их называют в одном ряду с юго-восточно-европейскими рома (и их частично весьма своеобразными, архаичными обычаями). Фотограф и писатель Рольф Бауэрдик, являющийся для Юго-Восточной Европы тем же, чем был для Востока Петер Шолль-Латур, то есть одним из немногих настоящих экспертов, которые ведут свои исследования не за письменным столом, а на месте, объяснил мне это так: «Неуважительно называть представителей синти цыганами, раз они не хотят, чтобы их так называли. Но называть понятие “цыган” само по себе унизительным — это уже настоящее оскорбление». Румыно-немецкая писательница Герта Мюллер, лауреат Нобелевской премии по литературе, пишет: «Я приехала в Румынию, зная слово “рома”, поначалу пользовалась им в разговорах и встретилась с непониманием. Это слово лицемерно, мы — цыгане, сказали мне, и это слово нам нравится, если к нам хорошо относятся». Кажется, это самое простое доказательство того, что «цыгане» звучит не унизительно. Надпись на памятнике умершего в 2007 году Йозефа Деметера гласит: «Президент цыган». Страстным борцом за осознанное употребление этого слова была и умершая в 2012 году Наташа Винтер, председательница «Союза синти Германии». Она всегда повторяла: «Я счастлива и горда тем, что я — настоящая цыганка». Разумеется, этим она отрезала себя от мейнстрима вокруг Центрального совета синти и рома, который утверждал, что именно он представляет большинство населения с цыганскими корнями, правда, не имея никакого мандата. «Речь идет о пособии, — объясняла Наташа Винтер. — Нашей культурой пожертвовали в пользу пособий». Кто говорит о цыганах, ничего не получает от сладкого пирога, потому что Центральный совет монополизирует высшую власть в суждении о понятиях. Во время спора о приличном памятнике убитым нацистами цыганам историк Эберхард Йекель сказал, что понятие «синти и рома» введено в употребление только с 1982 года Центральным советом: «Понятию “цыгане” уже столетия, и оно никоим образом не уничижительно. Евреи ведь тоже не взяли себе другого названия, потому что их так называли антисемиты». Ответом был поток грязных ругательств. Романи Росе, председатель Центрального совета, говорил о «скандале», об «оскорблении и унижении» его народа, о том, что даже историки должны учиться новому и «не настаивать на языке убийц». Однако это был гол в собственные ворота. Обвинять ученого, который в легендарном споре историков в середине 80-х выступал как самый крупный поборник тезиса о преступной уникальности Холокоста, который является не только лауреатом ордена «За заслуги» первой степени, но и Премии брата и сестры Шолль, в использовании «языка убийц» было неуместно.

«Мы все — цыгане, названия рома мы даже не знаем», — сказала мне и Крина, молодая женщина, которая осенью 2013 года показала мне место, которого я, к сожалению, уже никогда не забуду: пятый сектор, пресловутое гетто на юге румынской столицы Бухареста. После того как благодаря прессе весь мир обошла история белокурой девушки, выросшей среди греческих цыган, — предполагалось, что ее украли, что она — жертва торговли детьми, — я попросил своего шефа разрешить мне исследовательскую поездку на Балканы. Я хотел заняться поисками реально существующих цыган, но не в немецких Общинных приютах — местных лагерях для беженцев. Там я уже бывал как репортер. Я хотел туда, где цыгане образуют большинство населения. Я много читал про этот таинственный народ, который якобы больше тысячи лет тому назад пришел из Индии в Европу — и здесь всегда оставался на задворках общества. Я хотел навестить «детей ветра», как их называет Роже Моро.

Итак, Румыния, страна с самой большой в мире диаспорой цыган. Пятый сектор состоит из городских кварталов Рахова, Ферентари, Катрочень и является самым бедным и жалким городским кварталом в Европе. До тех пор я думал, что трущобы бывают только на окраинах азиатских и африканских крупных городов. Но третий мир начинается всего в нескольких часах езды на автомобиле юго-восточнее Вены. Сколько людей тут живет — тридцать или восемьдесят тысяч — не знает никто. Официально они вообще не существуют. Они не зарегистрированы, не входят ни в какую статистику. Иностранцам рекомендуют туда не соваться. Ни одно такси вас оттуда не повезет. Если там случается увидеть полицию, то до зубов вооруженную, в бронежилетах и численностью с армию.

Крина, мой гид, была так называемым доверенным лицом. Посредницей между жителями и благотворительными организациями, которые здесь еще действуют. Она сказала, что ей немного за тридцать. А выглядела на все пятьдесят, с глубокими кругами под глазами, дряблой кожей и очень печальным, суровым лицом. Мы встретились на станции метро им. Константина Брынковяну, названной в честь национального героя, которого когда-то обезглавили турки. В воздухе носился запах нагретой пластмассы, выхлопных газов, мусора. Мне пришлось внимательно смотреть под ноги, чтобы не наступить на использованные шприцы, которые валялись повсюду. На улицах пятого сектора отбросы просто гниют. Почему? «Потому что их не вывозят», — ответила Крина.

Нашей целью были приюты ASIS, местной благотворительной организации. Десять минут пешком. Мимо ржавеющих останков разобранных автомобилей, куч мусора и полуразвалившихся панельных построек времен диктатора Чаушеску. Здесь часто 8—10 человек живут на 20 квадратных метрах. Только в 30% домов есть вода, а в 12% — электричество. Официально. К электричеству тут подключаются нелегально. Спутниковые тарелки прикручены велосипедными цепями к окнам. Повсюду бродячие, рычащие, худые — только кожа да кости — собаки. Мы все время переходили с одной стороны улицы на другую. «Все собаки бесхозные, они опаснее, чем люди», — объяснила Крина. При первой встрече с группой молодых людей, которые преградили нам дорогу, я чуть не наделал в штаны, а Крина пошла дальше, отмахнувшись от них. «Они хотят только продать наркотики, они безобидные». Позднее я узнал, почему Крина ничего не боялась. Ее дядя — глава одного из самых могущественных кланов в пятом секторе.

Когда мы наконец дошли до сарая с надписью «ASIS», я расспросил там социальную работницу. ASIS, Ассоциация социальной интеграции, пытается бороться с социальной обособленностью цыган. Каково важнейшее мероприятие по интеграции? Убедить родителей посылать детей в школу. Хотя в Румынии и действует закон об обязательном обучении, однако его, как и другие законы, невозможно применить в пятом секторе. Когда я спросил Крину, а где же все дети, она только презрительно посмотрела на меня. Был поздний вечер. На улицах я видел старых женщин, которые продавали початки кукурузы и семечки. Молодые люди стояли группами и курили. Но нигде не было детей. Крина промолчала, когда я спросил про них. Мой вопрос остался без ответа.

Она сказала, что здесь ни у кого никогда не будет шансов получить нормальную работу: «Никто не возьмет на работу человека из пятого сектора. Это как клеймо. Ты от него никогда не избавишься». Сведения от социальной работницы из Ассоциации были скудными. Через час я смог записать в блокноте только одно предложение: «Государство ни капли не интересуется здешними людьми. Единственные, кому не все равно, — неправительственные организации».

Позднее вечером, когда я вернулся в центр Бухареста, сотрудница Крины рассказала мне, где находятся дети из пятого сектора: «Родители сдают их напрокат, лучше сказать: в аренду. Главарям банд. Даже двенадцатилетних посылают заниматься проституцией на перекрестках на западе города, мальчиков заставляют воровать. Главари кланов используют детей, потому что по закону им нельзя предъявить обвинение». Почти то же самое мне перед отъездом сказал разочарованный Рольф Бауэрдик: «Большинство жертв цыган — сами цыгане, забитые женщины, изнасилованные девушки и эксплуатируемые дети».

О Синтешти, пригороде столицы, в Бухаресте рассказывают самые невероятные истории. Говорят: «Там живут боссы банд. Они несметно богаты! У самых богатых разноцветные фантастические замки, но без ванн и туалетов. Дома — только символы статуса, а живут они в трейлерах позади дома!»

В Синтешти живет много калдерашей, народа торговцев железом и бродячих лудильщиков. Но это ремесло больше никому не нужно. Кастрюли и сковородки сегодня уже не покупают у проезжих торговцев, они гораздо дешевле из Китая или Вьетнама. Если они прохудились, их не отдают лудить, а покупают новые. Калдераши в прямом смысле слова и сами стали чем-то вроде старого железного лома. Но они открыли новые источники доходов. Писать об этом политически некорректно. Игнорировать это глупо. «Бандами мелких криминальных элементов во всей Европе руководят из Синтешти», — уверял меня бухарестский полицейский чиновник отдела организованной преступности. Это семейные криминальные предприятия. Не из-за самих преступлений, это в большинстве случаев — мелочь, карманные кражи, организованное попрошайничество. «Преступление в том, что для этого используют детей».

Нигде в Европе не живет больше цыган, чем в Румынии. Их примерно два миллиона. Румынское правительство проводит при поддержке ЕС дорогостоящие интеграционные программы. В каждом школьном классе для них зарезервированы места. Проблема в том, что стулья часто остаются пустыми. Детей не пускают в школы, их заставляют добывать деньги для главарей кланов. Если у нас они попадают в криминальную статистику, то там значится: «Доля детей и подростков в преступных деяниях стремительно растет». Или: «Выросшая доля не-немцев среди подозреваемых объясняется тем, что речь идет о переезжающих группировках преступников».

Я попросил таксиста остановиться перед одним из цыганских замков. У замка была красиво украшенная крыша из листового цинка и особенно много камер видеонаблюдения. Когда я вышел из машины, старуха с платком на голове и в длинной, до земли, юбке, которая только что мирно сгребала листву, очевидно, решила, что я ей мешаю. Она пошла на меня с метлой. Другие женщины, с черными косами, в ярких пестрых юбках, тоже подошли, перекрикивая вопли старухи.

Через несколько секунд примчался черный джип BMW и резко затормозил перед нами. Оттуда выскочили четыре мужика в кожаных куртках. Мое спасение: шутка, направленная против женщин. «У вас все женщины такие горластые?» — спросил я по-немецки. Очевидно, один из них меня понял, громко рассмеялся и перевел остальным. Они тоже засмеялись. Тем временем из дома с разноцветной цинковой крышей вышел господин с толстым животом и толстым «ролексом». Мужчины отошли в сторону, женщины перестали брызгать слюной. Это был Булибаша, глава семьи.

— У вас тут красивый дом, — сказал я и, показывая на «мерседес» перед гаражом, добавил: — И прекрасный автомобиль. Немецкий!

Молодой человек переводил. Ответ он тоже перевел:

— Проваливайте!

— Только два вопроса, пожалуйста!

Он сдержанно кивнул.

— У нас на Западе все боятся, что десятки тысяч от вас переедут к нам. Что вы об этом скажете?

— Границы открыты уже несколько лет, — сказал Булибаша, — а вы и не знаете.

— Последний вопрос. Чем вы зарабатываете?

Он развернулся, сделал мужчинам знак рукой.

— Теперь уходи! Быстро! — закричал переводчик.

Мой таксист был бледный как мел, на спине у него выступили огромные пятна пота. Мне пришлось заплатить ему пятикратную цену, чтобы он вообще привез меня сюда. Он это заслужил.

Далеко от жалких кварталов Бухареста, за Карпатами, в Трансильвании, я их потом все-таки нашел. Цыган, которые живут так, как нам известно из старых историй. Вблизи крошечной деревни Чеклерланд друзья отвели меня в поселение Джорджи Лакатоса. Пить рядом с ним на солнышке чай, смотреть, как он плетет корзину, для такого жителя большого города, как я, который едва ли спокойно высидит минуту, не копаясь в смартфоне, было настоящей терапией. Здесь нет электричества. Здесь нет связи. И кажется, нет времени. Сколько Джорджи лет? «Лет шестьдесят», — ответила Илонка, его жена. Драгану, сыну, должно быть, около тридцати. Многочисленные дети бегают вокруг в лохмотьях, пристают к ослику, который лениво стоит на солнце. Жене Драгана Еве всего двадцать. Она очень красива. С гордостью показывает мне свой округлившийся живот.

— Это будет мальчик, мой третий, — сказала она.

— Откуда вы знаете, что это будет мальчик?

— Мне кошка предсказала.

Хороший ответ.

— А у вас в деревне кто-нибудь умеет предсказывать будущее? — спросил я.

Илонка потребовала плюнуть ей на руки, а потом положить в них купюру. Я сделал, как она сказала. Потом она сама плюнула себе на ладонь и смяла мою бумажку в десять евро. Потом вырвала у меня один волос. Он тоже пропал в ее кулаке. Она забормотала непонятные слова, а затем объявила:

— Ты будешь очень богатым!

Все засмеялись.

А старые традиции? Мне хотелось знать, соблюдаются ли они до сих пор.

— Есть у вас, например, цыганский барон, так называемый войда?

— Был, — сказал Джорджи. — Мы принадлежим к племени лакатос, кузнецов. Но когда последний войда умер, мы не стали выбирать нового. Молодежь больше не знает старых традиций.

Насколько грустным я был в Бухаресте, настолько же печальным я стал в Чеклерланде. Трансильвания прекрасна. Она немного похожа на холмистое предгорье Альп в Альгау. Только без больших дорог, электромачт и дизайнерских магазинов. Запряженные лошадьми повозки вместо автомобилей, дети, играющие самодельными игрушками вместо мобильников. Так, наверное, было у нас сто лет тому назад. Но уже через десять лет и здесь кое-что изменится. Как его дети будут потом зарабатывать деньги, вот что еще я хотел узнать у Драгана. Но он с непониманием посмотрел на меня. Внизу, в деревне, в Мадьярхермани, о цыганах говорят не очень хорошо. Их терпят только на краю деревни.

— Они воруют урожай с полей, — сказал мне один старый крестьянин. Учитель рассказал, что дети только изредка ходят в школу, а «когда они приходят, то не слушают, что я им говорю». И наоборот, в деревне с завистью говорят о соседнем городке Беллин. Там на деньги ЕС была осуществлена программа интеграции, чтобы сделать из цыган «хороших румын». Я потом осмотрел Беллин. Я увидел там людей в чистых домах, с ухоженными палисадниками. Все дети исправно ходили в школу, у большинства взрослых была работа. Но молодые люди на вопрос, гордятся ли они тем, что они цыгане, отвечали:

— Возможно, наши родители — цыгане. А мы уже нет! Цыгане не получают работу!

Примерно семь миллионов граждан ЕС с точки зрения культурологии имеют цыганские корни. Но вот только вопрос: является ли человек цыганом, если сам он себя больше им не считает? Примерно тысячу лет тому назад пришли они в Европу, по крайней мере, так написано в летописях. Их ненавидели и преследовали. Потому что они другие, а для нас это невыносимо.

Если при вас зайдет речь о цыганах и кто-нибудь скажет, что их надо лучше интегрировать, вы можете ему ответить, что «проблема» скоро сама разрешится. Останутся люди, которые хотя и «интегрировались», но лишились культурных корней и которых общество по-прежнему отвергает как посторонних. За социальный рост у нас чаще всего платят утратой культурной идентичности.

«ХЛОРОФОРМНЫЕ» (УСПОКОИТЕЛЬНЫЕ) ТЕМЫ

Я поднимаюсь на лифте. Дверь открывается. Входит коллега, которая мне, откровенно говоря, симпатична. Она всегда пытается завести разговор, но никогда толком не знает, что сказать. Обычно она говорит: «Как дела?» — «Нормально!» — отвечаю я. Все замечательно. Словно подмигнули друг другу, только громко. Собаки в таких ситуациях просто быстро обнюхивают друг друга. Но в профессиональной жизни это не годится. Совет предприятия в таких вопросах теряет чувство юмора. На этот раз моя коллега говорит:

— Ах, что я у тебя уже давно хотела спросить: как ты, собственно, относишься к католической церкви?

Теперь у нас еще ровно три этажа, чтобы обсудить двухтысячелетнюю историю церкви. Трудно. Такие ситуации случаются часто, промолчать было бы невежливо, одного «нормально», кажется, слишком мало, но завести разговор, на который потребовался бы целый вечер, тоже неуместно.

Другая ситуация: на приеме вас с кем-то знакомят. И в этом случае взаимное обнюхивание было бы идеальным. «Вы здесь часто бываете?» — классический вопрос. Но это очень банально. В старом букваре по хорошим манерам для дипломатов бывшей ГДР я нашел рекомендацию спрашивать на официальных приемах у гостей из дальних стран: «Вы уже давно здесь?» А потом: «Вы уже привыкли к немецкой кухне?» На самом деле тоже не фонтан.

И потом, бывают такие моменты, когда кажется разумным не привлекать к себе внимания, незаметно смешаться с толпой и тем более не строить из себя всезнайку. Идеальная беседа в такие моменты так забавна, что ее хочется продолжить, но и так банальна, что ее можно прервать, не вызвав фрустрации у собеседников.

Но как это сделать? Какие темы подходят для этого? Надеюсь, следующая глава предлагает достаточно материала.

Беседа в форме словесной дуэли сравнима с щебетанием птиц, урчанием кошки, с экспромтами Шуберта. Совсем не так важно, *что* сказать. Бо́льшая часть общения в такие моменты происходит невербально. В конце концов, мы просто обнюхиваем друг друга. Только немного вежливее.

Прежде чем перейти к отдельным темам, я хотел бы еще познакомить вас с одним практичным приемом. Он идеален для моментов, в которые надо переждать время, но непонятно как. Я называю его трюком попугая. Трюк действует лучше всего, если перед вами люди, которые относятся к себе очень серьезно. Происходит это примерно так.

Задавака: «А-а, вчера я был в теа-атре!»

Профи отвечает: «В театре?»

Задавака продолжает: «Все эти современные режиссерские идеи! Ужасно! А декорации! Кошмар!»

Профи: «Кошмар?»

В большинстве случае ваш собеседник ничего не заметит, он будет продолжать свой монолог, пока вы не улучите момент, чтобы улизнуть от него.

Называть следующие темы «хлороформными» вообще-то неправильно. Я выбрал это слово, потому что оно подчеркивает усыпляющий характер беседы. Но хлороформ может привести к обмороку, а этого конечно же никто не хочет. Более уважительным и подходящим было бы выражение «териачные темы». Териак был распространенным в древности опиумсодержащим лекарством, которое принимали при всех болезнях, а иногда — только для улучшения общего самочувствия. Темы, перечисляемые на следующих страницах, делают именно это: создают единодушие и тем самым улучшают общее самочувствие.

Кстати, безобидные темы необязательно должны быть скучными. Собеседники как бы перекидываются мячами, но никаких крученых пасов, скорее — игра в бадминтон. Высокое искусство состоит в том, чтобы выбирать темы с наибольшими возможностями для консенсуса и при этом еще и развеселить собеседника.

Я остаюсь при своем: самый страшный грех при беседе — заставить скучать своего партнера. В Древнем Риме таких людей называли «molestus», что очень точно и метко, потому что глагол molestare означает не только надоедать, но и оскорблять. Скучные люди доставляют нам почти физические мучения. Гораций в одной из своих сатир оставил нам портрет типичного зануды, «molestus» говорит у него: «Я знаю, ты хочешь только одного — избавиться от меня, я это ясно вижу. Но не старайся, я прицепился к тебе, как репейник». Таков скучный человек. Он не дает нам сбежать. Он своей болтовней и долгими бесцельными речами словно удавкой душит нас. Ему важна совершенно незначительная точность в деталях. «Должно быть, это случилось летом восемьдесят девятого. Или весной? Ну ладно, все равно. Мой зять и я... возможно, с нами была и сестра, все равно, значит, мой зять и я. Или как раз мой зять, моя сестра и я, сейчас это не имеет значения...» По-мо-ги-те! Несмотря ни на что, с такими людьми надо быть терпеливыми. Это единственное действующее противоядие. Как только зануда замечает, что вы хотите сбежать, он еще глубже впивается в вас. Итак, подарите ему все свое внимание. Иногда это совершенно очаровательные люди. Лучше всего удается ускользнуть, если они не чувствуют, что вы собираетесь сбежать.

Можно научиться этому — следить за нудными разговорами с видимым интересом? Как говорить со скучным человеком, да еще сохранять при этом дружелюбное и открытое выражение лица? От датского королевского двора нам в наследство остался очень эффективный метод тренировки. Чтобы юные принцы и принцессы научились поддерживать безобидную болтовню, они должны были тренироваться — причем на пустых креслах. К спинкам кресел были прикреплены карточки с надписями, например «английский посол», «председатель суда».

Кто умеет без напряжения беседовать с мебелью, тот как нельзя лучше подготовлен к разговорам в обществе. Немедленно попробуйте это дома. Побеседуйте со своим диваном об американской внешней политике. Вероятно, он не будет вам возражать. Потом сделайте то же самое, стоя с соседом в очереди к булочнику. Реакция будет точно такой же.

АМЕРИКАНСКАЯ ВНЕШНЯЯ ПОЛИТИКА

Конечно, и здесь тоже действует основное правило легкой беседы: никогда не стремиться быть правым, но утверждать что-то оригинальное и потом с грехом пополам доказывать свою точку зрения — всегда и везде. Но тут особенно! Самая грубая ошибка, которую можно сделать, говоря о внешней политике США, — это вести себя как всезнающий эксперт. Так вы очень скоро произведете впечатление, что вы — толстяк Йошка Фишер.

Строго говоря, эту тему уже нельзя назвать «хлороформной». Прошло время, когда считалось хорошим тоном осуждать агрессивную внешнюю политику Соединенных Штатов! Оба президентства Буша были с точки зрения легкой беседы фантастичными. У всех всегда было единое мнение. В обществе прекрасно можно было обойтись игрой в пинг-понг о разоружении, для которой хватало нескольких фраз, запавших в память из газетных передовиц. А сегодня? За это время положение стало настолько неясным, что можно утверждать практически *всё*, не производя при этом неприятного впечатления. Пожалуй, кроме слов «Обама разрушил все, что создал Буш». Возможно, это сделает вас претендентом на медаль «Пурпурное сердце», но, если вас не зовут Генри Киссинджер, в Германии вы с этим не выйдете из затруднительного положения.

Киссинджера я, между прочим, однажды видел. Он был в Доминиканской Республике, во время поездки по Карибскому морю с моим зятем Йоганессом Турн-и-Таксисом на борту его яхты «Aiglon». К сожалению, мне надо было возвращаться домой, мои школьные каникулы кончались. Было очень жалко, потому что яхта отправилась потом на Кубу, где мой зять посетил своего старого знакомого Фиделя Кастро. Но, увы, без меня. Зато моей встречи с Киссинджером у меня никто не отнимет. Я встретил его на ужине в доме знаменитого дизайнера Оскара де ла Рента. Там были Анна Винтур, Диана фон Фюрстенберг и другие знаменитости модельного бизнеса. Мне посчастливилось в том, что Киссинджеру среди всех этих модельеров, журналистов и дизайнеров было скучно, а мой зять был полностью поглощен спором с хозяином дома. Итак, Киссинджер принадлежал только мне.

С въедливой беззаботностью, которая делает молодых людей такими утомительными, я подсел к нему — он не мог сбежать от меня, потому что утонул в мягком диване, встать с которого ему стоило больших трудов, — и завел с ним беседу. Почти на весь вечер. По-немецки. Конец 80-х с точки зрения внешней политики был прозрачен. Итак, мы разговаривали в основном о футболе. Но потом, в какой-то момент я все-таки заговорил с ним на тему, которая меня интересовала (кстати, в отличие от большинства европейцев в то время): разделение Германии. Я возмущался тем, что министр иностранных дел Великобритании в одном интервью сказал, не дословно, но смысл был именно такой: разделение Германии его не касается. Киссинджер согласился с моим возмущением этой дипломатической ошибкой. Но официант, который в этот момент как раз пробегал мимо с полным подносом вкусных тостов с икрой, явно интересовал его больше. Когда я снова завладел его вниманием, он объяснил мне, что разделенный мир наверняка неприемлем для жителей пограничных областей, но для остального человечества есть успокоительное равновесие сил. Ввиду созданных обеими сторонами грозных военных потенциалов еще никогда в истории не существовала ситуации, в которой большая война была невероятна.

Киссинджер тогда предсказал мне две важные вещи. Обе звучали смешно. Первая. Если разделение немцев действительно однажды закончится, так сказал Киссинджер, то это разрушит глобальную статику. Мир, полагал он, от этого не станет ни безопаснее, ни дружелюбнее. Это всем известно. Уже через несколько лет Билл Клинтон сказал: «Боже, мне не хватает холодной войны!» Второе предсказание тоже сбылось: «Гройтер Фюрт», его любимый футбольный клуб, действительно сумел пробиться в первую Бундеслигу (хотя и не надолго).

Последнее предсказание Генри Киссинджера, высказанное в интервью «Шпигелю», звучит, между прочим, так: Джордж Буш скоро будет реабилитирован историей — потому что он, как никто другой, предвидел глобальный вызов радикального ислама и объяснял каждому мошенничающему государству, что сомнения в решительности Америки неуместны.

Во всяком случае, последнее при Обаме изменилось. А вот еще одно предсказание, на этот раз не Киссинджера: как 9 ноября 1989 года и 11 сентября 2001 года стали поворотными пунктами истории, когда-нибудь им станет и 21 августа 2013 года. Это день, в который Сирия применила отравляющий газ против повстанцев на востоке от Дамаска. Перед этим американский президент Обама провозгласил, что применение отравляющего газа будет «красной чертой», переход которой заставит его правительство вмешаться. Никакой интервенции не произошло. С тех пор ясно, что Америка не станет вступать в конфронтацию даже с захолустным диктатором. «Если Китай однажды съест Тайвань, а русские приберут к рукам балтийские государства, все вспомнят это двадцать первое августа тринадцатого года», — говорит мой друг, бывший военный репортер Юлиан Райхельт. «Когда сила уклоняется, она оставляет приглашение», — пишет Йозеф Йоффе.

Итак, как можно сегодня мало-мальски оригинально говорить об американской внешней политике, не омрачая настроения на приеме и не произнося исключительно банальности? Всегда есть возможность говорить противоположное тому, что думает большинство, но вежливым тоном и непременно подчеркивая, что вы можете ошибаться, — в конце концов, вы не Киссинджер и не Йошка Фишер. Давайте потренируемся на основании трех самых распространенных штампов.

ПЕРВЫЙ ШТАМП: АМЕРИКА ВСЕГДА ВМЕШИВАЕТСЯ, ТОЛЬКО ЕСЛИ РЕЧЬ ИДЕТ О НЕФТИ.

Эта фраза, а она обязательно звучит во всех дискуссиях об американской внешней политике, дает право на следующий осторожный вопрос: «Разве не дешевле покупать нефть, чем завоевывать ее?» Теперь у вас достаточно времени, чтобы заняться легкими закусками. Ваш собеседник не сразу найдет ответ. Если вы захотите прийти ему на помощь, расскажите ему про фильм Джорджа Клуни «Сириана», в котором речь идет о борьбе за сырьевые ресурсы. Там есть одна реплика, которая объясняет, почему все уменьшающееся количество нефти действительно является проблемой — для всех, кроме Америки. Финансовый советник одного арабского принца (его играет Мэтт Деймон) говорит своему восточному боссу: «Несколько поколений назад вы еще жили в палатках в пустыне и отрубали друг другу головы. И скоро вы опять окажетесь там же». Что немного напоминает знаменитое высказывание легендарного шейха Дубая Мохаммеда ибн Рашида аль-Мактума: «Мой дед ездил на верблюде, мой отец ездил на верблюде. Я езжу на “мерседесе”, и мой сын ездит на “мерседесе”. Но его сын будет снова ездить на верблюде». Чтобы дать своей маленькой стране шанс пережить конец нефтяной экономики, он превратил ее в коммерческую цитадель.

Нефть заканчивается. Это — проблема для добывающих нефть стран на Востоке. Это — проблема и для нас в Европе. Но для Америки это — стратегическое преимущество. Ее латентно ненадежные союзники на Среднем Востоке тем самым лишаются своего единственного средства давления, тем более что Америка в последние годы — благодаря новым методам бурения и оспариваемому у нас сланцевому газу — стала энергетически независимой страной.

ВТОРОЙ ШТАМП: АМЕРИКА СТРЕМИТСЯ К МИРОВОМУ ГОСПОДСТВУ.

Это так? Тогда почему американцы, как только они разместят где-то свои войска, сразу же начинают работать над «стратегией выхода»? Римляне, во всяком случае, когда завоевали Галлию, и не думали над стратегией выхода. И британцы в Индии тоже.

Вероятно, это вообще проблема Америки. То, что она является империей, но отказывается это признавать. Стоит только солдатам США где-то высадиться, как они снова хотят вернуться в Оклахому. Того колониалистического духа, которым некогда славились британцы, у них начисто нет. «У вас в крови четыреста лет инстинкта захватничества», — сказал однажды Франклин Д. Рузвельт своему союзнику Уинстону Черчиллю. Он насмехался над британцами, которые хотят повсюду на земле владеть землями, будь то «даже только скалы или маленькая полоска песка». «Вы, британцы, просто не хотите понять, что какая-то страна, возможно, не хочет завоевать территорию, находящуюся где-то в другом месте, только потому, что для этого есть возможность».

Франклин Д. Рузвельт не мог понять вот чего: для британцев с их тропическими шляпами и бриджами это было делом чести. Они строили свою империю, полагая, что дарят миру цивилизацию: функционирующие системы управления, образования и здравоохранения, дорожную сеть, правила игры в крикет и рецепт «Кровавой Мэри». Американской традиции это чуждо. Весь миф об основании США базируется на антиколониализме, они предпочтут построить гипермаркеты дома, чем где-то на краю земли создавать нации. Последний раз, когда они преодолели эту установку, был одновременно их величайшим внешнеполитическим достижением: победа над нацистской Германией и затем план Маршалла и создание демократической Федеративной Германии. Может быть, американцам стоит чаще отваживаться на подобные шаги, вместо того чтобы сразу искать «стратегию выхода»?

Конечно, можно найти аргументы в пользу тезиса о том, что Америка стремится к мировому господству. Также обоснованно можно доказывать и обратное, а именно, что мир тоскует по американскому господству. Вероятно, еще никогда в истории не существовало мировой державы с таким военным превосходством. Но действительно ли американское господство основано на его «военной мощи?» Или скорее на том, что свобода и креативность этого странного государства может производить вещи, которые хочет иметь весь мир и которые поэтому так быстро сами собой распространяются? Ведь никто не заставляет нас пользоваться Твиттером, Фейсбуком, айфоном, носить джинсы и пить кока-колу. *Мы* сами хотим этого. Причем все равно где, в Берлине, Багдаде или Аддис-Абебе. Филиалы Макдоналдса есть, между прочим, в 120 странах, а военные базы США — только в 40.

ТРЕТИЙ ШТАМП: АМЕРИКА УМЕЕТ ВЕСТИ ВНЕШНЮЮ ПОЛИТИКУ ТОЛЬКО В ОДИНОЧКУ.

Верно. По крайней мере, так было долгое время. Для этого есть специальный термин: «унилатерализм», но его нелегко произнести, выпив больше одного бокала белого вина. После окончания холодной войны ненадолго появилась надежда на новый мировой порядок. С ООН в качестве всемирного полицейского. С только что объединившейся Европой, отдающей себе отчет в своей внешнеполитической ответственности. «Час Европы» закончился в Сребренице, когда войсками сербского генерала Ратко Младича были убиты примерно 8000 боснийских мусульман, находившихся под защитой «международного сообщества». На глазах у голландских миротворцев ООН, которыми командовали французы. Только преступление в Сребренице привело к тому, что Париж, Берлин и Лондон поддались давлению Америки и НАТО в конце концов начало бомбардировку Югославии и смогло заставить Балканы прийти к мирному решению. Между прочим, воздушными налетами, на которые ООН его не уполномочивала. Только *после* капитуляции Милошевича Совет безопасности принял резолюцию (1244), которая позволяла военное вмешательство. Британский историк Нил Фергюсон считает, что Америка вынесла из войны в Косово два урока: «Вначале можно стрелять и только потом позаботиться о резолюции Совета безопасности». И: «Открытием американского главнокомандующего генерала Уэсли Кларка был тот факт, что процесс принятия решения внутри структур НАТО почти так же труден, как в ООН».

После опыта 90-х годов сложно было объяснить американцам, почему интервенция признается легитимной только тогда, когда она получила одобрение Совета безопасности, а также согласие циников из Парижа и борцов с площади Тяньаньмэнь. Тому, кто видит в качестве последней моральной инстанции европейских политиков, дипломатов из ООН или сомнительное международное сообщество, для изменения образа мыслей следовало бы заняться расследованием массового убийства руандийского народа тутси народом хуту. И ролью ООН, в особенности Франции, в этом кошмарном эпизоде Новейшей истории. Когда бы международное сообщество в последнее время ни сталкивалось с геноцидом, оно реагировало не единогласно. Или с безразличием. Поэтому трудно решить, действительно ли «унилатерализм» всегда хуже, чем «мультилатерализм». Если доктрина Обамы, которая явно поставила под сомнение американские притязания на ведущую роль, продлится и после его президентства, внешняя политика США, во всяком случае как тема для беседы, будет исчерпана. И в следующем издании эту главу, вполне вероятно, придется заменить главой о внешней политике Китая.

АПОКАЛИПСИС

Бывают ситуации, в которых рекомендуется не мешать приятно протекающей беседе возражениями. Темы, которые предполагают консенсус, помогут вам справиться с этим. Конец света — тема вечная, ее актуальность растет, и поэтому она идеально подходит для создания уютного настроения в разговоре. Что конец света наступит, абсолютно бесспорно. Чем скорее, тем лучше, с этим тоже в основном все согласны. Налоговая декларация все еще не заполнена, 327 электронных писем ждут ответа, а еще затраты на обучение непослушных детей, действующая на нервы теща, боли в спине, автомобиль снова в ремонте, каждый день дорога на работу, короче: где спасение? Перспектива конца, большой чистки отвечает глубокой коллективной тоске современного человека, которому жизнь предъявляет чрезмерные требования, по освобождению, по tabula rasa (чистому листу).

Хорошая новость: конец света гарантирован. У нашего Солнца вычисляемое конечное время жизни. Оно погаснет. До тех пор его диаметр и, следовательно, светимость будут увеличиваться. Наконец, Земля высохнет, жизнь станет невозможной. Плохая новость: все это продлится еще некоторое время. По последним вычислениям, около 1,3 миллиарда лет. Если учесть, что Земля существует уже почти 5 миллиардов лет, это относительно скоро, но означает, однако, еще какое-то количество налоговых деклараций.

Поэтому апокалиптики ставят на астероиды. НАСА называет опасными более тысячи каменных объектов во Вселенной. Среди них астероид Апофис. Диаметр: 300 метров! Если он упадет на Землю, то в результате начнутся землетрясения и гигантские цунами. Неужели права старая карнавальная песенка? «Тридцатого мая конец света, нам ненадолго все это!» Правда, Апофис только в 2029 году настолько приблизится к Земле, чтобы можно было вообще вычислить, упадет ли он на нас через семь лет. То есть в 2036 году. Европейское управление космическими полетами заранее готовит миссию «Дон Кихот», цель которой — сбивать опасные астероиды вроде Апофиса с их орбиты. Оно уже предупреждает, что с подготовкой не все в порядке. На всем экономят. Но даже при этом остается малю-ю-юсенькая проблема: падения астероидов, хотя и наносят иногда огромный вред (спросите об этом у динозавров!), но конец света от них пока еще никогда не наступал.

С религиозной точки зрения все выглядит намного конкретнее. По буддистскому учению, мы живем в «темную эпоху», в четвертую и последнюю после рождения Будды. Для индусов последние времена тоже давно начались. Они называют наше время «Кали-юга», время богини Кали. В Бхагавата-пуране («Древняя книга бога»), одной из самых священных книг индуизма, эпоха Кали описывается так: «Мужчины и женщины станут жить друг с другом только из-за легкомысленного влечения, а деловой успех будет зависеть от обмана». И еще: «Целью жизни будет наполнить желудок, а дерзость начнут считать правдивостью».

Кто из-за этого сейчас предвидит конец света, тому следовало бы знать, что в основе восточной космологии лежит не линейное представление о времени, а конец света всегда означает только конец одного цикла. А потом все начинается сначала.

Монотеистические религии нашего культурного пространства в этом отношении радикальнее. Для евреев и христиан конец света является действительно концом — причем ужасным. Ни одна книга не повлияла в такой степени на наше представление об Апокалипсисе, как последняя книга Библии, Откровение Иоанна Богослова. Художественный язык апостола — сюрреалистично-психоделичен, это настоящее видение ужаса. Значит, все действительно будет так, как описывает апостол? Интересно, когда это время придет, разместят ли изображение зверя, который выходит из моря «с десятью рогами и семью главами» (Откр. 13,1), на самом видном месте в «Шпигель онлайн» и будет ли «Канал 24» транслировать все в реальном времени?

Самый крупный специалист в этой области — теолог Клаус Бергер. С 1974 года и до ухода на пенсию в 2006 году он (будучи католиком!) руководил кафедрой по Новому Завету на протестантском теологическом факультете в университете Гейдельберга. Он полагает, что любое дословно-конкретное прочтение апокалиптического Откровения полностью умаляет то, что нас ожидает: «Мы не должны воспринимать описанный апостолом Иоанном ужасный сценарий дословно. Он — конец всего того, что мы можем себе представить».

Но ужасно будет, Откровение гарантирует это. Чем больше церкви приспосабливались к миру, тем больше, разумеется, эта ужасная перспектива изображалась как нечто относительное, чтобы дети на детском Богослужении не пугались. Для Бергера это достойно сожаления с педагогической точки зрения: «Кто не может представить ужаса, едва ли сможет пробудить в себе тоску по блаженству». Но в своих книгах он пеняет также на то, что при обычном употреблении слова «Апокалипсис» люди не замечают самого важного: дело в том, что по-христиански понимается, собственно, только главное — мир *после* вызывающих ужас событий! Апокалипсис дословно означает снятие покрова, за которым следует нечто чрезвычайно радостное: становится явным — после, как было признано, ужасной окончательной борьбы между Добром и Злом — окончательное царство Божие. Это — окончательная борьба, исход которой уже известен: Добро победит!

«И потом проявится правление Бога над всем Его творением, потом закончится время диавола и вместе с ним исчезнет печаль», — написано в «Вознесении Моисея», еврейской книге первого столетия после Рождества Христова, в которой Моисей открывает Иисусу Навину будущее. «Все апокалиптические тексты, — говорит Бергер, — живут силой и надеждой». Апокалипсис принесет «великое исправление», реабилитацию жертв земной власти, время, когда лишенным прав наконец вернут их права. Он низложит сильных с престолов и вознесет смиренных; алчущих исполнит благ, и богатящихся отпустит ни с чем — так сказано в гимне Деве Марии. (С христианской точки зрения Апокалипсис — это точка действительного начала царства Божия на земле.) Итак, Апокалипсис — нечто чрезвычайно радостное.

После этого давно назревшего объяснения остается открытым еще один вопрос: *когда* наступит конец света? Современники Иисуса Христа жили в постоянном «ожидании близости конца света», но Он сам, однако, предупреждал: «О дне же том, или часе, никто не знает, ни Ангелы небесные, ни Сын, но только Отец. Смотрите, бодрствуйте, молитесь, ибо не знаете, когда наступит это время» (Мк. 13, 32–33).

Папа Сильвестр II, который сидел на престоле Петра с апреля 999 года по 1003 год, своенравно не считался с предупреждением Иисуса и объявил, что последний день наступит 31 декабря 999 года. Вероятно, первая смена тысячелетий была достаточно истерическим временем. Мартин Лютер назначал конец света даже три раза: на 1532, 1538 и 1541 год. После третьего промаха он замолчал. Эзотерики ставили на 2012 год, в Голливуде даже сделали из этого успешный фильм — и опять ничего не произошло.

Во всяком случае, ни в иудейской, ни в христианской апокалиптике нельзя найти указания времени. И это позволяет думать, что мы уже в нем, но только еще не заметили этого.

КУЛЬТУРНЫЙ ОТДЕЛ «ФРАНКФУРТЕР АЛЬГЕМАЙНЕ ЦАЙТУНГ»

Если среда, в которой вы вращаетесь, — большой город, вы однажды гарантированно — из-за большого количества постоянных там сотрудников СМИ — услышите эту фразу: «Нужно как-нибудь сделать немецкий “Нью-Йоркер”». Разумеется, это полная чушь, а значит, хороший момент, чтобы вежливо кивнуть. Поразительно, что по ту сторону Атлантики точно так же восхищаются нашей журналистикой. Журнал вроде «Нью-Йоркера» вообще обязан своим существованием лишь тоске по европейскому журнализму, живущему в кофейнях.

Трава всегда зеленее по другую сторону забора. Правда, если на коктейльной вечеринке в Нью-Йорке кто-нибудь скажет, что ему хотелось бы каждый день читать литературно-культурные статьи как во «Франкфуртер альгемайне», это не вызовет возражений. Там действительно нет ничего подобного. В отделе «Искусство» в «Нью-Йорк таймс» можно найти главным образом рецензии; метких наблюдений повседневной жизни или общественно-политических дебатов там искать бесполезно.

Нет второй такой ни к чему не обязывающей территории для легкой беседы, как статьи в отделе культуры «Франкфуртер альгемайне» — ФА. Иметь в своем репертуаре последнюю статью известных журналистов вроде Минкмара или Зайдль — самый верный способ продемонстрировать свое право на участие в интеллектуальной болтовне в этой стране. Статьи ФА (раньше они назывались фельетонами, да и весь отдел — отделом фельетонов) — надежный поставщик пищи для высококачественной непринужденной беседы. Все важные темы современности, выходящие далеко за рамки чисто культурных, все равно, политика это, погода или экономика, экология или полная ерунда, — *все* попадает в культурный отдел, остроумно рассказывается проницательными авторами. Миф о культурном отделе ФА вырос из-за ранней смерти Франка Ширмахера, его самой яркой фигуры.

Было даже время, когда *все* авторы, через очки которых мы хотели бы смотреть на мир, писали в ФА. Но примерно в 1997 году произошел исход гигантов. Многие поссорились с Ширмахером. Оглядываясь назад, можно сказать, что это было благом, потому что освободило место для приближающегося поколения. А те, кто ушел, понесли свой ум в мир, в другие большие газеты страны. О скрытых причинах этого исхода уже много написано и еще больше сказано шепотом. Обвинения начинались с убийства репутации, потом шло братоубийство и так вплоть до отцеубийства, и они вполне годились в качестве сюжетов для самых диких романов. Один из беглецов и в самом деле написал под псевдонимом (вскоре раскрытом) книгу, детектив, в котором убивали его бывшего шефа. Естественно, автор не назвал Франка Ширмахера по имени, но что жертва убийства была похожа на него, стало особенно понятно из-за истеричного опровержения автора, позднее сотрудничавшего с «Зюддойче цайтунг». Сцены насилия, которые он себе позволил, читать особенно противно после смерти Ширмахера. Но почему соиздатель ФА вообще смог вызвать такую злобу? Почему он оказался причиной такой неприязни? И даже ужаса? Ходили слухи о причинах, которые якобы сподвигли бывшего шефа отдела культуры Йоахима Феста создать из Ширмахера кронпринца.

Если хотя бы половина из них правда, то Ширмахер был гением-тактиком, а в человеческом отношении иногда чудовищем. Один из тогдашних борцов-противников Ширмахера в отделе культуры ФА в некрологе неожиданно открытым текстом написал о «демонической» тактической ловкости Ширмахера, рассказал о бунтах и о тех днях, когда по утрам он входил в редакцию «подавленным», а вечерами уходил с облегчением. Еще один беглец объяснил неприязнь, с которой тогда столкнулся Ширмахер, иначе. Он упрекал его в том, что тот навсегда уничтожил сдержанный тон, которым так приятно выделялась ФА из грубости медийной истерической системы. Чтобы «создать традиционному, образованно-гражданскому, скорее тихому отделу культуры популярность в кричащем медиамире современности», Ширмахер якобы часто прибегал к языку, который соответствовал взволнованному настрою общества. Если Ширмахер находил для себя тему, то, по словам его тогдашнего соратника, в его эссе, написанных с воодушевлением и силой, никогда не было недостатка в формулировках вроде «прежде невиданный» или «пока даже приблизительно непонятый». В этом было что-то по-детски восторженное и приводящее в восторг, но это требовало такого уровня толкования, которое другим действовало на нервы.

Любят утверждать, что именно Ширмахер освободил отдел из гетто культурных новостей и сделал его центральным форумом общественно-политических противоречий. Но это неверно. Отдел культуры как площадку крупных дебатов придумал его предшественник и когда-то покровитель Йоахим Фест. Одна из важнейших дискуссий 80-х годов, спор историков об уникальности преступлений национал-социалистов, была вынесена на страницы отдела культуры ФА. Фест мог продвигать такие дебаты, потому что расширил свою сцену содержательно — и пространственно! Это вообще было одним из его условий, когда он принял отдел в 1973 году: отдел получил собственное «приложение». Тем самым в его распоряжении оказалось больше страниц, и отдел культуры стал наконец частью газеты, которую можно просто вынуть. И именно Фест тогда переманил Марселя Райх-Раницкого из «Цайт» в ФА. Райх-Раницкий, как литературный Папа Римский, смог занять там трон, которого никогда бы не было без такого блестящего и такого неоднозначного Фридриха Зибурга. До того Зибург работал в Париже культурным корреспондентом «Франкфуртер цайтунг», предшественнице ФА, и наследовал в этом качестве не кому-нибудь, а самому Йозефу Роту. Но самым знаменитым шефом отдела культуры во «Франкфуртер цайтунг» был Зигфрид Кракауэр, квинтэссенция литератора большого города 20-х годов. Вы видите: родословное древо руководителя отдела фельетонов заслуживает уважения.

Когда в 1973 году Йоахим Фест принял руководство отделом культуры, он ввел там стиль, отличавшийся большой серьезностью, — и тем самым ушел от традиции больших городов, для которой был характерен насмешливый, полемический и ироничный тон. Как тон Карла Крауса, Альфреда Керра и, прежде всего, как раз Кракауэра. Наблюдательности, с которой он подмечал случайные сценки на улице и умел сделать из них важные выводы о времени и обществе, до сих пор никому не удалось достичь. Карлу Краусу принадлежит высказывание: «Написать фельетон — все равно что завить лысину». Для Альфреда Польгара фельетон (дословный перевод с французского: газетная статья) был «пустяком, но в шелковой бумаге». Йоахим Фест предпочитал скорее академическую традицию фельетона, то есть статьи. В старой «Франкфуртер цайтунг» отдел фельетона (позднее — культурный отдел) тоже был форумом для многочисленных ученых. Чтобы окончательно все прояснить, скажу, что есть две школы фельетона: пишут или для кофейни, или для академии.

Говорить несерьезно о серьезном — изначальная особенность фельетона — это было не для Феста. Позднее он написал в своих воспоминаниях, что его отец запретил ему читать «Будденброков», потому что, в конце концов, «романы — это что-то для горничных». Только однажды он позволил себе как шефу литературного отдела некоторую фривольность, когда разрешил журналисту Михаэлю Шварце написать в статье, что федеральное правительство вместе с руководством телевидения для укрепления семьи временно прекращает телепередачи на Рождество. В сообщении невозможно было распознать иронию, и на следующий день работа нескольких телеканалов, в том числе Второго Германского телевидения, была парализована протестующими звонками, им даже угрожали смертью. Но это осталось безукоризненным по форме исключением. Искусство полемического задора Фест оставил журналу «Франкфуртер альгемайне магазин», который тогда выходил вместе с газетой по пятницам, в особенности своему другу Йоханнесу Гроссу. Этот талантливый реакционер вел там колонку («Записную книжку»), которая состояла из собрания острых афоризмов и едких комментариев — и регулярно вызывала бури возмущения. Например, когда он назвал пацифистов людьми, у которых нет ничего, за что стоило бы бороться, когда он осмеял политическую прозу Гюнтера Грасса («Рассказы Райнера Барцеля») или процитировал знаменитую фразу Адорно, что после Аушвица невозможно написать ни одного стихотворения, и в конце добавил: «Правда заключается в том, что Адорно и до Аушвица не мог написать ни одного стихотворения». Даже Шиллеру доставалось от Йоханнеса Гросса. Шиллеровский идеал о братстве всех народов Гросс небрежно назвал «мечтой единственного ребенка».

Когда Франк Ширмахер 1 января 1994 года заступил на место Феста, это было больше, чем просто радикальная смена. Он полностью перепрыгнул через целое поколение. В свои 35 лет он был самым молодым, кто когда-либо находился на таком посту. Само заведование литературным отделом в 29 было сенсацией. Это отметил даже далекий «Тайм» и поместил его в список самых влиятельных людей моложе 30 лет в мире. Уже было упомянуто, что это важное событие не обошлось без травм. Однако стиль менялся — и сегодня, двадцать лет спустя, это признают даже его бывшие противники — очень осторожно. Хотя случалось, что ставшая типичной для «Франкфуртер» сдержанность капитулировала. Легендарные выпуски, как, например, выпуск от 27 июня 2000 года, в котором на шести страницах печаталась последовательность человеческого генома — по случаю его революционной расшифровки. Или выпуск от 7 января 2003 года, в котором, как реакция на страх угрозы Иракской войны, на двух страницах были перечислены все клинически зафиксированные человеческие страхи («426 имен страха»). Но такие хеппенинги оказывали свое действие именно потому, что были исключениями.

Критики Ширмахера упрекали его в том, что он разрушил образовательно-гражданственное наследие ФА. При этом он был одним из важнейших консервативных критиков общества, который не в последнюю очередь видел растущую чрезмерную власть техники яснее, чем многие современники. Он написал Джорджу Дайсону, историку науки, которого многократно цитировал в своей книге «Расплата», после финансового кризиса 2008 года в электронном письме: «В этом кризисе машины впервые осуществляли контроль? Я за обедом встречался с министром финансов. Хотел у него узнать, какую роль сыграли машины в этом кризисе. Он ответил, что в течение пяти дней никто не подозревал, что происходит и что произойдет, что в это время всем управляли компьютерные программы».

Упрекать мыслителя, который все это предвидел, в апокалиптических и алармистских настроениях — просто нечестно. К тому же он, несмотря на свой талант все заострять, всегда оставался верен строгому, обязывающему к серьезности стилю отдела культуры. Только поэтому его реплики, в которых он иногда находил действительно убедительные слова, и оказывали такое действие. Он был консерватором, героями его молодости были Эрнст Юнгер, Штефан Георге, Рудольф Борхардт; он был глубоко укорененным в классику образованным гражданином. Его начитанность подавляла. Что сбивало с толку современников, так это то, как он использовал современные средства для защиты мира традиции. Это предъявляло завышенные требования ко многим его бывшим оппонентам. Хотя его часто упрекали в нарушении «тихого» стиля главной газеты, в действительности Ширмахер предпочитал намного более мягкую, более искусную стратегию оживления отдела культуры: он основывал приложения. А они потом на расстоянии незаметно влияли на почтенную главную газету Франкфурта. Он создал пересылаемое в Берлин приложение к воскресному выпуску. И столичное приложение «Берлинер зайтен». Там мог сотрудничать даже такой несерьезный бульварный автор, как я. Сегодня в отделе культуры ФА и прежде всего в «Воскресном приложении», наследии Ширмахера, можно снова и снова прочитать полемические споры, которые действительно напоминают о великих временах журналистики в стиле Кракауэра и Польгара. Одновременно, и это тоже наследие Ширмахера, он способствовал тому, чтобы культурный отдел стал рупором для крупных духовных и естественно-научных дебатов нашего времени. Короче: Ширмахер создал отдел литературы и культуры, который примирил кофейни и академии.

Но, естественно, и об этом следует по меньшей мере упомянуть, существует альтернатива всеми признанному энтузиазму отдела культуры ФА: фельетонная взбучка ФА. Кто хочет произвести в обществе впечатление суперумного, может ругать на все лады фельетоны ФА. Можно, например, утверждать, что читаешь «строго говоря, только “Нойе цюрхер цайтунг”». Но для этого нужно быть уже настоящим снобом.

ТЕЛЕСЕРИАЛЫ

Прилично ли открыто говорить о своей мании? Смотря о какой.

Лучше всего в обществе говорить только о двух маниях: мании покупать, тут каждый может посмеяться. И мании смотреть сериалы, тут каждый может что-нибудь сказать. Правда, сериалы — это что-то такое, о чем, пожалуйста, не беседуйте с видом всезнайки. Да, конечно, мы знаем, что телесериалы — романы нашего времени. Уже Чарльз Диккенс в XIX веке публиковал свои произведения кусочками в иллюстрированных ежемесячниках, с перерывами в самых захватывающих местах и пересказом того, «что произошло в предыдущих сериях». Но кто сегодня захочет привлекать внимание такими общеизвестными фактами? А еще говорят, что режиссеры-лауреты «Оскара», такие, как Мартин Скорсезе («Подпольная империя»), Стивен Содерберг («За канделябрами») и Аарон Соркин («Служба новостей»), отвернулись от кино и обратились к телевидению. Не ново и то, что сериалы вроде «Клиент всегда мертв» и «Американская семейка» больше любой ярой пропаганды способствовали тому, что гомосексуальные сообщества больше не считаются в среднем классе Америки чем-то ненормальным.

У каждого разумного человека сразу же срабатывает инстинкт бежать, когда перед ним оказывается всезнающий спец, который цитирует книгу Дидриха

Дидерихсена «Сопрано» и со знающим видом объясняет, что психотерапевт Тони Сопрано, д-р Мэлфи, как фигура-увещеватель с литературно-исторической точки зрения исполняет роль хора в греческой драме. Ради Бога! Наконец-то мы нашли тему, о которой можно говорить без напряжения! Ну дайте нам просто рассказать, какие сериалы мы любим! Между прочим, это увлекательная игра в обществе, не в последнюю очередь потому, что многое говорит о людях. Фанаты «Безумцев» и «Аббатства Даунтон» старомодны и непритязательны и в большинстве случае не прочь слегка пофлиртовать. Люди, которые любят «Американскую семейку», всегда симпатичны. Поклонники «Сынов анархии» сложны, а «Игры престолов» — зануды или интеллектуалы (в худшем случае и то и другое). «Во все тяжкие» в конце пятого сезона оказался таким невозможно успешным, что уже банально о нем говорить, разве что вы сможете найти там серьезные недостатки, тогда станет снова интересно. Если бы мне пришлось рассказывать о своем пристрастии к сериалам, я бы начал с «Твин Пикс», потом назвал бы «Клиент всегда мертв», «Декстера» и закончил бы «Настоящим детективом», как, собственно, любой другой зритель. Как журналист, я в далеком прошлом любил «Лу Грант», а позднее подпал под очарование сериала Соркина «Служба новостей». В категории «Юмор» перечень начался бы с «Веселой компании» и «Фрейзера». Позднее я принял дозу Ларри Дэвида и Эми Шумер. Мне нравилась и «Просветленная» Лоры Дерн и Майка Уайта, но тут я оказался почти в одиночестве, а через два сезона сериал прервался. Речь шла о женщине с ауторазрушительными тенденциями (ее играла Лора Дерн), которая после психореабилитации наконец хочет навести порядок в своей хаотичной профессиональной и личной жизни, и, конечно, у нее ничего не получается. В эстетическом отношении открытием был третий сезон «Американской истории ужасов», каждый кадр заслуживал двух страниц в американском «Вог»: Джессика Лэнг как современная Верховная Ведьма излучала необыкновенно притягательную и одновременно отталкивающую элегантность, так что сериал, несмотря на слабую драматургию, стоило смотреть только ради ее мимики и жестикуляции.

Надеюсь, о «Клане Сопрано» нам спорить не нужно. Общеизвестно, что благодаря ему все разом переменилось, началось новое летоисчисление, телевидение вдруг стало первым местом встречи для думающих людей, а роман послужил средством анализа современного общества. Когда этот эпос из мрачного Нью-Джерси дошел до своего неожиданного конца, мы провели с Тони и его большой семьей больше 70 часов. После того как он в 86-й серии умер — причем естественным для него, с самого начала ожидаемым образом, — я провел битых два часа в Интернете, чтобы выяснить, что же там произошло, что мог иметь в виду Дэвид Чейз, когда он совершенно неожиданно, посреди сцены в ресторане, вырвал меня и миллионы других зрителей из действия и заставил несколько минут сидеть перед черным экраном. Говорят, многие подумали, что это технический сбой в передаче. И только после длительного, напряженного вглядывания в черный экран наконец пошли заключительные титры, а с ними — несентиментальная, немного бессмысленная песня группы «Джорни» «Don't Stop Believin'» («Не переставай верить»). Дэвид Чейз никогда не говорил о том, что он думает про этот конец. Он предоставил критикам, исходя из монтажа и движения камеры, сделать вывод, что Тони Сопрано был просто убит выстрелом в спину.

Сбивающий с толку конец «Клана Сопрано» стал тогда даже темой американских вечерних новостей. Многие фанаты сериала (и, как ни удивительно, даже некоторые критики) были прямо-таки возмущены. А сериал просто сымитировал реальность. И в настоящей жизни смерть, как правило, не сопровождают ни барабанная дробь, ни звуки скрипки, она приходит, особенно в той области, в которой «работала» семья Сопрано, неожиданно... бах! С другой стороны, я очень могу понять возмущение этих фанатов. Ведь в конце концов очарование всех историй заключается в том, что в них жизнь имеет гораздо больше смысла, чем в реальности. Когда реальность врывается в выдумку, это сбивает с толку, потому что лишает выдумку ее самой главной, самой утешительной функции: внести смысл в бессмысленность.

Возможно, Чейз просто хотел показать, в какой степени его произведение стало параллельной реальностью. По окончании сериала, а он все-таки шел восемь лет, зрителям *действительно* чего-то в жизни не хватало. В ней появилась настоящая брешь! Я утешал себя мыслью, что и Бальзака можно читать не один раз, что когда-нибудь я начну смотреть «Клан Сопрано» с начала. Когда потом актер Джеймс Гандольфини, игравший Тони Сопрано, в 2013 году тоже умер во время остановки в Риме по пути в Сицилию, мне стало грустно, я вдруг на самом деле потерял человека, которого никогда не знал, но с которым провел более насыщенное время, чем со многими людьми из моей реальной жизни. Он умер, словно следуя сценарию, от инфаркта после слишком обильного ужина. В номере 449 декадансного отеля в стиле модерн «Босколо» на Пьяцца делла Република.

Вы видите? Я уже полностью в теме, о сериалах можно просто бормотать что-то для самого себя, не говоря при этом ничего действительно интересного, противоречивого или отвечающего высоким требованиям хорошего вкуса. Лучшей «хлороформной» темы просто нет. Единственное, что ужасно нервирует, — желание отличиться, с которым часто сталкиваешься в разговорах о сериалах во время приемов. Если, например, вы заговорите о «Карточном домике», то вам объяснят, что английский оригинал Би-би-си 1990 года, в котором речь шла о падении Маргарет Тэтчер, все-таки был «намно-о-ого лучше». Или вдруг вам расскажут, что вместо сериала HBO «Пациенты» лучше смотреть израильский оригинал, причем на иврите и с французскими субтитрами. А чтобы произвести особенно умное впечатление, кто-нибудь обязательно заговорит о скандинавских сериалах и назовет, как бы между прочим, «Убийство». Все это замечательно. Вот только неожиданно делает беседу о сериалах напряженной.

Вообще, после «Клана Сопрано» сериалы становятся все напряженнее. Ведь не в последнюю очередь в «Клане Сопрано» самым фантастическим было то, как просто все начиналось. Вначале гэг состоял, строго говоря, только в том, что средней руки глава мафии скатывается в кризис середины жизни и ищет помощи у психотерапевта. Потом, к огорчению создателей сериала, первый сезон совпал с успехом кинофильма «Анализируй это» с Робертом де Ниро и Билли Кристаллом, в основе которого лежала совершенно такая же идея. Примечательно, как сериал освободился от первоначального содержания, зажил собственной жизнью и понемногу превратился в большой эпос. Сегодняшние сериалы, напротив, с самого начала задуманы как большие, литературно перегруженные общественные драмы. Вместо того чтобы развиваться медленно, сериалы вроде «Большого босса» с первой серии производят впечатление слишком нервных и страдающих завышенными амбициями. Тут уже начинаешь тосковать по сериалам прошлых эпох телевидения, например по «Улицам Сан-Франциско», в которых каждая серия рассказывала только одну историю, не нервировала шестью побочными сюжетными линиями, и если ты пропустил одну или две серии, то мог без труда продолжить просмотр.

Такое развитие сериалов объясняется не только проклятием высокого образца «Клана Сопрано». То, что телевидение может быть достойным, культурным СМИ, понимали большие современные литераторы, такие, как Дэвид Фостер Уоллес и Джонатан Франзен. К сожалению, уже умерший Уоллес еще в 1993 году призвал свое поколение писателей признать телевидение как важнейшее (после сна) американское занятие в свободное время и не считать ниже своего достоинства писать для телесериалов. Три года спустя Франзен опубликовал в «Харперс магазин» вызвавшее большой интерес эссе, в котором поднимал вопрос, имеет ли вообще право на существование классический роман в «эпоху изображений».

Что же это значит для нас спустя почти 20 лет? В середине 90-х телевизор действительно был самым важным предметом обстановки в наших гостиных. А теперь? Телевидение давно перекочевало на наши планшеты и смартфоны. Совсем скоро мы будем скачивать новейшие сериалы в специальные очки. Значит, время телевидения прошло и нужны новые мыслители, которые поймут, что в будущем истории нам станут рассказывать видеоигры? Игры, в которых мы можем виртуально двигаться? В которых разворачиваются сюжеты, а мы можем на них интерактивно влиять? К нам приближаются благодаря современной технике и все более быстрым вычислительным машинам совершенно новые формы эскапизма? А телесериалы 90-х годов станут для нас когда-нибудь курьезом, на который мы растроганно оглядываемся, как сегодня на балаганы, паноптикумы и дешевые кинотеатры (никельодеоны) ранней поры кино? Во всяком случае, возможно, что там нас ожидают новые мании, которые мы пока не можем предугадать.

ГЕЛЬМУТ ШМИДТ

Гельмут Шмидт для Германии то же самое, чем для Америки был сериал «Безумцы». Он олицетворяет время, когда женщинам в лифте заглядывали в декольте, пустые банки из-под пива просто кидали куда попало в парке и везде можно было курить.

Вообще: курить!

Если вы заговорите о том, каким крутым вы считаете Гельмута Шмидта, тем самым вы включите, так сказать, автопилот в беседе. Даже люди с клиентской карточкой биомаркета с восторгом начнут рассказывать истории о выходках Шмидта-курильщика. Говорят, несколько лет тому назад он как-то в конференц-зале ООН вытащил из кармана свои «Рейно» с ментолом и — хотя нигде не было пепельниц — закурил сигарету. В Нью-Йорке! Где, кажется, уже за то, что у вас есть зажигалка, полагается штраф! Шмидту это было все равно. Чиновник из Министерства иностранных дел подскочил, чтобы быстро отыскать пепельницу. Но так как, вероятно, в Нью-Йорке и они давно запрещены, ему пришлось удовлетвориться блюдцем. За четверть секунды до того, как Шмидт собрался стряхнуть пепел на пол, чиновнику удалось вернуться в конференц-зал, чтобы пододвинуть ему блюдце. Колумнист Франц Йозеф Вагнер, сам страстный курильщик, привел недавно в «Бильд» как оправдание своего порока непревзойденного авторитета — *его*, Гельмута Шмидта: «На фронте он видел, как умирали товарищи с сигаретой во рту. Последними чувствами умирающих были мысли о матери и о последней затяжке».

Вот из какого материала делается легенда «Гельмут Шмидт».

В начале нулевых бывший канцлер сидел на сцене с Сандрой Майшбергер в Берлине. Когда ведущая прочитала ему, что Союз молодых социалисток и социалистов в СДПГ опубликовал на своем веб-сайте официальное заявление, в котором он теперь, через двадцать лет, наконец тоже примкнул к «двойному решению НАТО», которого Шмидт в начале 80-х добился, несмотря на ожесточенное сопротивление левых, бывший канцлер, для которого Интернет действительно был новой страной и который не понимал модных выражений вроде «веб-сайт», мрачно спросил, о чем вообще идет речь. Когда объяснения Майшбергер про слово «Интернет» не принесли результатов, он лаконично заключил: «Я не знаю, что это такое, но если это там написано, то это правильно». Сказал и выпустил, как Гэндальф*, колечко дыма. Что за крутой парень!

Один коллега из «Цайт», издателем которой бывший канцлер является больше 30 лет, рассказал мне следующую прекрасную историю про легендарную «сырную конференцию» на шестом этаже Гамбургского дома прессы (пресс-конференция, в которой кроме главного редактора и руководителей отделов принимают участие также издатели, называется сырной конференцией, потому что она проходит под красное вино, а к нему по традиции подают сыр): молодые редакторы, работающие еще недолго и поэтому часто не уверенные, все они делают правильно или нет, могли ориентироваться по очень простому индикатору: если Шмидт во время их доклада поигрывает пачкой сигарет, это явный признак того, что

* Персонаж вселенной «Властелина колец» Толкиена.

интерес издателя заметно падает. А если дело доходит даже до того, что он начинает ногтями отрывать акцизную марку с упаковки, они понимают, что выступают совсем не по делу и должны закругляться. Когда же Шмидт, наоборот, в середине доклада резко увеличивает звук на своем слуховом аппарате, они могут предположить, что говорят не полную ерунду!

Итак, если в непринужденной беседе вы не хотите сказать что-либо неуместное, по возможности переведите разговор на Гельмута Шмидта. Шмидт объединяет все: пруссачество и социализм, небывалое наводнение и борьбу с терроризмом, интеграцию с Западом и увлечение Китаем, протестантскую экономическую этику и католическое социальное учение. Он — человек середины, воплощенный консенсус. А вместе с ним и все, что он говорит: Китай — будущая мировая держава, мы должны быть с ним в хороших отношениях. У ЕС нет альтернативы. Немного больше дисциплины пошло бы на пользу. Следуя заявлениям Шмидта просто невозможно сделать что-то неправильно. Кроме того, нам бы следовало поучиться его хладнокровию. Если на следующей неделе разразится Апокалипсис, Шмидт сядет на подиум «Цайт» в Гамбургском театре с Йозефом Йоффе и Михаэлем Рауманном в качестве модераторов и прочтет доклад о том, почему как раз сейчас самое подходящее время для конца света, — кстати, точно предсказанного им двадцать лет тому назад.

Тот, кто мелочно критикует политические высказывания Гельмута Шмидта, не понял одного — самого главного: для Шмидта всегда важно не «что», а «как». Английский философ Томас Гоббс, один из основателей «договорной» теории происхождения государства, который в XVII столетии был свидетелем гражданской войны между Кромвелем и домом Стюартов и свою теорию основывал на том, что такая гражданская война и связанное с ней состояние беззакония никогда не должны повториться, выразился так: авторитет, а не истина является законом (*auctoritas, non veritas facit legem*). Шмидт, вероятно, ближе к Гоббсу, чем все активные политики, которые есть у нас в Германии. По крайней мере, никто из них не признался бы публично в своей симпатии к Гоббсу, разве что их пиарщики вдруг потеряли бы контроль над собой. У Шмидта все по-другому: он так много пережил, что рассматривал все, происходящее в мире, всегда с точки зрения наибольшего в данный момент зла. Это парадокс: именно тот человек, который хотел отправить к врачу людей с прогрессивными взглядами, все политическое мышление которого на 99,8% определялось жестким реализмом и на 0,2% моралью (такое впечатление он, по крайней мере, производил внешне, так как то, что происходило у него в душе, он тщательно оберегал от общественности), считается в Германии инкарнацией морали в политике.

И похоже, так оно и есть. В потоке интервью, репортажей и документальных фильмов, которые передают о Гельмуте Шмидте, с тех пор как у меня есть телевизор, а их рейтинги на общественно-правовом ТВ не уступают футбольным матчам, передачам Гвидо Кноппа и Флориана Зильберайзена, есть одна-единственная сцена, в которой он позволяет нам заглянуть за седой фасад бундесового сверхчеловека. Это эпизод из заключительного этапа войны, в котором его командир, генерал, разрешает молодому обер-лейтенанту поехать в отпуск из Бремена на восток Германии, чтобы вместе с женой Локи похоронить своего сына, которому было всего несколько месяцев и который умер от менингита. Надо понимать, что это совершенно противоречило законам военного времени — фронты прорваны, на счету каждый человек. В этой передаче его интервьюировала снова Сандра Майшбергер, и, как хорошая журналистка, она не могла не спросить бывшего канцлера, как он тогда себя чувствовал. Ответ Шмидта: «Я не намерен говорить об этом».

Кстати, однажды — мне тогда было 17, я был удостоен чести взять у него интервью. Марион Дёнхофф сообщила о времени. Это было для статьи в «Эсквайр» о «Цайт». В конце концов, в своем интервью я написал только: «Резюме моего разговора с Гельмутом Шмидтом? Два часа урока истории и десять сигарет. Шесть для него, четыре для меня». Марион Дёнхофф отнеслась к этому — и была права — совершенно ужасно. Как молодые люди могут быть такими высокомерными идиотами! Высокомерие нужно заслужить!

СОБАКИ

Собаки — это всегда хорошо. Когда о погоде уже все сказано. Как тема для беседы это вроде: «Не бойтесь. Он ничего не сделает».

Вот несколько готовых к употреблению порций лишних знаний о собаках. Первым человеком в космосе стал в 1961 году Юрий Гагарин. Это всем известно. А вот то, что знают немногие: еще за десять лет до него в космос летали первые собаки, Цыган и Дезик, дворняги, которых где-то поймали и потом несколько лет тренировали для полета. Когда они были готовы, их отправили в путешествие в специально сшитых космических костюмах и похожих на пузыри акриловых шлемах, которые обеспечивали им замечательный обзор. Ракеты типа Р-1 (копии пресловуто известных немецких Фау-2) выстрелили Цыгана и Дезика на высоту в 101 км. Оба благополучно вернулись на Землю. После приземления собаки, помахивая хвостами, бегали вокруг своих ракетных капсюль, будто понимали, какая историческая сенсация им удалась. Ученых, которые встретили обеих собак после возвращения, они поприветствовали, восторженно облизав их лица. Дезик даже побывал второй раз в космосе, но не пережил своей второй миссии. Цыган был с почетом отправлен на пенсию, его приняла семья ученого Анатолия Аркадьевича Благонравова. Десятки собак и других животных стали авангардом в международных путешествиях в космос, прежде чем сами люди отважились полететь.

Но собаки опередили нас не только в научно-историческом отношении. Одному из важнейших философских течений Запада, философской школе киников, собака послужила блестящим образцом мудрости. Максимы киников были подсмотрены у собак: отсутствие потребностей. Спокойствие! Жить данным моментом и не давать себя запутать обманчивыми идеалами и целями. В ответ на стремление современников как-то выделиться (да-да, снобы и хвастуны были уже в Античности!) у киников была только мягкая улыбка («Да наплевать на них!»). Самым крутым, с большим отрывом от остальных, был киник Диоген Синопский, который жил в IV столетии до Рождества Христова, ночевал в бочке и попросил Александра Великого не загораживать ему солнечный свет.

Большие писатели, как только в их жизни появляется собака, почти всегда становятся до странности сентиментальными. Может быть, это — тоска по верности, которую люди напрасно почти всю жизнь ищут у себе подобных? Едва ли о каком-то другом живом существе Томас Манн когда-либо писал так нежно, как о своем метисе Баушане в рассказе «Хозяин и собака». В нем с любовью описываются их прогулки по Богенхаузену, тогда еще бывшему пригородом Мюнхена. Томас Манн благодарен своему спутнику за то, что ему всегда удавалось отвлечь его, человека духа. Время, проведенное с Баушаном, когда «я отвлекаюсь, настроение подымается, прибывают силы, и я уже могу работать»*, было для него, вероятно, единственной возможностью освободиться из своей грандиозной тюрьмы-головы, выключить внутреннюю мыслительную радиостанцию, которая постоянно включена. Когда Баушан умер, Манн позаботился о том, чтобы в одной мюнхенской газете появился очень красивый некролог, под названием «Баушан» и с большим крестом внизу. У Эрнеста Хемингуэя в 50-х годах был спаниель по

* Пер. В. Курелла.

кличке Блэки. Как и должно быть с Хемингуэем, эта мужская дружба кончилась печально. В 1957 году писатель жил на Кубе, которую сделал своей родиной, и в это время Блэки был уже почти слепым и глухим. Однажды солдаты диктатора Батисты начали штурм жилища Хемингуэя. В своей безусловной преданности старый и совершенно неопасный Блэки яростно кинулся на нападавших — и был застрелен одним из солдат. За это Хемингуэй упрекал себя всю жизнь. Даже обычно — по отношению к людям — скорее бесчувственный Трумэн Капоте испытывал к собакам что-то похожее на нежность, что и объясняет странно сентиментальный пассаж в таком брутальном фрагменте романа «Услышанные молитвы», когда бесхозный щенок, предназначенный на жаркое в корейском ресторане, подбегает к богатой леди, которая спасает его, и отныне он живет в ее будуаре в Верхнем Ист-Сайде. Бульдог Мэгги — а не Глория Вандербильт — кажется, была единственной настоящей подругой Капоте.

Мартин Вальзер заметил, все-таки немного разумнее и, вероятно, совершенно справедливо: «Имея некоторый опыт, я считаю возможным, что мы можем научиться у животных очень многому, как и они у нас». Что приводит нас, собственно, к очень интересному вопросу: когда — и, прежде всего, почему — волк из дикого хищника превратился в лучшего друга человека? Говорят, что только благодаря жизни с людьми собаки научились лаять. До того как они начали жить вместе с людьми, они умели только выть и рычать. Они научились лаять, чтобы сказать нам что-то, например что нам грозит опасность. Интересная мысль. Итак, как могло получиться такое трогательное партнерство человека и животного?

Индейцы говорят, что дело было так: долгое, долгое время тому назад объединились лесной и степной волк. Они стали друзьями и с тех пор ходили на охоту только вдвоем. Но однажды добычи было мало, и они ужасно страдали от голода. Они ничего не ели уже несколько дней и совсем обессилели, когда проходили мимо вигвама одной индейской семьи. У индейцев на огне как раз жарилась жирная оленина. «Давай подойдем и спросим, не дадут ли они нам чего-нибудь, — сказали они друг другу. — Может, они нас прогонят, может, даже убьют, но, если сейчас мы не получим какой-нибудь еды, мы и так умрем». Из последних сил добрались они до вигвама, и, к их удивлению, люди оказались дружелюбными. Они дали им поесть и посидеть у огня. Звери остались на одну ночь, потом на вторую. Как-то степной волк сказал своему товарищу: «Хорошо бы остаться здесь. Люди к нам добры. Незачем возвращаться в лес». Люди услышали это и обрадовались. Они принялись строить для обоих шалаши. Но лесной волк заметил, что в это время запасы мяса не охранялись. Он прокрался к ним, схватил все мясо, которое смог найти, и спрятал его в расщелине скалы. А своему другу сказал: «У нас теперь больше мяса, чем надо. Сегодня ночью мы его унесем и вернемся на свободу!» Степной волк огорчился: «Зачем ты обворовал людей? Они ведь были так добры к нам. Верни мясо!» Тогда лесной волк начал смеяться над своим другом, издеваться над ним, мол, тот не хочет больше делать того, что всегда делали волки. Люди заметили, что происходит, направили свои ружья на лесного волка и сказали: «Так-то ты благодаришь нас за наше гостеприимство? Мы могли бы сейчас убить тебя. Но из-за твоего друга оставим тебе жизнь. Убирайся и никогда больше не попадайся нам на глаза. А если мы однажды увидим тебя поблизости, то убьем!» Лесной волк сбежал в лес, а степной остался с людьми. Они кормили его, за это он охранял лагерь, особенно по ночам, когда люди спали. Так постепенно степной волк превратился в собаку. А между лесным волком и людьми с тех пор царит вражда.

Как часто старые сказания и сказки довольно точно предупреждают более поздние исследования. Действительно, долгое время предполагалось, что волки и люди объединились, когда последние примерно 20 000 лет тому назад стали оседлыми. Исходили из того, что сельское хозяйство привлекло волков в деревни и они таким образом одомашнились. Но теперь считают, что дружбе даже больше 50 000 лет и что волки сопровождали еще охотников и собирателей в поисках еды.

Собаки, как и волки, обладают редкой среди животных способностью учиться, увидев что-либо, присматриваться к умным поступкам. Может, некоторые волки, устав от охоты, просто имитировали наше поведение — и так приблизились к нам?

Венский философ и любитель собак Эрхард Эзер в своей книге «Собака и человек» выдвигает интересный тезис: все было как раз наоборот. Не волк имитировал поведение человека, а ранний человек — волка, точнее, его социальный ум. В этом Эзер видит решающий вклад в очеловечивание обезьян.

И в самом деле, последние генетические исследования показывают удивительное пространственное и временное совпадение «очеловечивания» и «особачивания». Вполне возможно, что только совместная работа обоих видов, их дополняющие друг друга чувства и способности сделали возможной успешную модель Homo sapiens.

Эзер даже идет еще дальше: псовые млекопитающие, подобные собакам предки домашних собак, привили нашим предкам 100 000 лет тому назад первые формы социальной кооперации, которые выходили за узкие рамки семейных связей. Следовательно, ранние люди подсмотрели в звериных стаях что-то такое, что стало для них эволюционным преимуществом: в борьбе за корм полезно организовываться в социальные общества, вместо того чтобы хвататься за дубину и проламывать друг другу головы. В свою очередь, совместная жизнь в больших группах привела к тому, что мы начали развивать в себе что-то вроде заботливости и научились опекать своих товарищей по виду.

Если это верно, то это — лучшая шутка духовной истории: отцами гуманизма были собаки!

НЬЮ-ЙОРК

Среднестатистический житель Нью-Йорка болтать не любит. Все, что надо знать об этом городе, во всяком случае, его жители твердо убеждены в этом, можно сказать немногими фразами: к востоку от Центрального парка живут те, кто родился богатым. На другой стороне парка, в Верхнем Ист-Сайде, — либеральный истеблишмент. В Челси обитают те, кто не может себе позволить Верхний Ист-Сайд. В бывших кварталах богемы, в Сохо, Трайбска, Ист-Виллидже теперь живут богатые банкиры-инвесторы. Правда, несколько художников еще есть в Нижнем Ист-Сайде, но авангард давно перебрался дальше — в Вильямсбург, Асторию, Бронкс, в местности, двадцать лет назад еще считавшиеся центром мрака. Для ньюйоркца вселенная состоит из Нью-Йорка. Где-то на юге есть Флорида, на Западе — Калифорния, всё восточнее Хэмптонса — трудно определимая смесь из Европы и Азии, о которой ничего не известно, кроме того, что иногда пишут в «Таймс». Этим все сказано. Люди здесь ненавидят непринужденную беседу. Они не болтают, они сплетничают и рассказывают друг про друга гадости. Того, кто радостно выскажется о погоде, сочтут за слабоумного. Попытка заговорить с незнакомым человеком, например, в лифте или на приеме, заканчивается, как правило, жалобой на сексуальное домогательство.

Для не-ньюйоркца это, естественно, в высшей степени неприятно. Для нас Нью-Йорк — абсолютно магический город, единственное место в мире, в котором надо побывать, по крайней мере один раз в жизни. В древние времена таким городом, наверное, был Вавилон. Позднее — Афины. Потом — Рим. В то время, когда печатается эта книга, Нью-Йорк — город городов, столица мира. Через несколько лет ею, возможно, станет Шанхай. Но пока еще основные знания о Нью-Йорке принадлежат к главному репертуару профессионала легкой беседы. Причем независимо от того, был он там или нет.

Итак, что нужно знать о Нью-Йорке?

Миф «Нью-Йорк» основывается, вероятно, на том, что этот город олицетворяет древнюю, очень человечную мечту: желание изменить мир. Будучи человеком, вознестись до творца, естественно, глубоко крамольный акт — протест против самого Бога. Как кража огня Прометеем. Или строительство вавилонской башни. Небоскребы в Нью-Йорке построили такими высокими, чтобы возомнить себя современным Вавилоном? Нидерландский архитектор Рэм Колхас называет «манхеттизмом» атмосферу Нью-Йорка, программа которого состоит в том, чтобы «жить в мире, полностью созданном руками человека».

Религия Нью-Йорка — капитализм. Купцы — не завоеватели! — основали Нью-Амстердам, как первоначально назывался город. Мореплаватель Генри Гудзон путешествовал по заданию голландских купцов, когда в 1609 году первым европейцем бросил якорь на южном конце сегодняшнего Манхэттена. Один из его офицеров сделал запись о приветствии индейцев из племени алгонкинов: «Было 28 каноэ, заполненных мужчинами, женщинами и детьми, которые, казалось, очень радовались нашему прибытию». Морякам сразу стало понятно, что делает это место таким привлекательным: то, что «гавань служит хорошей защитой от ветра и волн». Гудзон и его люди открыли крупнейшую естественную гавань мира, бухту, прекрасно защищенную от открытого моря. Купцы якобы обманули индейцев, «купив» у них остров Манна-хата (Холмистая страна) за 60 голландских гульденов. Все равно, верна эта история или нет, она точно отражает ментальность этой квинтэссенции торгового города. Когда речь идет о Нью-Йорке, люди любят пофилософствовать о свободе и гражданских правах, но в действительности своим экономическим подъемом город обязан торговле, а точнее, работорговле. Благодаря этому прибыльному бизнесу Нью-Амстердам превратился при Стёйвесанте, генерал-губернаторе с 1647-го и до передачи власти англичанам в 1664 году, из незначительного поселения в экономическую метрополию.

Уметь наживаться за счет других — это заложено в ДНК ньюйоркцев. Точно так же, как гангстерское мышление. Потому что, кроме проституток и сирот, бóльшая часть жителей состояла в первые годы из криминальных элементов. Как ни старалась голландская Вест-индская компания привлечь и серьезных поселенцев, которые были насущно необходимы для создания колонии (переезд был бесплатным, даже выдавался подарок — кусок земли), в благоустроенной Голландии никто не хотел перебираться на край света. В полном отчаянии наконец принудительно переселили целые тюрьмы, работные дома и детские приюты.

Когда в 1664 году англичане завоевали город — без боя — и сделали из Нью-Амстердама Нью-Йорк, город был уже местом, где в тесном пространстве сконцентрировались люди со всего света, люди разных культур и всех цветов кожи. Это и определенная открытость с давних пор сформировали дух Нью-Йорка. Один из первых британских губернаторов, лорд Корнбери, был известен тем, что он — нетипично для строгого в моральном отношении протестанта — любил прогуливаться по своей резиденции в женском платье. В Нью-Йоркском историческом обществе висит портрет, заказанный Корнбери, где он изображен в виде дамы. Когда потом началась кампания, порочащая его, он распорядился сообщить, что представляет здесь даму (а именно свою кузину Анну, королеву Англии) и поэтому старается «во всех отношениях быть как можно более похожим на нее». Вот именно: житель Нью-Йорка всегда своеволен и самоуверен.

Как, например, Дороти Паркер, самая известная своим острым языком женщина в истории этого города, контрпроект миру тесно связанных дельцов. Когда я бываю в Нью-Йорке, то останавливаюсь в отеле «Алгонкин» на 44-й улице, названном так в честь когда-то жившего тут индейского племени. Во-первых, потому, что он по традиции всегда предоставляет журналистам и писателям скидку. Во-вторых, потому, что он немного обветшал и поэтому элегантнее всех современных отелей. И в-третьих, потому, что здесь в плату за номер включено чувство принадлежности к интеллектуальной элите. В «Алгонкине» долго жил кот. Он совершенно свободно слонялся по отелю, персонал его кормил, и он считался тайным владельцем отеля. Но еще легендарнее, чем этот кот, была длительное время жившая там постоялица, та самая Дороти Паркер.

Она была самым знаменитым театральным критиком своего времени, с 20-х до 50-х годов прошлого столетия. Если вы хотите понять Нью-Йорк, вам надо пойти в Дубовую комнату «Алгонкина» и рассмотреть картину, висящую там на отделанной деревом стене, которая изображает Дороти Паркер в кругу друзей, встречавшихся здесь ежедневно за ланчем. Этот кружок, Круглый стол, в 20-е годы считался интеллектуальным эпицентром города. Никто из принадлежавших к нему не мог себе позволить здесь обедать, но директор отеля шел на кошмарные неоплаченные счета. Он подозревал, что репутация его отеля благодаря этим прихлебателям в дальнейшем сильно выиграет. Все 20-е годы Дороти Паркер прожила в «Алгонкине». Завести собственную квартиру и вести домашнее хозяйство (хотя она трижды была замужем) было решительно не для нее. За всю свою жизнь она, вероятно, ни разу не вскипятила воды, не говоря уже о том, чтобы убрать постель. И где бы она ни жила, у нее всегда были домашние животные. Одного из ее попугаев звали Онан. Ирония, понятная только тем, кто знает Библию. Однажды она нашла в такси двух маленьких аллигаторов, взяла их к себе и держала — к отчаянию персонала — в ванне своего номера. В 1929 году она должна была на время покинуть город, чтобы зарабатывать деньги в Голливуде как сценаристка. Для нее это было кошмарным сном. Остров Манхэттен оставался единственным местом, которое она могла кое-как переносить. Когда она выписывалась из «Алгонкина», прожив там почти десять лет, ее долг отелю был так велик, что она играла с директором в прятки, лишь бы не попасться ему на глаза.

Сегодня под пишущими женщинами Нью-Йорка, наверное, подразумевают Кэрри Брэдшоу из «Секса в большом городе». При этом Кэрри — деревенская простушка по сравнению с этой действительно остроумно-злой газетной колумнисткой. Время, в которое Дороти Паркер прославилась своими критическими статьями о театре и романах, было временем, когда написанное и напечатанное слово пользовалось уважением, какое сегодня, в эпоху онлайн-СМИ, едва ли можно себе представить. Один-единственный слог мог вызвать интеллектуальное землетрясение, благополучие всей бродвейской продукции (кино тогда только еще зарождалось) зависело от мнения критиков. Они, в свою очередь, писали с полным осознанием значения их слов, с чрезвычайной осторожностью и после самого точного взвешивания каждого слова. На этой уютно-консервативной сцене в 20-е годы взорвался сарказм Дороти Паркер. Если ей не нравился театральный спектакль, она писала в «Вэнити фэйр», позднее в «Нью-Йоркер» и журнале «Лайф» отзывы вроде: «Если вы хотите получить удовольствие от этого вечера, уходите из театра после первого акта, совершите бодрящую прогулку и возвращайтесь только тогда, когда поднимется занавес перед последним актом». Или: «Если бы исполнительницу главной роли благодаря счастливому повороту судьбы не задушил ее партнер, я бы сама пробралась на сцену и взяла дело в свои руки». О Кэтрин Хепбёрн, тогда еще почти не известной и не получившей больше всех «Оскаров» за все время этого конкурса, Дороти написала в «Нью-Йоркере»: «Миссис Хепбёрн владеет всем диапазоном эмоций — от А до Б». В обществе ее боялись. Любимые объекты ее насмешек: компании женщин, обедающих в ресторане без мужского сопровождения в Верхнем Ист-Сайде. Она могла улыбнуться молодой женщине, сказав ей: «Ах, давай как-нибудь созвонимся», и, когда та отвернется, пробормотать слышно для всех: «Эта женщина говорит на восьми языках. Но сказать “нет” не умеет ни на одном».

Цитирование Дороти Паркер и афоризмов Круглого стола было тогда самым популярным домашним видом спорта в Нью-Йорке, сказал позднее юморист Кори Форд. Сегодня, за исключением Дороти Паркер, большинство членов этого кружка забыты.

Дороти была полна противоречий, и это тоже типично для Нью-Йорка. Она любила «сладкую жизнь», восхищалась гламуром Джеки Кеннеди и высшего общества Нью-Йорка. Одновременно презирала легкомысленных дам общества, жизненные цели которых исчерпывались ланчами и шопингом. Позднее она стала страстной левой и во времена Маккарти получила запрет на профессию. Свое наследство и тем самым права на ее произведения она завещала Мартину Лютеру Кингу и Национальной ассоциации содействия прогрессу цветного населения. Она терпеть не могла богатых людей, но всегда была банкротом, и ей ничего не оставалось, как позволять состоятельным меценатам кормить себя, а они, в свою очередь, приглашали ее, как аттракцион, в свои загородные дома, где она напивалась и по обязанности оскорбляла всех присутствующих.

В конце жизни ее подруга Глория Вандербильт устроила для нее пышный праздник. Еще и сегодня в городе говорят об этом вечере в марте 1967 года. Это был один из последних великих моментов старого нью-йоркского общества. Все принарядились, чтобы поклониться несравненной, презирающей всех Дороти. Она, наверное, была тогда уже довольно ожесточена, одинока, больна и недоброжелательна. Но этим финальным выходом она наслаждалась, как королева, хотя наверняка знала, что ее страна давно уже сошла со сцены. Закутанная в длинный кафтан из золотой парчи (подаренный Глорией Вандербильт), она вошла в бальный зал отеля «Вальдорф Астория», оглядела всех дам с их блестящими драгоценностями, столы с накрахмаленными скатертями и праздничными свечами — и, наверное, была счастлива еще раз в жизни. Сценарист Уайатт Купер, один из ее последних друзей, написал в 1968 году, через год после ее смерти, в журнале «Эсквайр»: «Когда она вошла в зал, она дрожала, но выглядела фантастически (...). Хрупкая, благородная фигура (...). Настоящая леди, которая излучала привлекательность и скромность и тем не менее полностью осознавала свою значимость».

Через три месяца после этого легендарного праздника она умерла в возрасте 73 лет. И до сих пор ее стиль, ее сарказм, ее смесь из приверженности к роскоши и левых взглядов определяют интеллектуальный стиль Нью-Йорка. Если вы сидите в фойе «Алгонкина», вас, при некотором везении, часами никто не будет беспокоить вопросом, что вам подать выпить, и вы сможете спокойно читать карманную книгу «Дороти Паркер», которую посвятило ей издательство «Пингвин». В ней собраны самые прекрасные, самые печальные, самые остроумные и самые нежные ее короткие рассказы, критические статьи и стихи. Благодаря этому чтению вы узнаете о городе больше, чем кому-то, быть может, хочется. Дороти Паркер и есть Нью-Йорк. А Нью-Йорк — это Дороти Паркер. Она любила этот город и едва могла вынести пребывание в каком-то другом месте дольше нескольких недель. Каждый раз, вернувшись, она чувствовала себя счастливой, хотя бы на короткое время. Ни один человек не понял этот город лучше, чем она. «Особенность Нью-Йорка, — писала Дороти, — в том, что каждый новый день здесь — определенно новый день. Каждое новое утро, кажется, говорит: “Ну, вперед, возьмемся снова за дело”». Нью-Йорк, и, возможно, только в этом уже его тайна, единственный город, название которого содержит обещание, — и он всегда его выполняет.

КВЕНТИН ТАРАНТИНО

Говорят, Тони Скотт покончил с собой, потому что страдал от художественного и гражданского комплекса неполноценности. Он больше не мог выносить, что ему, режиссеру коммерческих блокбастеров («Лучший стрелок», «Полицейский из Беверли-Хиллз 2»), за всю жизнь не удалось добиться того признания, которое досталось его брату Ридли Скотту («Бегущий по лезвию», «Чужой завет», «Тельма и Луиза»). Это трагично (здесь это слово действительно уместно), потому что теперь профессиональный мир един во мнении: из них двоих Тони был более значительным мастером. Не только потому, что в ремесле младший брат превосходил Ридли, не только потому, что Тони находил радость в актерстве, в высвечивании характеров, которая чужда Ридли. Тони Скотт, который 19 августа 2012 года совершил самоубийство, прыгнув с моста Винсента Томаса в бухту, считается ныне самым выдающимся режиссером постмодерна. Он был тем, кто в своих фильмах нарушил границы между серьезным и развлекательным — причем без какого бы то ни было кокетства, а с соответствующей времени естественностью. Оба брата учились в институтах искусства, оба выросли в одном родительском доме с высокими требованиями к образованию, но в то время как Ридли постоянно старался придать даже самой большой бессмыслице глубину, судорожно нагружал свои фильмы философским подтекстом и всегда стремился к благосклонности критиков, Тони оказался настоящим ребенком постмодерна, потому что для него не было различия между «дешевкой» и высокой культурой. Для него имели значение только понятия «дерьмо» и «великолепно».

К чему это я? Разве речь не должна идти о Квентине Тарантино? Почему вместо этого мы говорим о Тони Скотте?

Потому что о Тарантино, этой во всю длину и ширину выступающей всепогодной теме, нельзя добавить больше ничего сколько-нибудь нового. Разве что можно сказать что-то умное о связи Скотта и Тарантино. Этим — иногда — еще можно привлечь внимание. Причем остается совсем неважным вопрос, был ли это Тони Скотт, кто тогда, в начале 90-х, открыл Тарантино. (Некоторые утверждают, что это сделал Харви Кейтель.) Интересен уже тот факт, что лучший фильм Тарантино снял совсем не Тарантино, а именно Тони Скотт. Тарантино только написал сценарий. Замечательно: Бред Питт в качестве отупевшего наркомана. Превосходно: Гэри Олдмэн как мудрый сутенер, который чувствует себя чернокожим. «Настоящая любовь» — идеальный фильм, чтобы поговорить на специальные темы: о слиянии искусства Тарантино писать яркие диалоги и виртуозном искусстве Скотта экранизировать.

Если вы еще сможете после этого процитировать знаменитую сицилианскую сцену, то в теме поп-культуры вас вряд ли кто-то превзойдет. «Настоящая любовь» рассказывает о молодом человеке, который влюбляется в проститутку. Они женятся, и, чтобы доказать, что он может защитить свою жену, он отправляется к ее сутенеру и убивает его. В спешке он хватает в квартире сутенера вместо чемодана с вещами жены чемодан, набитый кокаином. Теперь за ним гонятся и полиция, и мафия. В упомянутой сицилианской сцене босс мафии (его играет великий Кристофер Уокен) пытает отца беглого молодого человека, чтобы узнать, где он. Отец (в исполнении Денниса Хоппера) просто морочит мафиозо (кстати,

Джеймса Гандольфини, будущего Тони Сопрано!), он произносит монолог, который может написать только Тарантино. Что он любит читать, и больше всего исторические книги, что в одной, например, было написано, что сицилианцы происходят от северных африканцев. Изначально они были белокурым народом, однако мавры после вторжения так дико безобразничали, что уничтожили сицилианские наследственные черты и все сицилианцы поэтому происходят от черных бастардов. Он оскорбляет своих мучителей так основательно, что в конце концов они его пристреливают, и он избегает ужасной смерти от пыток. Сам Тарантино не смог бы снять лучше. Некоторые считают, что это один из лучших диалогов в новейшей истории кино, во всяком случае, безусловно лучший диалог 90-х.

Несколько лет спустя Тарантино рассказал, что историю про сицилианцев он однажды услышал от одного обкурившегося чернокожего и она ему так понравилась, что он дал себе клятву как-нибудь использовать ее в кино. Тони Скотт принял этот, по тем временам — 1993 год — очень рискованный диалог почти с детским восторгом. Ему никогда бы не пришло в голову как-то смягчить его. Наоборот. Если верить Тарантино, Скотт позволил Американской ассоциации кинокомпаний, отвечающей за возрастной рейтинг фильмов, навязать себе множество компромиссов, он якобы даже дал себя уговорить на изменения в действии — всё только для того, чтобы не трогали «сицилианскую сцену».

Если возникает тема «Тарантино», можно, конечно, объяснить, в какой степени слишком частое употребление им слова «ниггер» является формой иронии или все-таки формой вербального насилия. Вообще, насилие в его фильмах показано настолько утрированно, что ты не понимаешь, теряет ли оно свой ужас, как в комиксах, или режиссер хочет погрузить зрителя — благодаря естественности актерской игры — в самые страшные человеческие пороки.

Но этот спор вели уже восемь миллионов раз, и он всем надоел. Так же банально выдавать себя за киногурмана и многословно услаждать собеседников всеми тысячами цитат из истории кино, которые Тарантино помещает в свои фильмы. (Мой личный фаворит — сцена в «Джеки Браун», в которой вскользь по телевидению показывают фильм с участием Хельмута Бергера.)

Вместо того чтобы подробно распространяться обо всем этом, лучше сказать что-то краткое, например что становится уже невозможным выносить этих сверхжестоких типов, попадающих в смешные ситуации и при этом болтающих о поп-культуре, потому что их слишком часто копируют. Кстати, изобрел этот прием не Тарантино, а писатель Брет Истон Эллис. В «Американском психопате» (1991) яппи с Уолл-стрит до, во время и после своих оргий с насилием тоже постоянно философствует о том, какие туфли и сорочки ему подходят и почему его раздражает Уитни Хьюстон. Квентин Тарантино был первым, кто использовал этот прием в кино. С тех пор его копировали, разумеется, несчетное количество раз. В последний раз, когда Тиль Швайгер делал свой фильм («Достучаться до небес») и заставил своих криминальных героев постоянно нести чушь, сразу стало ясно: теперь дело плохо.

Возможно, Тарантино не изобрел шутливых диалогов, но зато в них он бесспорный гроссмейстер. Чтобы подтвердить свои знания, вы можете назвать еще два ранних примера. Или великолепную в своей убедительности, почти бесспорную филиппику против чаевых от мистера Пинка в первом собственном фильме Тарантино «Бешеные псы» (другой вариант перевода на русский «Прощайте, псы»), или, еще лучше, хитроумный спор в «Багровом приливе» о происхождении липицианских лошадей. Этим вы действительно покажете, что вы разбираетесь в искусстве Квентина Тарантино сочинять диалоги. Дело в том, что лишь немногие знают, что Тарантино работал для Тони Скотта и второй раз.

Скотт непременно хотел экранизировать «Багровый прилив», триллер времен холодной войны о мятеже на американской атомной подводной лодке. Ему нравилась история, но диалоги в сценарии он считал занудными. Итак, он попросил Тарантино их немного улучшить. Тот, кто сегодня смотрит фильм — он все еще фантастически хорош, — отчетливо слышит Тарантино. Конфликт между командиром подводной лодки (Джин Хэкмен) и его первым офицером (Дензел Вашингтон) намечается уже очень рано, потому что они не могут прийти к единому мнению о том, откуда произошли липицианские лошади. «Из Португалии», — утверждает командир. «Из Испании», — возражает первый офицер. К сожалению, Тарантино никогда так и не выяснил, что неправы оба (возможно, он и сам этого не знал): порода лошадей, которой знаменита Венская школа верховой езды, происходит из Липицы в сегодняшней Словении.

Вскоре после «Багрового прилива» Скотта в 1994 году вышел фильм Тарантино «Криминальное чтиво». Это был его большой прорыв, он принес ему «Оскара», Золотую пальмовую ветвь, премию BAFTA (Британская академия искусств, кино и телевидения), французскую премию «Сезар», Золотой глобус. Тарантино стал Доном современного кино. Неоспоримы его заслуги в области иронии, его мастерство смешно рассказывать совершенно не смешные вещи.

Но если вы действительно стараетесь произвести впечатление, то должны поставить под сомнение принадлежность Тарантино к постмодернистскому деконструктивизму. Хотя Тарантино и считает себя большим революционером, который виртуозно смешивает серьезное с развлекательным. Вот только тем, что он так осознанно и очевидно преклоняется перед трэшем, он показывает, насколько трогательно консервативен он на самом деле, что он все еще — как у нас официально это себе позволяет только горстка мужественных учителей немецкого языка — отличает «высокую культуру» от «трэша». Смотреть шиллеровского «Валленштейна» с той же серьезностью, как «Рэмбо», было бы для него слишком. Иначе смешение высокого и низкого происходило бы намного случайнее — как у Тони Скотта. Тарантино снимал бы умные блокбастеры вместо ироничных, так любимых интеллектуалами шедевров. Но возможно, Тарантино прав. Тони Скотт со своими блокбастерами, как уже упоминалось, не был счастлив. Добрый, старый, уютно пахнущий пыльными книгами и очень немецкий принцип «образования» (слово, которое, между прочим, перешло в американский лексикон, подобно словам «блиц-криг», «страх» и «детский сад»), кажется, и в постмодерне пользуется еще очень сильной притягательной силой. Может, поэтому уважение Тарантино к Кристофу Вальцу так велико. Потому что в действительности Тарантино — «ах, такой постмодернистский деконструктивист» — испытывает большое уважение к тому, в чем якобы сомневается.

ЛЫЖИ

Последний раз, когда кто-то меня спросил, где я провел лыжные каникулы, мне пришлось ответить: «В Детмольде». В Берлине действительно есть отдельные «лыжные каникулы» — и в последний раз мы их использовали, чтобы вместе с детьми навестить родных в восточно-вестфальской долине. Мой собеседник посмотрел на меня смущенно. Как будто он мне сочувствовал. Тот, кто не может похвастаться недавно пережитыми приключениями в альпийском регионе, быстро начинает считаться социально обделенным.

Тут помогает только вранье!

Восторгайтесь лыжней, которая ведет в савойском Лез-Арке от Эгий Руж через высоту 2126 метров вниз к Вилароже. Это лучшая лыжня Европы, возможно, не такая сложная, как классические трассы Лауберхорн и Шильтхорн (с адским спуском) в Бернском Оберланде, но зато она превосходит их с точки зрения богатства разнообразия: наверху трудные высокие альпийские склоны, а под конец — нежные лесные дороги. Все это, разумеется, не сравнить с девственным глубоким снегом и километровыми, вертикальными пушистыми впадинами в областях, пригодных для хели-ски* в канадском Карибу... Если вы таким образом произведете

* Разновидность горнолыжного спорта; спуск по нетронутым снежным склонам с подъемом к началу спуска на вертолете.

впечатление на собеседника, надеюсь, он оставит вас в покое со своими банальными рассказами о Беттенбурге в Обертауэрне.

Другой вариант: просто откровенно признаться, что вы уже несколько лет не вставали на лыжи!

Во всяком случае, у меня сохранилось только смутное ощущение от моего последнего пребывания на зимнем курорте. Дело было в Санкт-Морице, и я едва припоминаю вечер в доме Ниархоса, во время которого у меня немного закружилась голова. Я почувствовал настоятельную необходимость выйти на свежий воздух, из-за чего улегся в смокинге на снег перед шале и воспринимал тихо падающие на меня хлопья снега как благодеяние. Мой брат, который нашел меня там, позднее, когда я пришел в себя, рассказывал, что меня уже покрыл тонкий слой снега. Поэтому мои впечатления о Санкт-Морице в целом несколько смазанны. Спортивные занятия, конечно, были, но у меня перед глазами стоит только одна картина: лыжная хижина, где находится ночной ресторан под названием «Дракула». И импозантный зал «Палас-отеля». Разновидность роскошного цирка, куда имеют доступ, кажется, только самые красивые и состоятельные люди мира. Итальянские графини с небрежно накинутыми на плечи кашемировыми пуловерами, английские джентльмены с седыми волосами, которые, очевидно, вросли в свои кресла и стоически читают «Файнэншл таймс», играющие в триктрак греческие миллиардеры, спортивные наследники немецких сталелитейных династий, обнимающиеся с последними завоеванными девицами, — все объединены тихой беседой, словно существует тайный альянс против шума и слишком громкого смеха. Между ними скромно спешащие неприметные официанты, все — итальянцы, которые подают посетителям душистый чай, свежие сандвичи с огурцом и сигары. На заднем плане уютный шорох потрескивающих каминов; все это перед панорамой роскошного, покрытого соснами альпийского горного хребта, потому что огромные окна позволяют гостям — пока вечером не задергивают тяжелые шторы — любоваться похожим на кино зрелищем гор. Если бы соответственные органы последовательно занялись случаями нарушения налогового законодательства в этом отеле, то, вероятно, ЕС получил бы финансовую возможность принять еще три бывших государства восточного блока.

Фридрих Зибург в 50-е годы однажды описал припаркованные перед ним автомобили и сказал самое главное о настроении в «Палас-отеле»: «Некоторые из них погребены под тяжестью снега, который едва позволяет угадать очертания машин, но, если заглянуть в оставшийся свободным кусочек окна, внутри все выглядит необыкновенно уютно. На заднем сиденье с шотландским узором лежит дамская шляпка из розового фетра, или красный свернутый зонт, или надорвашая упаковка конфет, всякие вещи, которые не нужны в отеле. (...) Особенно нам нравится один автомобиль, он не покрыт ни льдом, ни снегом, а стоит, всегда готовый к отъезду. Это «роллс-ройс», подчеркнуто консервативный, черный с серебром, никогда не стареющий, но и никогда не бывший новым, излучающий почти ужасающее богатство. Его номерные знаки показывают, что он принадлежит колумбийскому дипломату, работающему в Копенгагене. Как тут не впасть в глубокую мечтательность! Жизнь людей, которые борются в столице Дании за внешнеполитические и экономические нужды Колумбии, должна быть изматывающей, даже изнуряющей. И им вполне можно позволить расслабиться в Энгадине». Кстати, статья называлась — осторожно, прекраснее невозможно! — «Надушенный снег» и появилась тогда во «Франкфуртер альгемайне цайтунг», главным литературным критиком которой был Зибург.

Здесь, в Санкт-Морице, было открыто — по крайней мере, так считают в обществе — катание на лыжах. Естественно, как и любой другой спорт, скучающими англичанами. Третьим или пятым сыновьям богатых английских землевладельцев по традиции было нечего делать. Итак, в XIX веке они начали ездить по Европе, вначале в Грецию и Италию, а потом добрались и до гор. Но уже только из логистических соображений в альпийские регионы тогда ездили только летом. Ставший позднее легендарным отельер Йоханнес Бадрутт летом 1864 года заключил с шестью английскими гостями пари: он гарантировал им, что они и зимой смогут сидеть в одной рубашке с закатанными рукавами на его солнечной террасе. Если нет, то он оплатит все время их пребывания и дополнительно все расходы по поездке. А если он окажется прав, они должны ему пообещать восторгаться в своих лондонских клубах прелестями Энгадина зимой. Так как англичане из высшего общества скорее дадут себя обезглавить, чем откажутся от пари, они согласились и провели уже следующую зиму в пансионе Бадрутта «Энгадинер кульм» («Энгадинские горы»). Они вернулись в Лондон загоревшими и с восторгом рассказывали о своем зимнем приключении. Нашествие ищущих острых ощущений снобов, которое последовало вскоре после этого, позволило Бадрутту превратить свой пансион в один из лучших люксус-отелей Европы.

Сегодня его, наверное, назвали бы «техническим фриком». Он построил вблизи отеля маленькую электростанцию, на Рождество 1878 года в столовой отеля «Кульм» горели первые в Швейцарии электрические дуговые лампы. В то время, когда даже в таком городе, как Нью-Йорк, это было редкостью и семейства вроде Вандербильтов не позволяли себе подобных удобств, здесь, на высоте почти 2000 метров над уровнем моря, уже имелись телефон, ватерклозеты, гидравлические лифты и отопление теплым воздухом.

Однако на лыжах тогда не катались. Время проводили на свежем воздухе, играя в кёрлинг и хоккей, дамы катались в санях, запряженных лошадьми, по замершему озеру. Потом какой-то любопытный британец, как рассказывают, увидел местных жителей со странными досками на ногах, скользящих по снегу, и уговорил Бадрутта как-нибудь попробовать что-то похожее. В то время лесорубы и лесники передвигались таким образом по глубокому снегу. Жителям Альп никогда не пришло бы в голову использовать лыжи для развлечения. На руманче, изначальном языке долины (смесь пережитка вульгарной латыни и кельтского диалекта), они прошептали что-то презрительное о непонятных иностранцах — и продали Бадрутту несколько своих досок.

Верхний Энгадин стал первым местом на земле, где на лыжах ходили для удовольствия, и до сих пор в обществе он считается номером один. Не в последнюю очередь благодаря своему уникальному расположению. Энгадин лежит на южной стороне Альпийского хребта, который дарит всему региону почти южный климат, но достаточно высоко, чтобы не сомневаться, что снег будет. Для высокогорной Альпийской долины он необычно широк и открыт, расположенные вокруг гряды гор просто потрясающи.

После зимних Олимпийских игр 1948 года Санкт-Мориц стал для давно обосновавшихся здесь снобов слишком популярным. Бегство постоянных гостей от нежелательных новичков, потребность ограничить себя, являются, как известно, одним из стимулов туристической экспансии. Итак, в 50-е годы маленькая элитарная группа отделилась и неожиданно выбрала деревню в Заненланде, называвшуюся Гштад, которая до тех пор была скорее местом тайных попоек. В то время как Санкт-Мориц становился все современнее, а прекрасный ландшафт, частично из-за беспорядочной застройки, все больше уродовался, в Гштаде можно было (и можно до сих пор) строить исключительно в стиле лыжных шале. Преимуществом Гштада был расположенный поблизости элитный интернат «Ле Рози», который и сегодня традиционно открывает свои зимние помещения для физического оздоровления отпрысков из высшего общества. Там ходили в школу персидский шах, король Испании Хуан Карлос, принц Монако Ренье, Карим Ага-хан. Соответственно этому изысканна и публика в Гштаде. Итак, Гштад элитарнее и вместе с тем менее претенциозен, чем Санкт-Мориц. Но как место для лыжного спорта он не может соперничать со старшим кузеном в Энгадине. Здесь самые высокие вершины расположены как раз на такой высоте над уровнем моря, как самые низкие улицы в Санкт-Морице.

Правда, Гштад симпатичным образом так и остался деревней. Здесь все «среди своих» и вместо кашемировых носят норвежские свитера. Я однажды провел вечер в шале Лиз Тейлор. Она горько жаловалась на то, что нигде не может «прогулять» свои драгоценности и что в ее шале нет ни одного помещения, достаточно большого, чтобы развесить там вечерние платья. Кроме того, брать с собой в Гштад вечерние платья бессмысленно: «Все вокруг ходят, как пастухи!» Это было кокетством. Она любила Заненланд. Для нее Гштад был идеальной кулисой ее мечты о горной идиллии. Разумеется, она никогда не каталась тут на лыжах.

НАЛОГОВАЯ МОРАЛЬ

Когда людям хочется побеседовать и не сказать при этом ничего, лучше всего заговорить о налогах. Тут любой может погоревать вместе с вами. И повозмущаться вместе с вами. Налоги — гроза тех, кто много зарабатывает. Можно возмущаться теми, кто зарабатывает еще больше, — «они там, наверху, с их беспринципной налоговой моралью никак не могут набить свои карманы». Мда, и «эти, тут внизу», как известно, не лучше. Левая работа, страховое мошенничество, нелегальные перевозки, неверно подсчитанные учетные документы. Горестнее жалоб на отсутствующую повсюду мораль бывают только жалобы тех, кого поймали за руку. Внизу социальной лестницы обманывают якобы потому, что так делают богачи. Наверху бесчестно лгут, демонстрируя цивилизованный протест против расточительного государства. Или, что еще более нагло, притворяются, будто просто забыли про миллион в швейцарском банке.

Как было бы здорово, если бы хоть один из пойманных сказал: «Глупость сделал. Я просто надеялся, что меня не застукают». Все аплодировали бы. В знаменитой «Басне о пчелах» голландский врач Бернард Мандевиль (1670—1733) описывает общество, которое безукоризненно функционирует, *потому что* лгут и обманывают все. Богатые обогащаются, бедняки воруют, адвокаты лгут, врачи хитрят, политики врут. Общество процветает, все идет превосходно. Пока его вдруг не охватывает моралистическое рвение и оно не открывает для себя идеал честности и экономности. Экономика впадает в коллапс, общество гибнет. «Для процветания нужны нам роскошь, гордость и обман», — заканчивает Мандевиль. Вероятно, это произвело на раннебуржуазное английское общество с его моральными апостолами необыкновенно освобождающее от обязательств впечатление. «Басня о пчелах» попала на рынок в виде одной из шестипенсовых брошюрок, но — а это безошибочное доказательство популярности — быстро распространилась тысячами экземпляров пиратских изданий. Мандевиль, который задумывал эту историю на самом деле как резкую сатиру, повлиял своим гротеском на экономистов от Маркса до Кейнса как своего рода «анти-Руссо». Похожее произведение, если надо, тоже в формате справочника («Совершенно новая концепция! Тысяча нелегальных трюков с налогами для всех!») нам сегодня не помешало бы.

Важное правило для беседы в обществе на тему «налоговая мораль»: нужно очень точно выверять свои высказывания, чтобы они годились для состоятельного общества, в котором вы вращаетесь. Спектр авторитетов широк: он охватывает в идеале всех, от Прудона («Собственность — это воровство») до либерального толкования американского консервативно-либертарианского Движения Чаепития («Налогообложение — это воровство»).

Если вы попали в общество стоматологов, можно привлечь к себе внимание шуткой о председателе европейской комиссии Юнкере. Прием в честь дня рождения тогдашнего министра финансов Тео Вайгеля, Гельмут Коль держит речь: «Дорогой Тео, даже наш друг Жан-Клод Юнкер пришел, чтобы поздравить тебя. Вот только жаль, что наши люди вкладывают свои “черные” деньги у него в Люксембурге». Смех. На это Юнкер: «Дорогой Гельмут, если бы у вас в Германии финансовая политика была получше, то люксембургцы вкладывали бы свои деньги у вас». Еще больше смеха.

В левых кругах имеет успех история с тюльпановым безумием. Она показывает, что происходит, когда небольшие элиты обладают слишком большими финансовыми резервами и уже не знают, куда деть свои деньги. Так как богатые люди общаются большей частью друг с другом и к тому же любят сравнивать себя друг с другом, то эти раздутые финансовые резервы ведут к вредным для народного хозяйства инвестиционным пузырям. И тогда начинается безумие вокруг товаров, которые нужно иметь, чтобы принадлежать к данному кругу. Например, Интернет-стартапы или предметы современного искусства. Или, как в Голландии в XVII веке, тюльпаны. Некто господин Бусбек, посланник в Константинополе, привез этот цветок с Востока, и он вдруг стал символом статуса. Все, у кого были деньги, демонстрировали это не драгоценностями, а тюльпанами. Цены поднимались, поднимались и поднимались, в тюльпановый рынок вкладывались целые состояния. Пока в 1637 году этот пузырь не лопнул. По совершенно банальной причине: крупный заказчик оказался недоволен грузом и выкинул тюльпаны на рынок по заниженным ценам. Это привело к панике, все стали продавать, тюльпаны вдруг обесценились, рухнули целые династии предпринимателей, а с ними и многие тысячи жизней. И все это потому, что богатые стали слишком богаты и могли позволить себе сверхинвестиции.

Есть ли в теме «Налоги» что-то вроде золотой середины?

К сожалению, нет.

Всемирный экономический форум в Давосе ежегодно публикует исследование о конкурентоспособности 144 стран. Всегда на первых местах Швейцария, Сингапур, Финляндия, Швеция. Четыре страны, которые с точки зрения налоговой политики не имеют почти ничего общего. Чему мы можем научиться на этом примере? Функционирование экономики мало связано с уровнем налоговой ставки. Намного важнее надежные институции, уверенность в росте — и вопросы ментальности.

В Греции, как бы ни низки были там налоги, все равно их никто не платит. Не из подлости, а из-за здорового недоверия к государственным институциям. Каждый знает, что аппарат управления раздут, государственные чиновники подкидывают друг другу фунты, царят непотизм и коррупция, на деньги от налогов финансируются привилегии элиты. Так зачем платить налоги? А в Швеции, наоборот, несмотря на относительно высокие налоги, господствует образцовая налоговая мораль. Потому что граждане доверяют администрации, чиновники дружелюбны и неподкупны, школы прекрасны, инфраструктура в порядке. Там, где люди чувствуют, что живут в обществе, в котором их деньги ценятся, они охотно платят налоги.

Следовательно, налоговая политика не может ни спасти экономику, ни разрушить ее. И еще одного не может налоговая система: обеспечить действительную справедливость налогов. Можно, как упомянутые выше экономисты, требовать введения радикальных налогов на имущество, но это коснется только состоятельных людей, чью экономическую мощь никто не хочет ослабить, а по-настоящему богатые этого даже не почувствуют. Конфискационное налогообложение получалось только в Древней Греции. Так называемыми литургическими налогами самые богатые жители городов должны были оплачивать большие религиозные праздники, то есть лишались части собственности. Но античный грек не мог в то время перевести свои дела через почтовый ящик на Виргинские острова.

Сильные несли это бремя за слабых. Однако прилежание и создание собственности должны и окупаться. Если предоставить рынку задачу уравновесить это, результат будет несправедливым. Так что ее берет на себя государство. Вот только государство должно завоевать доверие своих граждан, чтобы те понимали: деньги расходуются на благо всех. Вот в кратком виде вся дискуссия о налогах: «Налоги — это цена, которую мы платим за цивилизованное общество». Такая надпись висит над входом в Главную американскую налоговую инспекцию.

Налоги были всегда. Первые свидетельства об этом дошли до нас из Древнего Египта. И они всегда будут, потому что, как ни посмотри, они главный источник доходов государства. И пока оно выполняет свои задачи, нужно их самым тщательным образом платить. («Отдай кесарю кесарево...») Но и у сопротивления налоговому бремени священная история. Историки, между прочим, предполагают, что поводом для битвы Вара в Тевтобургском лесу, вероятно, самом немецком из всех немецких мифов, послужило не что иное, как банальный бунт против налогов. Римляне хотели повысить налоги — Германн и его бородатые товарищи сумели предотвратить это свойственным им грубым образом. Кстати, сегодня место этой битвы находится в сфере подведомственности финансового управления Оснабрюкер Ланд с резиденцией в Квакенбрюке. Часть взимаемых там средств оседает — через Ганновер, Брюссель и Европейский социальный фонд — в Риме и регионах к югу от него. Запоздалый триумф Вара и его побежденных воинов.

БУДУЩЕЕ

Есть еще одна тема, о которой нам следовало бы поговорить. Это вообще лучшая тема для непринужденной беседы. Потому что ни о чем другом нельзя высказаться лучше, не имея о предмете разговора ни малейшего представления. Я знаю две остроумные фразы о будущем. Одна из Фридриха Ницше. И одна, еще лучше, от Марка Цукерберга. Ницше сказал: «Всему предстоящему прошлое кусает хвост». А теперь Цукерберг: «Ничто не может быть будущим навсегда».

Эта фраза прозвучала во время одной дискуссии с финансовыми стратегами, среди них был и его друг, король венчурного капитала Марк Андриссен. Когда-то он участвовал в создании Интернет-браузера Netscape, что сделало его уже к тридцати годам мультимиллиардером, в настоящее время он — член наблюдательного совета Фейсбука и считается одной из умнейших голов в Кремниевой долине. Дискуссия шла о будущих рынках Фейсбука. Андриссен отстаивал — это было в 2011 году — тезис о том, что будущее Интернета — мобильные аппараты, такие, как планшеты и смартфоны. Цукерберг не разделял мнения своего друга. «Да, — сказал он, — сейчас мобильные аппараты кажутся будущим. Но ничто не может быть будущим навсегда». Но что *на самом деле* не дает ему покоя, так это вопрос, что придет *на смену* смартфонам. Годом позже Цукерберг потратил почти миллиард долларов на Инстаграм, спустя еще два года невообразимые 19 миллиардов долларов на WhatsApp, две программы, которые подготовили Фейсбуку путь от компьютеров к мобильникам.

Google и Фейсбук уже несколько лет поставляют друг другу пищу для борьбы за самые современные технологии, почти в экстазе швыряются миллиардами и выхватывают друг у друга самые инновационные гаражные стартапы. Apple и Amazon преследуют несколько более скромную стратегию, там, в секретных лабораториях, самые высокооплачиваемые разработчики мира колдуют над цифровым будущим. Но у всех есть одна большая забота: не пропустить «the next big thing» (следующее большое открытие). Кстати, насколько живуч миф о гаражных разработках, показывает одна из последних сенсационных покупок Марка Цукерберга: 21-летнему разработчику из «Окулус» Фейсбук заплатил в марте 2014 года больше 2 миллиардов долларов (то есть почти вдвое больше, чем когда-то за Инстаграм). Палмер Лаки, так зовут самого молодого миллиардера Кремниевой долины, смастерил в гараже своих родителей из самодельных мелочей нечто, над чем гиганты программного обеспечения, такие, как Microsoft и Sony, бились с огромными затратами несколько лет, — и при этом обогнал их. Он изобрел виртуальную реальность. Разработанный его фирмой шлем Oculus Rift считается «роллс-ройсом» среди очков виртуальной реальности, у него больше поле обзора и необыкновенно быстрые сенсоры движения. Во время видеоигры человек, надевший такие очки, испытывает почти жуткую иллюзию, будто он находится «там». А «Окулус» уже работает над следующим большим проектом: интеграцией GVS (главаническая вестибулярная стимуляция), это означает, что к голове пользователя подключаются электроды, чтобы манипулировать его чувством равновесия. С ними, якобы играя в воздушный бой, действительно чувствуешь, что находишься в пикирующем полете или переворачиваешься набок.

Технических аналитиков, которые полагали, что виртуальная реальность будет нишевым рынком, при покупке Фейсбуком «Окулуса» как холодной водой окатило. Неужели в будущем станет возможно виртуально присутствовать на дне рождения бабушки, даже если ты в тысяче километров от нее? Когда-нибудь можно будет виртуально делиться впечатлениями, а не только фотографиями? Марк Цукерберг идет даже еще дальше. После покупки «Окулуса» он сказал: «Мы рассчитываем на то, что однажды виртуальная реальность станет частью повседневной жизни». Цукерберг полагает, что когда-нибудь даже визиты к врачу и деловые обеды будут проходить в виртуальной реальности.

В то время как Фейсбук инвестирует свои миллиарды в виртуальную реальность (а втихаря еще и в развитие новых путей передачи данных), Google идет в будущее другим путем. Ребята в Маунтин-Вью уже некоторое время скупают почти все, что достойно упоминания в области робототехники. Только за Nest Labs, которые производят «обучаемую домашнюю технику», заплатили 3,2 миллиарда долларов. Перед этим Google уже «съел» Redwood Robotics и DI-Guy, специалистов по моделированию поведения человеческой толпы. И разумеется, Boston Dynamics, владельцев «Big Dog», похожего на собаку андроида, который, как ни один из тогдашних роботов, преодолевал неровную местность. Для Google — но и для Amazon, давно экспериментирующего с роботами и дронами, которые должны заменить людей в магазинах и при транспортировке грузов, — автономные системы роботов однозначно являются «будущим». Уже сейчас умные аппараты отбирают у нас так много важных работ, что у нас развивается почти нежная зависимость от них. Историк Античности Сюзанна Эльм сравнивает наше отношение к электронным гаджетам с отношением древних римлян к своим рабам.

Что касается технологического (кошмарного) сна, у роботов, безусловно, самое большое родословное древо. Желанию создать искусственное, сочувствующее человеку существо предположительно больше тысячи лет. Голем, это слепленное из глины, похожее на человека создание, которое может выполнять приказания, но не умеет говорить, появляется в еврейских легендах уже в XII веке. Гёте эта история в 1797 году вдохновила на «Ученика волшебника», Мэри Шелли — на создание «Франкенштейна» (1818 год). Я уж не говорю про книгу Айзека Азимова «Я, робот», вышедшую в 1952 году.

Правда, с тех пор как роботы нашли путь из мира фантазии в реальность, они — сплошное разочарование. Пока что. Они уже делают то, чего не может человек, например ищут на Марсе пробы грунта. Или выполняют то, чего человек делать не хочет: обезвреживают бомбы или, скажем, убирают пыль. Также в автомобильной промышленности помощники стали очень популярны. Но все они еще сильно отстают, как говорит Скотт Хассан, менеджер Google «первого часа»: «Они глупы как пробка».

Фирма Хассана «Виллоу Гэраж» разработала персонального робота (ПР), которого в этой отрасли считают новаторским достижением, потому что он может взять на себя действительно трудные работы, как, например, утилизация мусора, сам умеет передвигаться по квартире и может даже сервировать напитки — но иногда протягивает бокал не гостям, а вешалке. В области искусственного интеллекта с 60-х годов, правда, достигнут потрясающий прогресс, роботы уже умеют видеть, умеют играть в шахматы. Но потом у них вдруг не получаются простейшие задачи, для решения которых хватило бы ума жука. Только на то, чтобы научить их не падать на неровной поверхности, ушли десятилетия. Запрограммировать робота так, чтобы он поднимал с пола вещи, которым там не место, все еще не удалось. А кроме того, он должен уметь и думать самостоятельно. Исследовательский отдел Министерства обороны США каждый год устраивает что-то вроде мирового чемпионата роботов, чтобы продвинуться в решении всех этих проблем. Победители в той или иной категории (например, подняться по лестнице или водить автомобиль) получают денежную премию в размере одного миллиона долларов, чтобы продолжить работу над своим открытием и через год снова его показать.

Но пока машины только моют полы у нас на кухне или выполняют логистические задачи на больших фабриках, складах и в больницах, и даже когда-нибудь, возможно, действительно начнут возить нас по миру. В любом случае они представляют большую опасность на рынке труда. А древний страх, что роботы, если они и в самом деле однажды станут разумными, покончат с нами, глубоко сидит в нас (из-за чего их глупость как-то успокаивает). Когда чешский писатель Карел Чапек создал первого литературного «робота», он описал машины, которые вначале отняли у своих создателей работу, а потом обратили свое внимание и на них самих, чтобы в конце концов их уничтожить. Эти и подобные выдумки надолго отпечатались в нашем сознании.

Тем временем появились сценарии, которых не смогли бы придумать даже асы жанра ужасов: люди, созданные в лаборатории, нечто промежуточное между компьютером и человеком. Иерусалимский профессор истории Юваль Харари в своей книге «Краткая история человечества» описывает, как наука позволяет человеку взрывать биологические границы. Она подчиняет себе мир. В качестве примера Харари приводит Альбу, флуоресцирующего зеленого кролика, которого бразильские и французские биоинженеры создали в лаборатории, имплантировав гены медузы в эмбрион кролика. Научная революция, пишет Харари, могла бы считать себя самым важным событием с начала жизни на Земле. Через четыре миллиарда лет естественного отбора Альба стоит у начала новой эпохи, в которой жизнь конструируется по потребности, — эпохи «умного художественного конструирования». Будучи атеистом, он формулирует это так: «История началась, когда люди создали богов, и кончится в тот момент, когда они сами станут богами».

Никто не знает, что принесет будущее: виртуальная реальность, искусственный интеллект и умное художественное конструирование — это уже настоящее. Так же, как тесная эмоциональная связь между человеком и машиной. Я, во всяком случае, радуюсь новым часам от Apple, как новому члену семьи. Может, в будущем нас предстоит утешать не только смартфонам и смартчасам, но и эмоциональным роботам вроде искусственного лечебного робота Паро? Его уже используют во многих домах для престарелых в Японии и США как искусственное домашнее животное, потому что он особенно успокаивающе действует, и это было доказано, на дементных пациентов. А в наши последние часы нас будут держать за руку машины, так как не хватает персонала для слишком постаревшего населения? Это хуже, чем умереть совсем в одиночестве? Вопросы, которые могут еще возникнуть перед нами. На чемпионате мира среди роботов, устроенном Пентагоном, недавно завоевал сердца зрителей гуманоид по имени Хубо, созданный в лабораториях нескольких американских университетов. После успешного вождения джипа, устранения препятствий и использования приборов он в конце паркура, сопровождаемого криками восторга, зашатался на последнем отрезке лестницы — из-за необыкновенно сильного порыва ветра. Когда Хубо упал, в публике прокатилось разочарованное, растерянное «О-о-ох»», настоящая эмпатическая реакция. Это позволяет предполагать, что об отношениях человек — машина сказано еще далеко не все. Как поет Дорис Дэй: *«Что будет, то будет. Мы не можем знать будущее. Что будет, то и будет»*.

ЗАКЛЮЧИТЕЛЬНЫЕ СОВЕТЫ

Некоторые читают книги с конца, что считается неправильным, но простительным. Это только доказывает, что люди страдают от переизбытка информации. Для таких людей, то есть прежде всего для тех, кто проводит бо́льшую часть дня перед маленькими экранами, которым действительно может понадобиться руководство, как общаться в реальной жизни, вот для таких читателей я обобщил квинтэссенцию своей книги в коротких словах, чтобы им не пришлось читать все.

Десять золотых правил для любой коктейльной вечеринки, любого приема, любого праздника

1. Стой прямо! Ходи прямо!

2. Не давай никому заметить, что тебе скучно с твоим собеседником. Никогда не смотри поверх его плеча на остальных!

3. Будь заинтересованным! Делай это, как гроссмейстер беседы Клинтон. Или посол Лихтенштейна в Берлине. Когда кто-то говорит с ними, они дают собеседнику почувствовать, что встали сегодня утром только для того, чтобы познакомиться с этим человеком.

4. Никаких пауз в разговоре! В случае необходимости спроси: «Что сегодня было твоим самым приятным впечатлением?»

5. Не раболепствуй. Возражай!

6. Не будь надменным. Соглашайся с собеседником!

7. Будь всегда дружелюбен с персоналом!
8. Никогда не оскорбляй хозяйку. Или собаку.
9. Никогда не клади мобильник на стол.
10. Внимательно слушай!

Темы, которых следует избегать в обществе

* Интимное бритье.
* Увольнение.
* Величина опухоли.
* Средний Восток.
* Боги.
* Балансы.
* Развод.
* Теории заговоров.
* Пищеварение.
* Герпес.
* Постструктурализм.
* Вальдорфские школы.
* Помешанность на диетах.
* Смерть печатных СМИ.
* Возраст хозяйки дома.
* «Фермы красоты».
* Налог на наследство.
* Букет вина.
* Букет вашего визави.

Темы, которые всегда уместны в обществе

* Пуговицы на блейзере вашего собеседника.
* Туфли во-он той дамы.
* Новая выставка в музее Уитни.
* Журнал «Вог».
* Постепенное исчезновение долгих обедов.
* Черный рынок пианино.
* Мюнхен в 70-е годы.
* Слухи.
* Меню в лондонском ресторане «Rawduck».

* Исчезновение привычных предметов (телефонных будок, пишущих машинок) в эпоху технической революции.
* Лыжные трассы.
* Новая книга Фарамерза Дабхойвалы.
* Мария Фуртвенглер.
* Аюрведа.
* Оливковое масло с острова Лесбос.
* Улицы, где лучше делать покупки.

Чем никогда не стоит хвастаться

* что вы никогда не открываете свою почту,
* что вы содержите свой автомобиль в безупречной чистоте,
* что вы не знаете, сколько денег у вас на счету,
* что у вас больше одного любовника,
* что вы прихватываете с собой тапочки из отеля,
* что вы всегда получаете столик у «Джимми» в Монте-Карло,
* что вы дружны с Айшой аль-Каддафи.

Чем можно хвастать

* что вы немного отдыхаете после обеда,
* что вы любите ездить на поезде,
* что вы любите наряжаться,
* что вы любите одиночество,
* что вы любите бывать в обществе.

На что никогда не следует жаловаться

* на еду,
* на телепрограмму,
* на туалет в венском кафе «Гавелка»,
* на цены за интернат для детей,
* на персонал,
* на своего шефа,
* на супруга(у),
* на пирсинг,
* на Ангелу Меркель.

На что можно жаловаться

* на температуру шампанского,
* на своего юриста,
* на такси в Гамбурге,
* на своего советника по искусству,
* на очередь в дёнере «Мустафа» в Кройцберге,
* на кофе в самолетах Air Berlin.

Подходящие прелюдии к разговору

1. «Вы уже слышали, что “Брегет” недавно выпустил защищающие от полония ручные часы?» (Если вы попали в компанию русских олигархов.)

2. «Каков ваш личный рекорд без сна?» (В разговоре с военным или на краю танцпола в ночном клубе «Бергхайн».)

3. «Если бы вы могли совершить преступление, зная, что вас не поймают, что это было бы?» (При разговоре с руководителем предприятия.)

4. «Кто ваш любимый философ?» (В беседе с людьми из мира моды.)

5. «Когда вы впервые заметили, что вы необыкновенный человек?» (Если вы разговариваете с человеком, озабоченным только самим собой. Секретный трюк, действует безотказно.)

Семь самых больших заблуждений, которые вошли в оборот на коктейльных приемах

1. Фраза «Если у них нет хлеба, почему они не едят пирожные?» принадлежит Марии-Антуанетте. Часто выдуманные истории ближе к действительности, чем дословная правда, но не в этом случае. Последняя королева Франции не была бессердечной личностью. Она никогда не произносила этих слов. Вероятно, они принадлежат любовнице Людовика XIV. Но зато точно известно, что Мария Антуанетта вежливо попросила прощения у палача, когда по дороге на гильотину наступила ему на ногу.

2. Мы используем только 10% нашего мозга. Полная чушь. Это доказывают исследования с помощью функциональной МРТ, которая дает картинку работы мозга. Конечно, в зависимости от требований одни участки мозга более активны, другие — менее.

3. Дом Периньон (1638—1715) изобрел шампанское. Неверно. То, что ферментация приводит вино к брожению, в его время было уже давно известно. Метод шампанизации — «methode champenoise» — использовали в Англии уже в середине XVI столетия. А чем мир действительно обязан монахам-бенедектинцам, так это открытием, что вино становится лучше, если смешать различные сорта винограда.

4. Гитлер был вегетарианцем. Все биографы сообщают о пристрастии Гитлера к колбасам, правда, из-за проблем с пищеварением ему на время прописывали диету, не содержащую мяса. На самом деле вегетарианцем был Гиммлер.

5. Любимый напиток Джеймса Бонда — сухой мартини. Во всех романах Яна Флеминга, вместе взятых, Бонд выпил 101 бокал скотча — и только 19 раз мартини.

6. Скрипичные струны раньше делали из кошачьих кишок. Глупость. Скрипачи специально пустили этот слух, чтобы защитить свои инструменты от воровства (как известно, убийство кошки приносит несчастье).

7. Устрицы являются афродизиаком. К сожалению, нет. По крайней мере, непосредственного действия они не оказывают. В устрицах полно калия, фосфора, натрия, кальция, магния, железа, меди, а также витаминов A, B, D и E. Правда, в них еще есть много цинка, который действительно поддерживает образование тестостерона в организме. Но все это эффективно только при регулярном употреблении. Казанова якобы съедал ежедневно две дюжины устриц.

Места, в которых не следует начинать разговор

* в кассовом зале Немецкого банка в Вадуце (Лихтенштейн),

* в карете «скорой помощи»,
* в кабинете для допросов ЦРУ,
* в тюремной камере,
* в туалете,
* в вертолете,
* в блоке для фанатов на Вестфальском стадионе,
* в сауне (и в зале отдыха!),
* в зале ожидания на бирже труда,
* на Герберт-штрассе,
* под крышей маленькой часовни во время проливного дождя,
* в лифте,
* в зале ожидания «клиники» д-ра Манга на Боденском озере.

Места, которые всегда стоит упомянуть

* стейк-хаус Питера Лугера в Бруклине,
* джазовый клуб «Коричневый сахар» (Brown Sugar) в Бангкоке,
* отрезок дороги между Турином и Ниццей,
* сад японского посольства в Берлине,
* терасса для завтраков в «Мандарин Ориенталь» в Сан-Франциско,
* книжный магазин Феликса Юда в Гамбурге,
* ресторан «Чеза Велья» в Санкт-Морице,
* «Клендерхоф» на острове Зилт,
* терминал бизнес-класса в Стамбуле,
* Гштад,
* клуб «Ричбэби» в Шанхае (улица Маоминг Нан, 180).

Чем наверняка можно завоевать популярность в обществе

* оплатить весь счет.

Напитки, которые не стоит заказывать

* кампари с апельсином,
* американское пиво «Будвайзер»,

* розовое шампанское,
* латте с соевым молоком,
* вообще соевое молоко (если уж необходимо, то миндальное).

Напитки, которые следует заказать

* кофе ристретто,
* двойной эспрессо,
* шампанское «Болингер» 1978 года,
* тринидадский коктейль «Квинс-парк-свизл» (если вы можете позволить себе похмелье),
* коктейль «Олд фэшн» (если вы хотите его избежать),
* дайкири со льдом (если хотите, чтобы на вас обратили внимание),
* коктейль «Кровавая Мэри» (при легком опьянении),
* коктейль «Устрица прерии» (при тяжелом).

Три золотых правила пьянства

1. Если вы напиваетесь, то делайте это совершенно умышленно.
2. В промежутках выпивайте стакан воды.
3. Все, что было сказано, все равно что, нужно забыть на следующее утро. Никогда не заговаривайте со своими компаньонами о ночи, когда вы напились. Никогда.

Три важных правила, если вас пригласили на обед

1. Всегда опаздывать на 15 минут.
2. Никогда не уходить последним.
3. Не говорить о еде.

Экскурс по теме «чокаться»

Старого Грегора фон Реццори спросили, есть ли что-нибудь, чего он никогда бы не сделал на приеме, даже если это делают все. Он подумал некоторое время, а потом ответил: «Я бы никогда не сказал “прост” (ваше здоровье) и ни с кем бы не чокнулся». А как же он реагирует, когда хотят чокнуться с ним? «Коротко дружелюбно кивнуть. В случае необходимости я говорю Skål (по-шведски — ваше здоровье) или na sdorowje, но слово “прост” я произнести не могу. У человека есть право выпить, не привлекая постоянно к этому внимания».

Что хозяин дома должен всегда иметь наготове

* кубики льда,
* парацетамол,
* динамик,
* крепкий алкоголь со змеей,
* злаки (пшеницу! Для смузи!),
* номер вызова такси,
* номер хиропрактика.

Что лучше не подавать

* авокадо с крабами,
* суфле,
* свежие морские ежи,
* спагетти «алио олио»,
* телячья печень,
* пьяные креветки,
* спаржа.

Что обязательно надо подавать

* гусиная печень (если присутствует Александра фон Релинген),
* вегетарианские мини-закуски, которые можно есть руками,
* водка,
* мягкое мороженое.

Экскурс по теме «Подарок»

Должны ли вы принести что-то хозяевам? Нет. Подарите цветы! Но распорядитесь доставить их хозяйке дома в день *после* приема. С короткой, написанной от руки благодарностью. Кстати, раньше было принято на большие праздники делать подарки гостям. За «diner» (обедом) вы находили на своем месте какой-то знак внимания, сувенир например, сделанную специально для этого вечера пепельницу или маленькое украшение. Раньше при королевских дворах по большим праздникам чеканили ценные монеты и дарили их как сувениры. Сегодня такие вещи называют «подарочными пакетиками» и вспоминают про них только в день рождения детей и на больших мероприятиях фирм.

Типы, которых надо избегать в обществе

* политики,
* сотрудники Федеральной разведывательной службы,
* члены Радикально-демократической партии Швейцарии,
* приверженцы халифата,
* редакторы журнала «Closer»,
* проститутки,
* бывший муж лучшей подруги,
* бывшие банкиры, ставшие меценатами.

Что делает свадьбу выдающейся

* она проходит на природе,
* остроумные (но не вульгарные!) поздравительные речи,
* вечеринка у невесты происходит *накануне* венчания,
* вы оказываетесь в постели с одним из гостей,
* само венчание вы переносите в похмелье и после нескольких часов сна сидите в церкви с цветком в петлице и с опухшим лицом,
* дамы в шляпах,
* мужчины в визитках или в парадных костюмах для приемов (но никаких идиотских разноцветных жилетов),
* жарко,
* хорошо охлажденное шампанское,
* неделю спустя об этом можно прочитать в «Бунтен» и в «Пойнт де вью».

Признаки неудачной свадьбы
* ее празднуют в большом городе,
* арендованный «роллс-ройс»,
* церемония происходит в загсе,
* конфетти,
* смокинг — днем,
* брат невесты что-то импортирует и экспортирует.

Имена, которые надо вскользь упомянуть
* в Берлине: Борис Радсун,
* в Дюссельдорфе: Александр Горко,
* в Гамбурге: Юлия Йениш,
* в Лондоне: Константин Бисмарк,
* в Мюнхене: Якоб Бурда,
* в Москве: Даша Жукова,
* в Париже: Ондин Ротшильд,
* в Зальцбурге: Тадеуш Ропак,
* в Вене: Кристофер Вентворт-Стенли,
* в Цюрихе: Дитер Майер.

Имена, которые лучше не произносить
* в Берлине: Николас Берггрюен,
* в Дюссельдорфе: Хельге Ахенбах,
* в Гамбурге: Юрген Гарксен,
* в Лондоне: Гога Ашкенази,
* в Мюнхене: «барон» Финки,
* в Москве: Герман Хан,
* в Париже: Бернд Рунгс,
* в Зальцбурге: Хельмут Бергер,
* в Вене: Штронахи,
* в Цюрихе: Штефан Шмидхайни.

Мероприятия, о которых обязательно надо знать
* Зальцбургский фестиваль.
* Байройтский фестиваль.
* Открытие Октобер-феста.
* Бьеннале искусств в Венеции.

* Выборы «мисс Корвилья» в Санкт-Морице.
* «Большая неделя» скачек в Баден-Бадене.
* Вручение Баварской кинопремии.
* Свадьбы в семье Эткер.

Безусловно избегать

* «Бал жизни» в Вене.
* Бал роз в Монако.
* Конкурс красоты в Магалуфе на Майорке.
* Открытия ночных клубов в Москве.
* Берлинале.
* Свадьбы в семье Бреннигмайер.

Три самых мерзких иностранных оскорбления, которые настолько неприятны, что их нельзя переводить, которых не понимает ни один человек и которые поэтому годятся, чтобы тактично выразить самый большой гнев

1. «Glirit mortin hed sarma shinem» (по-армянски).
2. «Afatottari» (по-исландски).
3. «Sa-mi bagi mana în cur şi sa-mi faci laba la cacat!» (по-румынски).

Люди, на чей счет не следует острить

* восточные немцы,
* венцы,
* транссексуалы,
* люди, получающие пособие по безработице или социальную помощь,
* журналисты, работающие в печатных изданиях,
* акушерки.

Люди, на счей счет в любом случае можно острить

* банкиры,
* трансвеститы,
* жители Бернского Оберланда,
* берлинцы,

* жители Гамбурга,
* налогоплательщики.

Готово, вроде бы всё, теперь молодое поколение может вернуться к своим электронным приборам. Остаток читателей, то есть те, кто обладает терпением, чтобы прочитать мою книгу действительно до конца, я вознагражу сейчас, раскрыв одну тайну. Тайну, обычно скрываемую от читателей книжек, которые должны помочь в жизни, вроде этой. Тайна вот в чем: ты не должен меняться. Ты хорош такой, какой ты сейчас! Пойми это, и тебе больше никогда не придется покупать справочники. Если ты попытаешься измениться, из этого ничего не выйдет. Дело вот в чем: как ни похвально желание измениться, оно основывается на ложной посылке — на желании быть другим, чем ты есть. Понятно, всегда можно исправить ту или иную мелочь в своем поведении, однако настоящий вызов состоит в том, чтобы примириться с собственной природой. Только тот, кто хорошо относится к себе, тот, кто остается самим собой и пытается принять себя, имеет шанс — как ни парадоксально это звучит — измениться. Сформулирую, чтобы всем было понятно: Yo, chill! (Эй, расслабься!)

Обычно мы слишком критично относимся к самим себе. И редко одобряем себя. Поэтому и существуют книги вроде этой. Наше общее препятствие: наше европейское наследство. Вся наша христианская культура (как и мусульманская) основана на требовании: ты должен быть другим, не таким, как ты есть! Возможно, мы обязаны этим снова нашим еврейским корням. Иудаизм — религия великих пророков, а они имели обыкновение постоянно поучать людей. Это привело нас к скептическому отношению к себе, которое и сегодня продолжает действовать даже в мире, далеком от религии. Вначале хорошо бы освободиться от него, чтобы иметь шанс на то, о чем, очевидно, мечтают все: на самооптимизацию.

Теперь, чтобы это далеко идущее соображение снова соотнести с умением вести себя в обществе: самые приятные люди — те, которые живут в согласии с собой. Только тот, кто живет в мире с собой, только тот, кто себя любит (или пытается полюбить), может любить других и действительно привлекателен. Кто подает себя таким, как есть, кто не притворяется, не пускает пыль в глаза — уже приятный человек. А люди, которые изо всех сил стараются понравиться, всем действуют на нервы. Безразлично, пытаются ли они найти подходящий галстук, сказать что-то правильное, вести себя как положено или показать себя в выгодном свете, — все равно. Смотреть на кого-то, как он старается, мучение. Виртуозность, не важно в чем, в профессии, в игре на пианино или в поведении в обществе, всегда выглядит легко. Кому это не дается легко, должен, по крайней мере, делать вид, что легко. Делай вид, что тебе легко, и когда-нибудь, будем надеяться, тебе и правда станет легко! Ведь, по сути, это главная цивилизаторская идея: мы стремимся к тому, чтобы обуздать свою грубость, сделать жизнь приятнее, общение дружелюбнее — и все это без напряжения и принуждения. Судя по тому, как сегодня обстоят дела, западная модель жизни именно поэтому в перспективе пробьет себе дорогу. Потому что она основана на бесспорной привлекательности, на обещании качества жизни, жизнерадостности и дружелюбии. Я хотел бы, чтобы моя книга хоть немного помогла этому.

ВМЕСТО БИБЛИОГРАФИИ

Собственно, я написал эту книгу, чтобы вам не надо было читать много других. Кто в эпоху уменьшающегося внимания захочет читать 300 страниц о футболе или телесериалах? Но если вы споткнулись о какую-то тему и хотите непременно углубить свои знания в этой области, я охотно сообщу, какими книгами я пользовался, чтобы превратить свое полузнание в солидные три четверти знания.

Тому, кто интересуется цивилизованным общением, то есть поведением как таковым, только чтение книг, полагаю, не поможет, к сожалению. Тем не менее не хочу скрывать, что мне известны две великолепные книги по этому вопросу: во-первых, книга Асфа-Воссена Ассерате «Манеры» (изд-во Айхборн, Франкфурт-на Майне, 2003). Своим первым экземпляром я пользовался как справочником и просто для удовольствия так часто, что он уже совершенно истрепался, и я купил второй в чисто декоративных целях. Замечательна, во-вторых, книга старого английского дипломата Гарольда Николсона «От мандарина к джентльмену». Это своего рода история культуры хороших манер, охватывающая весь земной шар и три тысячелетия. В 1958 году Бек издал ее на немецком языке, она антикварная, но ее относительно просто купить.

Кого занимает тема «Знать и королевские дома», тому я рекомендую вышедшую в 2008 году в издательстве «Ровольт» книгу «Все, что вы хотели знать о королях, но не решались спросить» Александра фон Шёнбурга. Это просто обычная книга. Небольшая шутка. В действительности я не советую читать книги о «знати». Большинство (кроме моей, разумеется), к сожалению, не серьезны. Есть несколько исключений, к ним принадлежит вышедшая в 2004 году в «Дюмонт» очень компактная и очень точная книга Вильфрида Рогаша «Знать. Быстрый курс». Менее деловая, зато более развлекательная книга Гислена де Дисбаха «Тайны Готского альманаха», появившаяся на немецком языке в 1966 году в издательстве «Пауль Нефф» в Вене. Кто интересуется специфической ролью высшей знати в немецкоговорящем пространстве, должен приобрести книгу Хайнца Гольвитцера «Владыки», которая вышла в 1964 году. Если вы хотите получить приблизительное представление о знати в постфеодальном обществе во всей Европе, то я рекомендую книгу Доминика Ливена «Аристократия в Европе 1815—1914» (на русском языке вышла в издательстве «Академический проект» в 2000 году). Чтобы понять претензии, которые знать (если она не полностью ассимилировалась) предъявляет к себе и к своему образу жизни, полезно прочитать обращения Папы Пия XII к патрициям и знати Рима. Собрание этих легендарных обращений с комментариями в 1993 году выпущено Австрийским обществом защиты традиции, семьи и частной собственности на нескольких языках, и, насколько я знаю, его едва ли можно купить в обычном книжном магазине. Если вы хотите ее иметь, вам следует найти в Интернете это Общество и попросить прислать вам экземпляр.

Читать книги на тему «Американская внешняя политика» я действительно не могу рекомендовать. Я думаю, вы узнаете гораздо больше о менталитете американцев, который делает для них невозможным спокойно глядеть на гуманитарные преступления в далеком зарубежье, если посмотрите фильмы «Спасти рядового Райана» или «Падение “черного ястреба”». Но если вы действительно хотите углубиться в эту тему и понять также исторические связи, для начала прочите книгу замечательного британского историка Нила Фергюсона «Оболганная империя». Он очень выразительно описывает, как мир без мировой полиции скатывается из одной гуманитарной катастрофы в следующую. Настоящая драма, по Фергюсону, заключается в том, что США неохотно берут на себя роль мирового полицейского (и из-за этого возникает определенный вакуум).

А может, что-то вроде мирового правительства, это как раз то, чего мы должны бояться больше всего? Кто интересуется темой «Апокалипсис», в любом случае не пройдет мимо этой мысли — и мимо вышедшего в 1907 году романа «Властелин мира». Английский священник Роберт Хью Бенсон показывает в нем либеральное мировое господство как сценарий ужасов. Эта книга существенно повлияла на Джорджа Оруэлла и его роман «1984». Бенсон описывает политика (американского!), которому удалось добиться мира во всем мире, и поэтому, а еще благодаря своей харизме, он — признанный во всем мире авторитет. Он верит в универсальный гуманизм и отклоняет, как антилиберальную, любую мысль, которая противоречит этой всеобщей, научно-разумной картине мира. Так во имя толерантности умирает, разумеется, и толерантность по отношению к тем, кто не следует либеральной картине мира. «Властелин мира» Бенсона не раз издавался и на немецком языке, в последний раз в 1990 году в Варцбурге, в издательстве «Йоганн Вильгельм Науманн». Не менее зловеща книга монаха ордена цистерцианцев Доминикуса Трояна «Антихрист». В то время как у Бенсона «властелин мира» завоевывает мировое господство с большим шумом, трезвая, специальная книга патера Доминикуса дает понять, что это может произойти намного тише и незаметнее, что мы, возможно сами того не подозревая, уже давно находимся в Апокалипсисе. Книга Трояна появилась в 2010 году в Аугсбургском издательстве «Санкт Ульрих» и рекомендуется каждому, кто серьезно занимается этой темой. Но если вы хотите прочитать книгу, которая охватывает все самое важное, то это должна быть книга Клауса Бергера «Как придет конец света?» (издательство «Гутерслохер ташенбух», 2002). В теологическом отношении слабоватая, но увлекательная научно-популярная книга на тему конца света — «Конец света» Саймона Пирсона (2006). Скорее литературно-культурно-исторический подход выбрал Герхард Хеншель в своей книге «Менетекель — 3000 лет заката Европы», которая вышла в 2010 году в издательстве «Айхборн».

Давать рекомендации, что прочитать по теме «Буддизм», намного сложнее. Главной для моего понимания стала книга Ойгена Херригела «Дзен в искусстве стрельбы из лука». Он был одним из первых европейцев, занимавшихся дзен-буддизмом, его книга — классика в этом жанре. Чтобы узнать больше о буддистском учении и историческом Будде, я пользовался книгами Ганса Вольфганга Шуманна, который провел десятилетия в различных академических и дипломатических миссиях в Индии, Бирме и на Цейлоне. Самой интересной и даже самой поучительной оказалась, однако, книга Леонарда Шеффа и Сьюзен Эдмистон «Корова на парковке» (2011).

Разговаривать с полным ртом невежливо. А читать за едой? Если речь идет о «Съедобной истории человечества» Тома Стендейджа, должно быть разрешено. Эта замечательная книга вышла в 2009 году в издательстве «Walker & Company». Только прочитав ее, я понял, какое влияние еда оказала на всю историю, экономику, даже на наше мышление и возникновение Homo sapiens. Абсолютно завораживающая книга. Очень рекомендую также книгу Клауса Э. Мюллера «Маленькая история еды и питья».

Тот, кто читает за едой, не должен удивляться тому, что французы будут относиться к нему с презрением. Чтобы понять французов — и Францию, — достаточно прочитать главу об Орлеанской деве в классической книге Фридриха Зибурга «Бог во Франции?». Многие мысли Зибурга отразились в этой главе. В его книге (1929) сказано все, что нужно сказать о Франции. Тому, кто любит, чтобы все было научно обоснованно, необходим Фернан Бродель и его двухтомник «Что такое Франция?» (1986). Если проблема интересует вас скорее с юмористической стороны и одновременно вы хотите узнать что-то научное о стране и людях, советую купить одну или две книги Стефана Кларка, например «Англия и Франция: мы любим ненавидеть друг друга» (2010), а на немецком языке в 2009 году вышла его книга «Поговори с улиткой»

По теме «Футбол» есть несколько прекрасных книг. На мой взгляд, литературно самая убедительная — «Дни игры» Рональда Ренга. Если бы мне пришлось жить на необитаемом острове, а с собой можно было бы взять только десять книг, эту книгу я взял бы точно. Это — портрет футбольного тренера и одновременно Бундеслиги, Рурской области, Германии, человека. Для того, кто хочет глубже вникнуть в тактику игры и серьезно разобраться в современном футболе, в настоящее время есть только одна книга: вышедшая в «Ровольт» в 2014 году «Игра с числами. Виртуозные стратегии и тактики на футбольном поле» Криса Андерсона и Дэвида Сэлли. Чтобы приблизиться к теме с культурно-исторической точки зрения, я рекомендую «Суббота, половина четвертого. История футбольной Бундеслиги» Нильса Хавеманна. Но безусловно, самая важная книга — вышедшая в 1982 году книга крупного, умершего в 1990 году социолога Норберта Элиаса и его коллеги Эрика Даннинга. С 2003 года она есть и на немецком языке: «Спорт и отдых в процессе цивилизации». Почему мы любим спорт? Какие душевные потребности он удовлетворяет? Как объяснить насилие на краю спортивных событий? После чтения этой книги у вас больше не останется вопросов.

Литература о телесериалах? По-моему, это немного глуповато. Одно издательство попросило важнейших поп-теоретиков нашего времени написать подробные анализы основных сериалов. Но так ли уж нужно читать, что может сказать Дидрих Дидериксен о «Клане Сопрано»? Или Дитмар Дат о сериале «Лост»? Или Штефани Дикман о «Клиент всегда мертв»? Для этого надо быть настоящим занудой. Не так академична и высокомерна книга Алана Сепинволла «Революция транслировалась по телевидению», вышедшая в 2012 году. Сепинволл — один из самых влиятельных телекритиков Америки, он был единственным, кому Дэвид Чейз, создатель «Клана Сопрано», однажды дал подробное интервью. «Нью-Йорк таймс» отметила его книгу как одну из лучших книг 2012 года, она считается умной историей культуры сериалов как телеразвлечения. На основании теледрам, таких, как «24 часа» и «Во все тяжкие», книга показывает, как производители сериалов преобразили рассказ историй. Но читать ее все равно необязательно.

Вокруг темы «Гендерные отношения» идут такие бои, что я могу спокойно дать рекомендации по чтению. Одна из важнейших книг в мейнстриме гендерного движения, безусловно, упомянутой в соответствующей главе Джудит Батлер книга «Гендерное беспокойство». В свою очередь, чтобы понять обеспокоенность уравниванием полов, нужно прочитать «Глобальную сексуальную революцию» Габриэлы Куби и Роберта Шпемана.

Главы о частице Бога и о времени я, каким-то образом полностью пропустивший уроки физики, смог написать только потому, что после долгих поисков книги, которая более или менее понятно объяснила бы мне физические тайны, мне в руки попали книги Джима Аль-Халили. До этого я перепробовал действительно всё. В конце я даже хватался за подкасты по физике, так как от меня ускользали самые основные понятия; я терпел неудачу, пытаясь понять взаимосвязи, которые, кажется, мои дети давно уже поняли. В отчаянии я поехал (с детьми) в находящийся недалеко, с моей точки зрения, Сакров (в доме, где жил Эйнштейн, сегодня маленький музей). Я надеялся, что знаменитый гений места поможет понять теорию относительности. Хотя я и вправду встретил в Сакрове гения места и он был очень дружелюбен, но по меньшей мере азы некоторых вопросов современной физики (хоть что-то, что позволяет мне несколько минут держать квазинаучную лекцию в обществе) я получил только в книгах Джима Аль-Халили. У него тоже есть маленькие дети, поэтому он натренирован в искусстве доходчивого объяснения. Действительно фантастичны его книги «Парадокс — девять великих загадок физики» и «Квант. Путеводитель для запутавшихся». Только позднее я узнал, что есть еще один немецкий автор, который умеет понятно объяснять высокую физику: Бригитта Рётляйн. Ее книга «Квантовая революция», собственно, даже лучше, чем последняя книга Аль-Халили. Журналистка, пишущая о науке, Бригитта Рётляйн обладает гениальной способностью объяснять сложные научные вопросы точно и понятно.

Вы хотите полнее изучить феномен Гельмута Шмидта? Тогда я могу посоветовать только одну-единственную книгу: «Как Гельмут Шмидт однажды... Маленькие истории о большом человеке» Йоста Кайзера. Это самая интересная и развлекательная книга о Гельмуте Шмидте, какую я знаю.

Чтобы до некоторой степени серьезно суметь написать о гомосексуальности, мне очень помогла статья Густава Зайбта «Те люди» в «Зюддойче цайтунг» от 11 января 2014 года. Все, что я читал по этой теме потом, благодаря статье Зайбта получало новую аргументацию. Когда я учился, мой профессор истории уговорил меня прочитать книгу Джона Дж. Уинклера «Ограничения желаний», но после эссе Зайбта я смог снова взять ее в руки и осознать по-новому. То же самое относится к книге 1922 года «О князьях и других смертных», которую я много лет назад проглотил скорее как развлекательное чтиво, не задумываясь о культуре доносительства, которое когда-то у нас в Германии публично развязал пресловутый параграф 175.

Если вам интересно заглянуть за кулисы отельного бизнеса, надо читать романы, а не специальную литературу. Те, кто действительно в нем разбирается, горничные и консьержи, не пишут разоблачительных книг. Настроение, присущее полусвету в гранд-отелях, описано, например, Томасом Манном в «Приключениях Феликса Крулля» и конечно же в классическом романе Вики Баум «Люди в отеле». Но актуальнее документальный роман английской журналистки Имоджен Эдвардс-Джонс «Отель Вавилон». Для понимания истории европейского отельного бизнеса, с точки зрения крупного отельера, мне очень помогли мемуары Макса Келлера. Он руководил большими домами в Гонконге, Санкт-Морице и Вене, работал в отелях класса люкс во всем мире, следовательно, он знает, о чем говорит. Его книга «Через Санкт-Мориц в Гонконг и обратно» вышла в 2007 году в издательстве «Нойе цюрхер цайтунг». Замечательная книга, но уступает «Отелю на Вандомской площади» Тилар Маццео. Перед этим она уже написала увлекательные книги об изобретении шампанского («Вдова Клико») и о самых знаменитых духах в мире («Тайна “Шанель № 5”»), но история парижского «Рица» — ее абсолютный шедевр. Она рассказывает историю немецкой оккупации Парижа с самой светской из возможных точек зрения, а именно с Вандомской площади.

Главу «Собаки» я сумел написать только потому, что мне помог мой джек-рассел-терьер Беппо. И Конрад Лоренц со своей книгой «Человек находит друга», хотя она, как мы теперь знаем, была кое о чем другом. И разумеется, великолепная книга Эрхарда Эзера «Собака и человек», а кроме того, прекрасный сборник текстов Юргена Кристена, в котором писатели рассказывают о своих отношениях с собаками, книга называется «Писатели и их собаки». Между прочим, у моего отца была собака по кличке Хаджи Халеф Омар Бен Хаджи Абул Аббас Ибн Хаджи Давуд Аль Госсара, короткошерстная такса, которую мы все называли просто Хаджи. Она была его охотничьей собакой. Что ведет нас к следующей теме «Охота».

Вначале надо посетить Охотничий музей в Мюнхенской пешеходной зоне. Затем следовало бы прочитать маленькую книжечку Хосе Ортега-и-Гассета «Размышления об охоте». Увлекательной, антимодернистской защитой всего архаичного является книга Флориана Аше «Охота, секс и поедание животных».

Чтобы понять основы капитализма, нужно начать с «Восхождения денег» уже упоминавшегося историка Нила Фергюсона, своего рода вводного курса в историю экономики. Тому, кто хочет понять азартную ментальность банкиров-инвесторов, я советую прочитать книги вышедшего из дела на Уолл-стрит Майкла Льюиса, самая знаменитая — «Покер лжецов». «Большая игра на понижение. Тайные пружины финансовой катастрофы» — скорее репортаж о закулисье кризиса недвижимости, который в 2007 году привел к разорению банка «Братья Леман» и вызвал цепную реакцию по всему миру. Когда читаешь его книгу «Быстрые мальчики. Высокочастотная революция на Уолл-стрит», начинаешь грустить по типам вроде Гордона Гекко из его ранних произведений, так как роль алчных спекулянтов уже давно взяли на себя машины. Узнаешь, например, что «Голдман Сакс Банк» использует микроволновую технику, чтобы иметь в компьютеризированной высокочастотной торговле преимущества перед конкурентами в наносекундах. Стало быть, следующий кризис произойдет по вине компьютеров, а не людей с напомаженными волосами и подтяжками — и это вызывает, честно говоря, еще бо́льшую озабоченность. Кто все это прочел и чувствует страх, тому в качестве противоядия я рекомендую книгу Питера Бернстайна «Против богов: укрощение риска». Бернстайн объясняет, что риск — это основа любого экономического действия и что тоска по лишенной риска экономической жизни в конечном счете иллюзорна и даже опасна. Риски — и прежде всего неудачи — по сути, являются движущей силой экономического прогресса, так учит и крупный салонный большевик Йозеф Шумпетер. Чтобы понять его теории и теории крупных экономистов нашего времени, советую непременно прочитать книгу «Мистер Смит и рай земной. Изобретение благосостояния». Ее написал мюнхенский философ и финансист Георг фон Вальвиц. Чтение его книг помогло мне пройти шесть семестров истории экономики в Лондонском университете. С регулярными промежутками он публикует, кстати, очень заслуживающий внимания «Биржевой листок для образованных». Его книгам я обязан некоторыми знаниями, которые просочились в главы о капитализме, социальной справедливости и налоговой морали.

В написании главы о криминальных историях мне особенно помогло чтение одной книги: «Совершенно нормальное Зло — почему люди убивают» венского психиатра Райнхарда Халлера, который как судмедэксперт занимался среди прочего делом убийцы Джека Унтервегера и одержимостью членов общины «Виннен». И вторая его книга «Душа преступника — как люди становятся убийцами» очень полезна. Заслуга Халлера заключается в том, что он лишает читателя приятного чувства, будто преступники, «сумасшедшие» — всегда другие, не они.

Современное искусство? Кто читал «Историю искусств» великого Эрнста Гомбриха, который в 30-е годы эмигрировал из Вены в Лондон, может считать, что окончил курс обучения по этому предмету. Хороша книга об абсурдном мире общества высокого искусства Сары Торнтон «Семь дней в искусстве». Ее стоит прочитать уже потому, что она удивительно неполемична. Журналистка посетила важнейшие аукционные дома и выставки-ярмарки искусств, брала интервью у продавцов и художников. Она рассказывает о параллельном мире искусства, не возвышая его, как квазирелигию, но и не унижая отношением типа «так и я могу». Действительно информативная, поучительная книга. Кто хочет как следует разобраться в механизме рынка искусства, пусть купит книгу Дона Томпсона «Супермодель и фанерный ящик». Книга рассматривает также вопрос, почему люди вообще коллекционируют предметы искусства, в ней можно узнать, например, о семье Муграби, которая, кроме всего прочего, владеет восемьюстами произведениями Энди Уорхола и держит в руках часть арт-рынка. Также там можно найти списки важнейших коллекционеров, важнейших галерей и, что еще интереснее, таблицу самых продаваемых художников 2013/2014 годов по сравнению с 2008 годом (удивительно мало совпадений). Кому интереснее заниматься самим искусством и гораздо меньше рынком и хочется деловой полемики, я бы посоветовал, как и раньше, классическую антимодернистскую книгу Ганса Зедльмайра «Утрата середины». Она обязательно должна быть в библиотеке *серьезного* противника современного искусства. Кстати, и для «Немецкой энциклопедии» издательства «Ровольт» Зедльмайр написал яркую статью, книжечка (1955) называется «Революция современного искусства».

В главе о Нью-Йорке речь идет, собственно, не о Нью-Йорке, а о Дороти Паркер. Я не смог бы ее написать, если бы перед этим не прочел фантастическую биографию Паркер «Еще один мартини, и я лягу с хозяином дома». Написала эту замечательную книгу журналистка Микаэла Карл.

Для главы о конных скачках устные источники оказались важнее письменных. Все, что я знаю об этой теме, мне рассказал мой друг Кристофер Вентворт-Стенли. Чтобы еще раз навести справки, я пользовался книгой «Скачки — лошадь на службе у человека». Мое внимание на эту книгу обратили в салоне Виндзорского замка. Книга, которую читают в этом доме, полном страстных любителей чистокровных лошадей, должна быть хорошим подспорьем при изучении конного спорта. Автор, Том Кумбс, двадцать лет служил в лейб-кавалерии королевы и руководил школой верховой езды Британской армии Рейна. Очень забавна книга Мэгги Эстеп о скачках «Родословные», антология действительных, фиктивных и наполовину выдуманных историй о конном спорте.

Одна из немногих областей, о которой я, к своему стыду, могу писать с полным знанием дела, не прибегая к специальной литературе, это тема «Знаменитости». Когда я искал материал для этой книги, то просто переписал свои старые эссе. Если кому-то не хватает того, что я изложил, приношу ему искренние извинения. И восхищение. Потому что тот, кто хочет углубиться в тему благодаря дальнейшему чтению, очевидно, обладает не только неудержимой жаждой знаний, но и прежде всего неограниченным временем. Вот мой список в порядке приоритетности: «Как важно быть знаменитым», автор — журналистка из «Вэнити фэйр» Морин Орт; Энно Паталас, «Социальная история звезд»; Крис Роджек, «Атака славы — инфляция популярности и ее последствия»; «Просьба ответить — собственная история Эльзы Максвелл», автобиография знаменитой американской обозревательницы светской хроники 50-х годов. Но это и все (надеюсь!).

Количество книг о Квентине Тарантино в некоторой степени тоже пугает. Для студента факультета кинематографии понятно основательное изучение этого режиссера, который (будем надеяться) еще не достиг зенита своего творчества. Для остальных нас — нет. Размышлениями о нем я обязан большей частью моему кузену, сценаристу Себастиану Хенкелю фон Доннерсмарку. Но есть действительно *одна* книга, которую я могу порекомендовать по этой теме. Она не очень занимается самим Тарантино, скорее этическими и эстетическими исследованиями его фильмов. Ее написали Ричард В. Грин и К. Сайлем Мохаммед, и называется она «Квентин Тарантино и философия».

Секс, как известно, — большая тема. Пожалуйста, не ожидайте огромного списка рекомендуемой литературы. Люди, которые тратят много времени на чтение про секс, мне подозрительны. Получившую немало хвалебных откликов книгу оксфордского историка Фарамерза Дабхойвалы под названием «Происхождение секса» я, например, не читал. Волосы встали дыбом уже от тезиса, изложенного в предисловии: до освобождения от церковных представлений о морали секс якобы служил только делу размножения, а получать от него удовольствие считалось греховным. На мой взгляд, самая важная книга о сексе принадлежит Иоанну Павлу II, единственному известному мне автору, который понятно доказал, почему отделение секса от любви представляет собой сложную проблему не только с этической точки зрения, но и с точки зрения удовольствия. Тезисы скончавшегося в 2005 году и причисленного к лику святых в 2014 году Папы Римского собраны в книге «Теология тела». Естественно, она не иллюстрирована, что, возможно, объясняет, почему она не так популярна, как сравнимые с ней книги, например о тантре. Единственная другая книга, которую я хотел бы посоветовать (и которая помогла мне написать свою), — «Чего хотят женщины?» Даниэла Бергнера, потому что она с точки зрения сексологии объясняет и разоблачает некоторые давно оберегаемые предрассудки. Там, где я рассказываю меньше про секс, а намного больше про легендарных любовников, мне помогла одна книга, которую написал мой, к сожалению, умерший, друг Вильфрид Ротт: «Сладкая жизнь плейбоя — история культовой фигуры».

Главу об анекдотах я не смог бы написать, если бы перед этим не прочитал небольшую историю культуры — книгу Джима Холта «Остановите меня, если уже слышали это, — история и философия анекдота». Но еще полезнее (и, главное, намного смешнее!) была книга Хельмута Карасека «И это анекдот?».

Решение употребить в главе о цыганах слово «цыган» пришло ко мне благодаря Рольфу Бауэрдику. Прежде чем отправиться для репортажа в Румынию, я попросил у него совета и прочитал его статьи и книгу «Цыгане — встреча с нелюбимым народом». Наряду с этой книгой я хотел бы порекомендовать фильм сербского режиссера Эмира Кустурицы «Время цыган». Рассказанная в нем история молодого человека, который попадает в криминальную среду, хотя и вымышлена, но, насколько я могу судить, реалистичнее любого документального фильма. Кто тоже интересуется историей этого загадочного народа, должен прочитать книгу Роджера Моро «Дети ветра».

Книги о будущем, как правило, имеют короткое время полураспада. Чтобы составить представление о том, как властелины Кремниевой долины представляют наше будущее, все еще актуальна книга Эрика Шмидта и Джареда Коэна «Новый цифровой мир», хотя она и вышла в 2013 году, уже кажущемся нам далеким прошлым. Больше всего пугает то, что господа Сети там продают нам нечто вроде обещания, что звучит весьма угрожающе: облегчение жизни благодаря комплексному информационному объединению. Сформулированное там Шмидтом тройное правило: «Мы знаем, где ты / Мы знаем, где ты был / Мы можем более или менее точно знать, что ты сейчас думаешь» уже считается одним из главных правил нового времени, исторически такое же важное, как название речи Мартина Лютера Кинга «У меня есть мечта» — вот только на этот раз как формулировка кошмара. Осуществленную и не совсем такую же эйфорически-прославляющую концепцию «сетевого объединения» предложил Патрик Такер в книге «Обнаженное будущее». Такер — технический эксперт специального журнала по политике безопасности DefenseOne.com, его блог www.wfs.org/blog/91 следовало бы поместить в закладки всякому человеку, который интересуется новыми технологиями и их политическими и экономическими переплетениями. Но важнейшими книгами дебатов в Интернете были и остаются три: «Кому принадлежит будущее?» Джарона Ланье, «Интернет как иллюзия» Евгения Морозова и «Расплата» Франка Ширмахера. Тот, кто интересуется сегодняшним состоянием исследований в области робототехники и искусственного интеллекта, должен купить книгу Клейтона Р. Ролингса, Джеймса Рэндалла Смита и Роба Бенчини «Прошу прощения за срыв: будущее, которого вы никогда не видели». Или, еще лучше, регулярно читать, что по этому поводу говорят Стюарт Рассел и Джитендра Малик. Оба преподают информатику в Калифорнийском университете в Беркли, университет регулярно публикует их лекции в Интернете.

И потом, есть еще одна книга, которая заменяет чтение большинства ранее названных. Это — «Краткая история человечества» Юваля Харари. Вся история Homo sapiens от древнего каменного века и до киборгов завтрашнего дня в одном пылком монологе, чрезвычайно занимательная и поучительная поездка на русских горках для головы. Если после книги Харари у вас в голове останется хоть кусочек из нее, вы на многие инкарнации (Харари увлекается индуизмом) обеспечены материалом для непринужденной беседы.

* * *

Все эти книги помогли мне. Но моя благодарность относится прежде всего к людям. На первом месте — Марион Хорн, которая открытием колонки «Легкая беседа» в «Бильд» вдохновила меня по-журналистски оживить свою натуру старшего преподавателя. Без нее мне никогда бы не пришла в голову идея изложить свои поверхностные знания в книге, а значит, моим коллегам, жене и детям до сих пор пришлось бы выносить мое образовательное занудство. Я благодарен также всем, кто дал себе труд просмотреть мой текст в поисках неточностей и предоставил мне ценную информацию, в первую очередь моей преподавательнице Ханне Шулер. А еще я благодарен Фрицкарлу Штумпфу, так называемому случайному знакомству с ним, хотя оно было совсем не случайным, с которым я, пожалуй, подружился бы, если бы мне не помешала его кончина; Кристиану Кассунгу, профессору истории науки в Берлинском университете имени Гумбольдта, который позволил мне мучить его вопросами по физике; моему коллеге Константину Заккасу, чьей помощи я обязан главой о Гельмуте Шмидте; моему кузену Себастиану Хенкель фон Доннерсмарку, который помогал мне в кинематографических проблемах, и моему другу и коллеге Даниэлю Хасу, который с первого часа следил за появлением книги. Опытом и большим количеством встреч я обязан своим сестрам Майе и Глории, а также моему покойному зятю Йоганнесу и моему, тоже умершему, другу Карлу Ласло, которые открыли для меня многие двери. Поэтому я приношу и им свою самую искреннюю признательность.

* * *

Кстати, то, что мне интересно, я излагаю иногда
на www.OnAlexandersMind.blogspot.de
и на Twitter@AlecSchoenburg.

Шёнбург, Александр, фон.

Ш47 Искусство стильной беседы / Александр фон Шёнбург; перевод с немецкого Е. Зись. — Москва: Текст, 2020. — 286[2] с.

ISBN 978-5-7516-1586-4

Легкая, непринужденная беседа, или, как говорят англичане, «smalltalk», должна начинаться свободно, с пустяков. Увлекательная книга Александра фон Шёнбурга показывает: нет ничего легче, чем привлечь к себе внимание людей умелой беседой. Эта остроумная и веселая книга о великом искусстве маленькой беседы необходима всем, кто хочет научиться блистательно и стильно вести себя даже в самых сложных ситуациях.

УДК 808.56
ББК 83.7

Александр фон Шёнбург

ИСКУССТВО СТИЛЬНОЙ БЕСЕДЫ

16+

Редактор Ю. Зварич
Художественный редактор К. Баласанова
Корректор С. Войнова

Произведено в Российской Федерации

Подписано в печать 04.03.20. Дата изготовления 18.03.20.
Формат 84 x 108/32. Усл. печ. л. 15,12. Тираж 3000 экз.
Заказ № 1617.

Издательский дом «Текст»
125319 Москва, ул. Усиевича, д. 8
Тел.: +7 (499) 150 04 72
E-mail: textpubl@yandex.ru

По вопросам, связанным с приобретением
книг издательства,
обращаться в ТФ «Лабиринт»:
тел. +7 (495) 780 00 98 www.labirint.org

Заказ книг в интернет-магазине: www.labirint.ru

Отпечатано в типографии ООО «ТДДС-Столица-8»
Тел.: (495) 363-48-86
http://capitalpress.ru